러시아의 민족 I

북서부 & 볼가-우랄 편

한국외국어대학교 러시아연구소
HK 연구사업단 학술연구총서 13

러시아의 민족 I

북서부 & 볼가-우랄 편

김혜진 지음

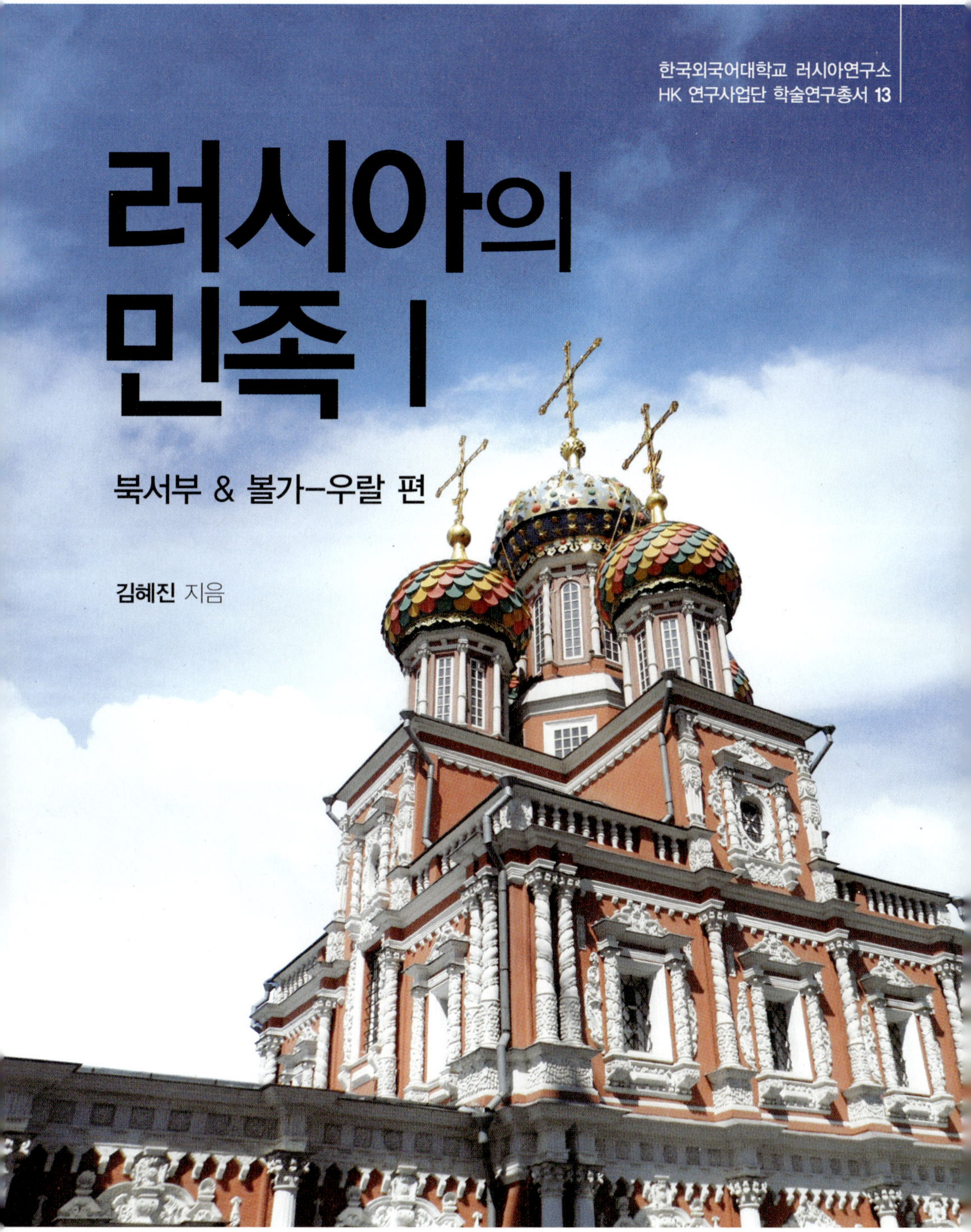

HUiNE

머리말

러시아는 수많은 민족들이 거주하고 있는 대표적인 다민족국가이다. 스칸디나비아 반도에서 건너 온 바랴그인(Варяги)들이 동슬라브 민족(러시아인, 벨라루스인, 우크라이나인)의 고대 국가인 '루시'의 기반을 만들고 여러 종족들을 통합한 것을 상기해본다면, 러시아는 처음부터 다민족 국가였다고 할 수 있다. 러시아는 점점 영토를 확장하면서 새로 편입된 지역의 토착 민족들을 병합하는 과정을 통해 보다 더 다양한 민족들로 구성된 국가를 이루어갔다.

러시아에 존재하는 민족의 수는 인구조사가 이루어질 때마다 차이가 나는데, 인류학적, 혹은 언어학적으로 가장 작은 단위로 세분화할 경우, 그 수는 180여개에 이른다. 그러나 1억 4천만 명이 넘는 러시아 인구 중 비(非)러시아인이 차지하는 비율은 약 20%에 불과하다. 다시 말하자면, 러시아 전체 인구의 80%가 러시아인이라는 것이다. 그렇지만 이 사람들이 순수 러시아인이라고 말하기는 힘들다. 오랜 시간동안 다양한 민족들 간의 결혼이 이뤄졌으며, 스스로의 민족정체성을 러시아의 주(主)민족인 러시아인에서 찾는 경우가 적지 않기 때문이다. 비러시아인의 수는 적지만, 러시아에서 이들이 거주하는 지역은 그야말로 광대하다고 할 수 있다. 아시아 대륙의 최북단에 위치한 타이미르 반도(полуостров Таймыр)에 사는 돌간인(Долганы)과 느가나산인(Нганасаны)부터 러시아 최동남 지역의 연해주나 하바롭스크 주의 우데게인(Удэгейцы), 그리고 태평양과 베링 해의 경계에 위치한 코만도르 제도(Командорские острова)의 알레우트인(Алеуты), 러시아 최북서 지역인 콜라 반도(Кольский полуостров)에 거주하는 사미인(Саммы)까지 그 거주 지역을 헤아려 본다면 러시아 곳곳에 소수민족들이 살고 있다고 해도 과언이 아닐 것이다. 이들은 대부분 조상들이 살던 곳에서 오늘날까지 삶을 이어 오고 있으며, 일부 지역은 러시아연방의 행정단위인 민족공화국(21개), 자치구(4개), 자치주(1개)로 지정되어 있다.

이렇게 많은 민족이 러시아의 전역에 거주하고 있지만, 과거 러시아인들은 정치경제적으로 특별한 관계가 없는 비러시아 민족들을 별 다른 구분 없이 하나의 이름으로 통칭해 왔다. 러시아 북서부의 민족들을 모두 '추디인'(Чудь)이라고 불렀던 것이 한 예이다. 19세기 중반에서야 러시아의 여러 민족에 대한 본격적인 연구가 시작됐고, 각각의 민족 이름이 공식화됐다. 비러시아 민족에 대한 낮은 관심은 오늘날에도 마찬가지이다. 러시아의 민족을 러시아인과 비러시아인으로 양분화하는 경향이 여전히 존재하고 있으니 말이다. 150개의 다양한 민족이 러시아라는 거대한 국가의 일부를 이루고 있는 만큼, 러시아를 좀 더 심층적으로 이해하는 데 있어 비러시아계 민족에 대한 지식은 반드시 전제되어야 한다. 국내에서는 러시아라는 나라 전체, 혹은 러시아인에 대해서 어느 정도 알려져 있지만, 아쉽게도 러시아의 다양한 지역과 민족에 대해서는 거의 소개가 되지 않았다. 학계의 관심도 마찬가지이다. 러시아의 여러 민족에 대한 국내 연구는 수적으로도 불충분하지만, 주제 역시 일부 민족의 토속신앙(시베리아 소수민족의 샤머니즘)이나 민담과 신화에 한정되어 있다.

이 책은 한국외국어대학교 러시아연구소 HK(인문한국) 연구사업(KRF-2009-362-B00005)의 기획으로 출판되었다. 본 연구사업은 그동안 러시아라는 국가에 초점이 맞춰졌던 연구에서 벗어나 러시아 내의 다양한 지역을 심층적으로 연구하는 데 목적을 두고 있다. 그 일환으로 '러시아의 민족'이라는 총서를 통해 한국에는 거의 알려진 바 없는 러시아의 다양한 민족과 그들의 문화를 소개하고자 한다. 첫 번째로 이 책은 러시아의 북서부와 볼가 강 연안, 그리고 우랄 산맥 인근의 민족을 다루고 있다. 한국에는 이름도 낯선 여러 민족과 그들의 땅과 문화가 이 책을 통해서 조금이나마 알려지기를 기대한다.

마지막으로 이 책이 나올 수 있도록 도와주신 많은 분께 감사드린다. 먼저 바쁜 연구에도 불구하고 아낌없는 조언을 주신 한국외국어대학교 러시아연구소 김현택 소장님 이하 HK 연구사업팀에 감사드린다. 특히 선뜻 원고를 읽어주신 송준서 박사님과 글의 집필에 있어 조언을 주신 황성우 박사님께 깊은 감사의 마음을 전한다. 또한 교정을 도와준 전미라 조교에게도 특별한 감사를 표한다. 아울러 부족한 글을 받아 출판해 주신 한국외국어대학교 지식출판원 신선호 과장님과 편집진에게도 감사드린다.

2015년 2월

김혜진

목차

일러두기

- 러시아어를 한글로 표기할 경우 '국립국어원(http://www.korean.go.kr)'의 외래어표기법을 따랐다. 단, 일반적으로 널리 알려져 쓰이는 용어는 통례에 따라 표기했다.
- 민족명은 러시아어를 기본으로 한다. 음식, 의복, 가옥과 관련된 반복되는 단어와 특정 용어는 가장 먼저 언급된 부분에서 러시아어 표기와 함께 자세한 설명을 한다. 이는 색인을 통해 찾아볼 수 있다.
- 러시아의 지역을 한글로 표기할 때 주 단위 이상은 어미를 떼고 어근이 되는 본래 지역 이름을 찾아 기록했고, 그 이하의 단위는 어미를 모두 살려 소리나는 대로 표기했다. 단, 일반적으로 널리 알려져 쓰이는 지역 이름은 통례에 따라 표기했다.
- 각종 편집 기호와 참고문헌의 작성 방식은 한국외국어대학교 러시아연구소의 학술지 『슬라브연구』 편집규정을 따랐다.

1장 들어가는 말

러시아는 세계 제일의 영토대국이며, 그 거대한 땅에는 수많은 민족들이 살고 있다. 이 많은 민족들을 책 한 권으로 담아내기는 힘든 일이다. 이 책은 그중 러시아의 두 지역, (1) 콜라 반도에서 우랄 산맥 인근까지 이르는 북서부, 그리고 (2) 볼가-우랄 지역(Поволжье-Приуралье)의 민족들을 소개하고 있다.

이 책은 크게 일곱 개의 장으로 구성되어 있다. 들어가는 말에 이은 제2장은 본격적인 민족 소개에 앞서 민족을 구별하는 여러 개의 범주에 대해 설명하고 있다. 러시아의 민족은 언어학적인 기준에 따라 크게 우랄어족(語族)과 알타이어족(語族)으로 구분할 수 있다. 러시아 북서부 민족은 우랄어족에 속하는데, 이는 다시 핀-위그르계, 사모에드계 민족으로 구분할 수 있다. 볼가-우랄 지역 민족은 핀-위그르계, 튀르크계 민족으로 구분된다.

제3장에서는 러시아 북서부 민족 중에서도 러시아연방 행정주체로 지정된 공화국과 자치구를 형성하고 있는 민족들을 다루고 있다. 이에 해당하는 민족으로는 카렐인(카렐리야 공화국), 코미인(코미 공화국), 네

네츠인(네네츠 자치구), 한티인(한티-만시 자치구), 만시인(한티-만시 자치구)이다. 이처럼 행정구역의 명칭이 그 지역에서 오래 전부터 거주해 왔던 민족 이름에서 기원한 경우, 그 민족을 명목민족(Титульные Народы, Titular Nationalities) 또는 명의민족이라고 한다.

제4장은 북서부 민족 중 앞장에서 다루는 민족과는 달리 민족영토를 이루고 있지 않은 작은 민족들을 소개하고 있다. 이들은 벱스인, 세투인, 이조레츠인, 사미인, 보디인으로 콜라 반도, 레닌그라드 주, 카렐리야 공화국 등 러시아 북서부의 여러 지역에 터를 잡고 있다. 사모예드 민족에 해당하는 사미인을 제외하면, 모두 핀-위그르 민족에 속한다. 러시아 정부는 인구 5만 명 이하의 민족을 소수민족으로 지정하고 있는데, 4장에서 다루는 민족들은 모두 러시아 공식 소수민족으로 인정받고 있다.

제5장은 우랄 남부의 민족 중 핀-위그르계 민족들, 즉, 마리예츠인, 모르드바인, 우드무르트인, 베세르먀닌인을 소개한다. 베세르먀닌인은 민족 기원에 있어서 애초 튀르크계라는 주장도 있지만, 공식적으로는 러시아 핀-위그르 민족으로 인정된 바 이 장에서 함께 다룬다. 마리예츠인, 모르드바인, 우드무르트인은 명목민족으로 자신의 민족공화국을 가지고 있으며, 베세르먀닌인은 러시아 공식 소수민족이다.

제6장은 볼가-우랄 지역의 튀르크계 민족에 대한 장이다. 여기에는 타타르인, 바시키르인, 추바시인, 나가이바크인이 속한다. 타타르인, 바시키르, 추바시인은 민족공화국을 이루고 있다. 이 세 민족은 각각 러시아 인구수 6위 안에 들 정도로 인구가 많은 민족들이다. 반면, 나가이바크인은 타타르인의 하부 그룹으로 분류되었지만, 현재는 러시아 공식 소수민족으로 인정받고 있다.

이 책은 민족에 대한 정보 소개를 기본 목적으로 하고 있으며, 이를 위해서 다양한 책과 논문, 통계자료, 인터넷 자료 등을 사용했다. 이러한 자료들을 복합적으로 사용했기 때문에 일일이 각주를 달지 않았음을 밝힌다. 대신 참고한 자료들은 책의 '참고문헌'에서 찾아볼 수 있다.

민족 소개에 있어서 민족 명칭은 러시아어를 기본으로 했다. 민족 명칭은 한글로는 단수형으로, 러시아어 병기는 러시아식에 따라 복수형으로 표기했다. 예를 들어 러시아식 표기를 그대로 한글로 쓰자면 카렐리인, 우드무르티인이지만, 이 책에서는 카렐인(Карелы), 우드무르트인(Удмурты)으로 표기했다. 민족 이름 중에는 코미인(Коми), 사미인(Саамы)처럼 단수형과 복수형이 동일한 경우도 있기 때문에, 이로 인해 발생할 수 있는 혼동을 피하기 위해 이 책에서 주로 다루는 민족들에 한해 러시아어 단수형과 복수형을 함께 표기했다. 각 민족에 대한 자세한 소개에 앞서, 민족 명칭, 인구수, 종교, 민족구분, 주요 거주지를 간단한 도표로 정리했으며, 이때 인구수는 가장 최근에 이루어진 2010년 러시아연방 인구조사 결과를 바탕으로 했다. 민족에 대한 소개는 민족을 이해하는 데 기본적으로 필요한 민족 기원과 역사, 의식주, 그리고 토속신앙 및 가정의례의 순서에 따른다. 음식, 의복, 가옥과 관련된 반복되는 단어나 특정 용어는 가장 먼저 언급된 단어에서 자세한 설명을 했다. 이는 색인을 통해 찾아볼 수 있다.

이 책에서는 러시아의 다양한 민족 중 극히 일부를 다루고 있지만, 이 책을 통해 러시아 내 여러 민족, 그리고 더 나아가 러시아를 더 넓고 깊게 이해하는 데 소중한 바탕이 되길 바란다.

2장

러시아 민족의 구분

1. 민족 구분의 다양한 기준

민족을 구분하는 기준은 여러 가지가 될 수 있다. 지리적 구분, 인종학적 구분, 언어학적 구분과 같은 방법이 있을 수 있고, 경제활동, 역사, 종교로 민족을 나누는 방법도 있다. 가장 대표적인 세 가지 방법을 간단히 소개하자면 다음과 같다.

· 지리적 구분

민족이 주로 거주하는 지역을 기준으로 나누는 방법이다. 아시아, 아프리카, 미국, 유럽, 오스트리아와 오세아니아로 나누는 게 가장 일반적이다. 이 안에서 다시 지역별로 나눌 수 있다.

러시아의 경우, 크게 우랄 산맥을 기준으로 서쪽의 유럽 지역과 동쪽의 시베리아로 나눌 수 있다. 이것을 조금 더 자세하게 나눠보자면, 러시아의 유럽 지역은 다시 러시아 북서부, 볼가 강 인근(우랄 산맥의 서쪽), 캅카스(코카서스)로 나눌 수 있고, 시베리아는 서시베리아, 중부 시베리아와 극동으로 나눌 수 있다.

· 인종학적 구분

인종(人種)은 생물학적 종(species)과 같은 분류의 개념으로, 세상의 모든 인류는 하나의 생물학적 종(種), 호모 사피엔스(Homo Sapiens)에 속한다. 그러나 인류의 개별적인 그룹은 다른 그룹과 구별되는 생물학적 특징, 예를 들면, 얼굴 모양, 두상, 모발의 색깔과 형태, 키, 눈의 색깔, 피부 색깔 등을 가지고 있다. 이는 해당 그룹의 기원, 오랜 시간에 걸친 이동, 타 종족과의 결혼 등의 결과이다. 이러한 생물학적 특징은 주요 거주 지역의 자연기후학적인 영향을 받아 형성되고 세대를 거쳐 전해 내려오기 때문에, 아시아 민족 대부분이 몽골인종인 것처럼 인종학적 구분은 지리적 구분과 일치하기도 한다.

세계의 민족은 널리 알려져 있듯이 흑인(니그로이드, 네그로이드 Negroid), 백인(코카소이드 Caucasoid), 황인(몽골로이드 Mongoloid)처럼 세 개의 인종으로 나눌 수 있다. 이 세 인종에 해당되지 않은 호주 원주민(오스트랄로이드 Australoid)을 포함하여 네 개의 인종으로 나누는 학자들도 있다.

러시아의 민족은 백인과 황인으로 나눌 수 있으나, 오랜 세월 종족 간 교류를 통해 두 인종의 특징이 혼재된 형태도 많이 볼 수 있다.

· 언어학적 구분

언어학적 구분은 민족 기원을 이해하는 데 있어 매우 중요한 요소이다. 여러 민족들은 언어학적인 유사성을 기준으로 하나의 어족(語族, Language Family)으로 통합될 수 있다. 언어학적 유사성은 이들 민족이 먼 옛날 친족 관계를 맺고 있었거나, 오랫동안 문화적으로 교류해 왔음을 증명해 준다. 그러나 같은 어족에 포함된다고 해서 그 언어들이 모두 비슷한 양상을 띠는 것은 아니다. 또한 같은 언어를 사용한다고 같은 민족을 의미하는 것도 아니다.

언어학자들은 전 세계에 4천 개에서 6,500개의 언어가 존재한다고 말한다. 이러한 다양한 언어는 다음과 같이 크게 아홉 개의 어족으로 묶을 수 있다:

- 인도유럽어족
- 아프로아시아어족
- 우랄알타이어족
- 중앙아프리카어족
- 중국티베트어족
- 반투어족(아프리카 남부)
- 말레이폴리네시아어족
- 오세아니아어족
- 아메리카인디언어족

이중에서 가장 규모가 큰 어족은 인도유럽어족이다. 세계 인구의 45% 정도가 인도유럽어족에 속하는 언어를 사용한다. 인도유럽어족은 열 개의 하위그룹으로 나뉘는데, 영어, 러시아어, 페르시아어, 아르메니아어, 그리스어 등이 여기에 속한다.

그러나 세상의 모든 언어가 이러한 어족을 구성하는 것은 아니다. 세계에는 어족을 이루지 못하거나 어족으로 분류하기 어려운 고립어도 존재한다. 고대 수메르어나 러시아 극동에 사는 소수민족인 니브흐인(Нивхи)의 언어인 니브히어가 그렇다.

러시아에 살고 있는 민족들이 많은 만큼 그들이 구사하는 언어도 다양하다. 특히 캅카스는 고대 학자들이 '언어들의 산'이라고 불렀을 만큼 다양한 언어를 사용하는 민족들이 오가며 살던 곳이다. 언어학적인 기준에 따라 러시아 민족을 구분하자면, 위에서 언급한 어족에 속해 있는 민족들과 그 외 민족어(고립어)를 가진 소수민족들로 구분된다. 그 중 가장 규모가 큰 어족은 인도유럽어족와 우랄알타이어족이다. 인도유럽어족에 속하는 동슬라브 민족(러시아인, 우크라이나인, 벨라루스인)을 제외한 러시아의 비슬라브계 민족들은 대부분 우랄알타이어족에 속한다고 볼 수 있다. 우랄알타이어족은 다시 우랄어족(핀-위그르어, 사모예드어)과 알타이어족(터키어, 몽골어, 퉁구스-만주어 등)으로 구분된다. 우리가 이 책에서 만나볼 민족은 우랄알타이어족에 속하는 핀-위그르 민족, 사모예드 민족, 그리고 튀르크 민족이다. 각 어족별로 전체적인 특징을 살펴보도록 하자.

2. 우랄어족(語族)의 민족

언어학적으로 우랄어족에 속하는 민족들은 수천 년의 역사를 가지고 있다. 여기에 속하는 민족은 크게 핀, 위그르, 사모예드 민족으로 구분할 수 있다. 이들은 수많은 종족들의 이주, 종족 간 교류 및 결혼 등 굉장히 복잡한 과정을 거쳐 형성됐다.

전 세계적으로 우랄어족에 속하는 사람들은 2천 5백만 명에 달하는데, 이들은 서쪽의 노르웨이 영토에서 동쪽으로는 러시아의 오비 강 유역까지, 그리고 남쪽으로는 다뉴브 강 하류에 이르는 지역까지 거주하고 있다. 우랄어족의 민족 대부분은 러시아 영토에 거주하고 있다고 할 수 있는데, 2002년 인구조사 결과에 따르면 러시아연방에 거주하는 핀-위그르 민족은 약 2백 7십만 명, 사모예드 민족은 약 33,600명에

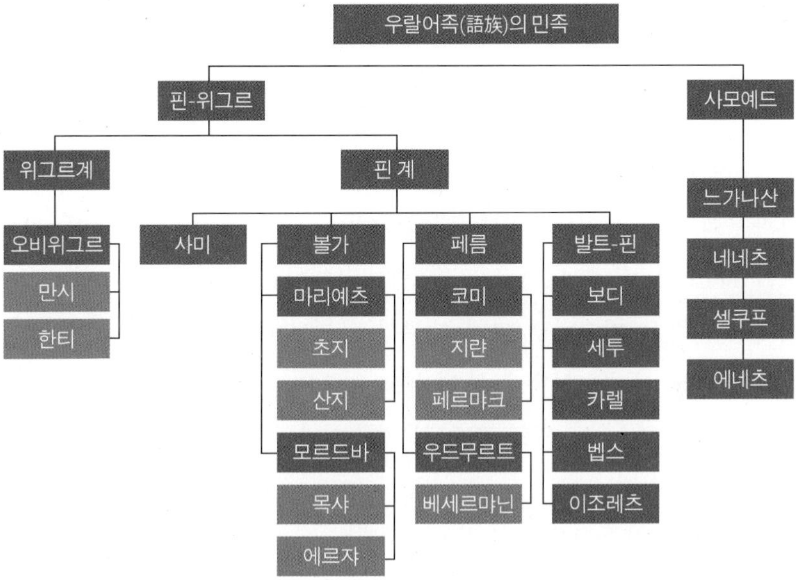

우랄어족의 민족

달한다.

· 핀-위그르계 민족

러시아 핀-위그르 민족 중 핀 계열 민족은 [도표 1]에서 보듯이 또 다시 핀-페름, 볼가, 발트-핀, 사미 그룹으로 나눌 수 있다. 앞의 세 그룹은 주요 거주지의 이름을 따른 것이다. 사미 그룹은 북유럽과 러시아의 콜라 반도에 주로 거주하는 사미인(Саамы)을 말한다.

러시아 내 핀-위그르 민족으로는 북서지방에 거주하는 카렐인(Карелы), 코미인(Коми), 우랄 산맥 동북쪽의 한티인(Ханты), 만시인(Манси), 볼가 강 인근의 마리예츠인(Марийцы), 우드무르트인(Удмурты), 모르드바인(Мордва) 등을 들 수 있다. 이중 한티인과 만시인은 모두 러시아 서시베리아에 흐르는 오비 강 유역에 살고 있기 때문에 '오비 위그르 민족'(Обские угры)이라고도 부른다.

· 사모예드계 민족

사모예드 어족(Самодийская языковая группа)에 속하는 민족으로는 북서관구의 끝을 차지하고 있는 네네츠인(Ненцы), 시베리아 북부의 에네츠인(Энцы), 느가나산인(Нганасаны), 셀쿠프인(Селькупы) 등이 있다. 사모예드 민족은 지역별로 크게 북부와 남부로 나눌 수 있다. 네네츠인, 느가나산인, 에네츠인은 북부에 살고 있으며, 튜멘 주와 톰스크 주 등에 주로 거주하는 셀쿠프인은 남부 그룹이다.

· 우랄어족 민족공동체의 형성[1)]

1980년대 말부터 소련 붕괴 이후 러시아 내 많은 민족들은 자신들의 뿌리 찾기 운동에 나서기 시작했다. 많은 민족들이 민족단체를 설립하기 시작했는데, 이들의 공통된 목표는 민족어 및 민족문화의 복원, 민족교육의 발전 등이었다. 1990년대가 개별 민족들의 민족정체성에 대한 관심과 열망이 표면화, 공론화되고, 이에 따른 실질적인 움직임이 시작된 때라면, 2000년대에는 좀 더 큰 범위에서의 민족연합이 형성되기 시작됐다. 가장 좋은 예로 핀-위그르 민족 공동체를 들 수 있다. 전 세계에 있는 핀-위그르 민족들의 교류가 활발해짐에 따라 러시아에 거주하는 핀-위그르 민족들도 자신들의 공동체를 만들기 시작하였다.

그 첫 걸음으로 2007년 4월 "러시아연방 핀-위그르 문화센터"가 설립됐다. 이 센터의 기본적인 목적은 러시아 내 핀-위그르 민족들이 더욱 활발하게 교류하고, 핀-위그르 민족뿐 아니라 같은 우랄어족에 속하는 사모예드 민족의 문화유산을 보존하며, 언어 발전에 대한 법적, 사회적 기반을 만들고 국가의 지원을 받아내는 것이다. 이 센터는 핀-위그르 민족들의 개별적인 지역, 예를 들면 카렐리야 공화국, 코미 공화국 등 민족공화국에 지부를 두고 있다. 특히 이 지부들은 공화국의 문화부 산하로 정부의 다양한 지원을 받고 있다.

코미 공화국의 핀-위그르 문화센터 내부[2)]

핀-위그르 문화센터를 비롯하여 많은 핀-위그르 단체들은 설립목적을 이루기 위해 다양한 활동을 펼치고 있다. 이들은 국제페스티벌, 포럼, 세미나, 학술대회, 전시회 등을 개최하고 있고, 무용단, 합창단 등도 구성하여 여러 지역을 오가며 공연을 선보이고 있다. 또한 러시아의 핀-위그르 민족들이 거주하는 지역으로 민족문화 답사를 조직하기도 한다.

핀-위그르 문화센터의 대표적인 몇 가지 프로젝트를 소개하자면 다음과 같다: 전(全)러시아 민족예술 페스티벌 Finn-Ugric Transit: Culture of Nations, 미래의 언어학자들을 위한 여름대학, 러시아 핀-위그르 지역 사진전시회 등.

문화센터는 핀-위그르 민족의 전통문화와 현재의 삶에 대한 정보를 수집하고 이를 대내외적으로 알리는 일에도 앞장서고 있다. 이를 위해 대중매체와 온라인 공간을 적극 활용하고 있다. 예를 들면 핀-위그르 문화센터는 자신의 정보사이트(http://www.finnougoria.ru)를 여는 동시에, 방송 사이트(www.fusee.tv)를 제작했다. 이는 우랄 민족들 간의 온라인 커뮤니케이션을 도울 뿐 아니라, 활동 홍보를 위한 긴요한 도구로

코미 공화국 내 핀-위그르 문화센터에서 열린 우랄 지역 사진전시회(좌)와 민족소개관(우)[3]

사용되고 있다. 인터넷 사이트로는 문화센터에서 제작한 사이트 외에도 "Uralistica"(http://uralistica.ning.com) 등이 있다. 이 사이트는 저명인사들의 칼럼과 관련 서적들을 소개하는 한편, 인터넷 컨퍼런스를 열어 개별 민족 뿐 아니라 우랄 민족 전체의 당면 과제와 발전 방향을 모색하는 자리를 제공하기도 한다. 이로써 인터넷 사용이 익숙한 젊은이들에게 민족정체성에 대해 생각해볼 수 있는 자연스러운 기회를 마련한다. 특정 핀-위그르 지역에서 제작한 사이트도 많은 사람들을 끌어 모은다. 우드무르트 국립대학에서 제작한 '핀-위그르 미르(Финно-угорский мир, http://finno-ugry.ru)'가 좋은 예이다. 국립대학에서 제작된 사이트인 만큼 교육적인 측면과 문화교류에 초점이 맞추어져 있으며 우드무르트 공화국 교육부의 지원을 받고 있다.

핀-위그르 단체들은 다양한 잡지나 서적을 출판하기도 한다. 핀-위그르 문화센터에서는 '핀노우고리야(Финноугория)'라는 학술대중잡지를 펴내고 있는데, 매호 핀-위그르 민족과 사모예드 민족의 흥미로운 사건들을 소개하고 있다. 유명 저널리스트, 학자, 문화계 인사들이 이 잡지의 편집위원으로 활동하고 있다. 여러 단체들이 잡지 외에도 민족어 사전(예를 들면, 우드무르트-러시아어 사전), 민족작가전집, 역사와 문화에 관련된 서적들과 멀티미디어 상품(오디오, 비디오 자료) 등을 제작하고 있다.

핀노우고리야 잡지4)

이중 주목할 만한 것은 우랄 민족들의 신화를 개별적인 책으로 엮어 백과사전 형태로 출판하고 있는 것이다. 이 총서는 우랄어족에 속하는 민족들의 신화를 모아 소개하고 있다. 핀-위그르 민족공동체가 자신들의 구비문학에 특별한 관심을 두는 이유는 이들이 길고 복잡한 역사를 가지고 있으며, 원초적인 신앙과 관련된 전통들을 잘 보존하고 있기 때문이다. 이 프로젝트로 이제까지 총 17권의 책이 영어와 러시아어로 출판되었다.

우랄민족 총서 중 코미 신화5)

학술교류 또한 빼놓을 수 없다. 세미나 및 포럼 등이 매년 활발하게 열리고 있으며, 핀-위그르 국가의 국립대학에서 공부할 수 있는 교환학생제도가 마련되어 있다. 다양한 학술대회 중 가장 규모가 큰 것은 국제 핀-위그르 대회(International Congress for Finno-Ugric Studies)를 들 수 있다. 1960년 헝가리의 부다페스트에서 처음 개최된 이 학술대회는 5

년마다 열린다. 2015년 8월에는 핀란드의 오울루 대학에서 제12회 대회가 열릴 예정이다. 핀-위그르 학자뿐 아니라, 非핀-위그르 학자들까지 참여하는 이 행사는 초창기 100명도 채 안 되는 학자들이 참가했다면, 2005년 러시아 마리 엘 공화국의 요시카르-올라(Йошкар-Ола)에서 열린 제10회 대회는 참가인원이 약 6백 명에 달할 정도로 대규모 학술행사로 거듭났다. 또한 전통적으로 언어학자들이 주를 이루었던 이 행사에 점차 민속학, 문화인류학, 고고학, 역사학, 인류학 등 타 분야의 학자들도 참여하면서 그 학술 범위 또한 확대됐다고 볼 수 있다.

글로벌 시대에도 지역성이나 민족정체성이 부각되는 오늘날, 이러한 초국가적인 민족교류와 단합은 앞으로도 계속될 뿐만 아니라 그 형태가 더욱 다양해질 것으로 보인다.

3. 알타이어족(語族)의 민족

알타이어족에 속하는 민족들은 튀르크계, 몽골계, 만주-퉁구스계로 구분할 수 있다. 알타이어족이라는 말은 이 언어를 사용했던 민족들이 알타이 산맥 부근에 살았다는 가설에서 생겨났다. 이 가설이 학술적으로 확실하게 인정된 것은 아니지만, 알타이어족이라는 말은 세계적으로 널리 사용되고 있다. 알타이어족에 속하는 민족들은 그 수로 따지자면, 세계에서 두 번째로 많다고 할 수 있다. 러시아만 보더라도 인구수가 많은 타타르인, 추바시인, 바시키르인이 여기에 해당한다. 그렇지만 이 민족들이 앞서 보았던 러시아 핀-위그르 민족처럼 하나의 거대한 공동체를 이루고 있는 것은 아니다. 이 민족 전체를 아우르는 대규모 협회나 단체는 없지만, 지역별 수준의 상호 협력과 문화교류가

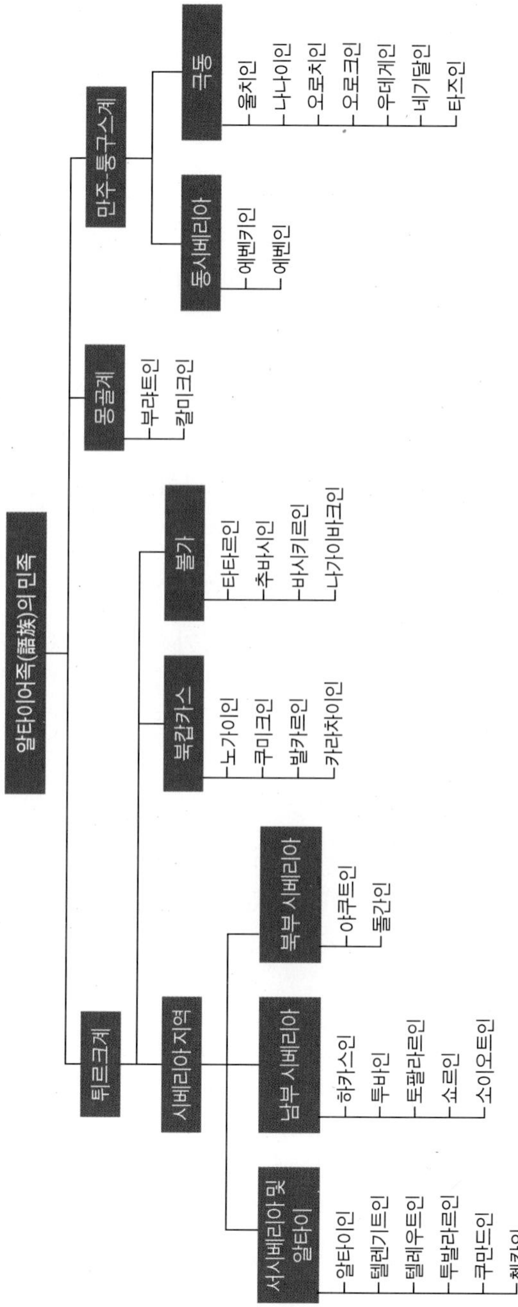
알타이어족(語族)의 민족
투르크계
시베리아지역
서시베리아 및 알타이
알타이인
텔렌기트인
텔레우트인
투발라르인
쿠만드인
첼칸인
남부 시베리아
하카스인
투바인
토팔라르인
쇼르인
소이오트인
북부 시베리아
야쿠트인
돌간인
북캅카스
노가이인
쿠미크인
발카르인
카라차이인
볼가
타타르인
추바시인
바시키르인
나가이바크인
몽골계
부랴트인
칼미크인
만주-퉁구스계
동시베리아
에벤키인
에벤인
극동
울치인
나나이인
오로치인
오로크인
우데게인
네기달인
타즈인

알타이어족의 민족

이뤄지고 있다. 각 어군별 지역구분은 다음과 같다.

· **튀르크계**

러시아에서는 볼가 강 유역의 민족들이 여기에 속한다. 러시아 알타이어족의 민족 중에서는 튀르크계 민족들이 가장 수적으로 많으며, 그 중에서도 타타르인이 인구수가 가장 많다. 러시아의 튀르크계 민족들은 지역별로 다음과 같이 구분할 수 있다.

볼가 강 유역 타타르인(Татары), 추바시인(Чуваши), 바시키르인(Башкиры), 나가이바크인(Нагайбаки)

북캅카스 지역 노가이인(Ногайцы), 쿠미크인(Кумыки), 발카레츠인(Балкарцы), 카라차이인(Карачаевцы)

시베리아 지역

- 서시베리아 및 알타이 부근

알타이인(Алтайцы), 텔렌기트인(Теленгиты), 텔레우트인(Телеуты), 투발라르인(Тубалары), 쿠만드인(Кумандинцы), 첼칸인(Челканцы) 등

- 남부 시베리아

하카스인(Хакасы), 투바인(Тувинцы), 토팔라르인(Тофалары, 토파인 Тофа), 쇼르인(Шорцы), 소이오트인(Сойоты)

- 북부 시베리아

  야쿠트인(Якуты), 돌간인(Долганы)

그 외

- 크림 반도

  크림-타타르인(Крым-Татары), 카라임인(Караимы), 크림차크인(Крымчаки) 등

· 몽골계

이 어군에 속하는 민족들은 만주에서 러시아의 볼가 강까지 이르는 넓은 영토에 거주한다. 러시아 민족으로는 바이칼 호수 부근의 부랴트인(Буряты), 캅카스 지역의 칼미크인(Калмыки)이 있다. 두 민족 모두 불교(라마교)를 종교로 하고 있는 것이 특징이다. 이외 시베리아에 거주하는 몽골인이 있다.

· 만주-퉁구스계

주로 동시베리아와 극동 지역의 소수민족들이 여기 해당된다.

동시베리아 에벤키인(Эвенки), 에벤인(Эвены).

극동 울치인(Ульчи), 나나이인(Нанайцы), 오로치인(Орочи), 오로크인(Ороки), 우데게인(Удэгейцы), 네기달인(Негидалы), 타즈인(Тазы) 등

3장

러시아 북서부의 명목민족

이 장에서는 러시아 북서부의 토착 민족으로서 민족공화국이나 민족자치구를 형성하고 있는 명목민족(Titular Nationality, Титульные народы)들을 다룬다. 토착 민족의 이름을 따라 공화국, 자치구 등 행정구역의 이름을 지은 경우, 그 민족을 명목민족이라 한다.

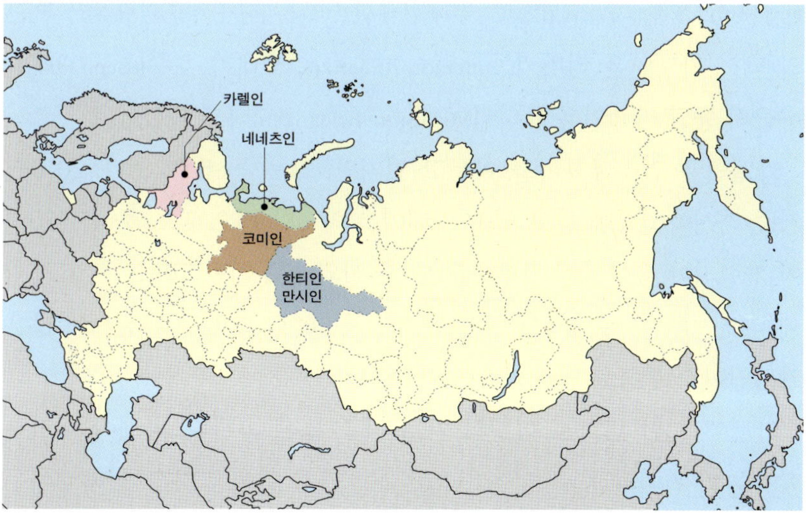

러시아 북서부의 명목민족 주요 거주지

핀란드의 이웃사촌, 카렐인

명 칭	카렐(Карел(단수형), Карелы(복수형))
인구수	60,815명
민족구분	핀-위그르계
종 교	러시아 정교
주요 거주지	카렐리야 공화국

핀란드와 면하고 있는 카렐리야 공화국의 명목민족인 카렐인은 크게 북부 카렐인, 남서 카렐인, 동남 카렐인으로 나눌 수 있다. 북부에 사는 카렐인은 스스로를 '양치기', '가축을 기르는 사람'이라는 의미의 '카리얄라이세트'(Карьялайсет)라고 불렀으며, 라도가 호수(озеро Ладога, 현재 카렐리야 공화국과 레닌그라드 주에 걸쳐 있으며, 유럽에서 가장 큰 담수호) 부근의 남서 카렐인은 리비키(Ливвики, Ливвике), 오네가 호수(озеро Онега) 부근의 동남 카렐인은 류디키(Людики, Лююдикей)라고 불렀다.

카렐인은 민족공화국을 이루고 있지만, 그 수는 많지 않다. 2010년 기준 러시아연방에 살고 있는 카렐인은 약 6만 명으로, 그중 45,570명이 카렐리야 공화국에 거주하고 있다. 이외에도 레닌그라드 주, 17세기에 대거 이주한 트베리 주, 무르만스크 주, 볼로그다 주, 핀란드에 많은 카렐인이 거주하고 있다.

카렐어는 핀-위그르 어족의 발트-핀 그룹에 속한다. 카렐어는 일부 학자들이 핀어의 동부 방언이라고 말할 만큼 핀어에 가깝다. 카렐어는 몇 가지 방언으로 나눌 수 있는데, 류디키들이 쓰는 언어는 별도의 언어라고 생각될 정도로 이들 방언 간 차이는 비교적 큰 편이다. 인종적으로 카렐인은 유럽인종 중 백해-발트인에 속하며 일부에서는 약하지만 몽골인종의 특징을 보이기도 한다.

· 역사문화적 특징

고대 카렐인은 남부 카렐리야와 핀란드의 남동부에 살고 있었던 토착 종족들을 기반으로 형성됐다. 8-9세기 스칸디나비아 반도의 여러 사료에서 이 지역과 카렐인에 대한 흔적을 찾아볼 수 있다. 모피가 많은 부유한 지역으로 언급됐던 카렐리야 지역은 '비야르미야'(Бьярмия), 혹은 '비아르미야'(Биармия)라는 나라로, 이곳의 주민들은 '비야르미'(Бьярми), '비아르미'(Биарми)로 불렸다.

10-11세기 카렐인의 조상은 라도가 호수의 북부와 북서 지역으로 이동해 정착했다. 11세기 더 북쪽으로 이동하기 시작하여 이들의 거주지는 라도가 호수와 오네가 호수 사이의 지역까지 확장됐다. 이 시기 이 지역에 역시 거주하고 있었던 사미인과 벱스인, 그리고 카렐인 간의 상호교류와 동화가 일어났다. 9세기부터 12세기 카렐리야 남부는 키예프 루시에, 12세기부터는 노브고로드 공국에 편입됐다. 고대 루시인들이 북서 지역의 핀-위그르 민족들을 '추디인'이라고 불렀던 것처럼 카렐인 역시 '추디인'으로 불리다가, 12세기 중반 이후에야 카렐리야, 혹은 '코렐라'(Корела)라는 이름으로 알려지게 됐다.

13세기부터 북유럽의 강대국 스웨덴이 카렐 땅에 관심을 보이며 노브고로드 공국과 경쟁을 벌였다. 서부 카렐리야가 스웨덴의 지배를 받게 된 이후에도 이 지역을 사이에 둔 러시아와 스웨덴과의 분쟁이 끊임없이 일어났다. 18세기 스웨덴의 힘이 약해지면서 카렐리야는 러시아 제국의 땅이 됐다.

사회주의 혁명 후인 1923년 이 지역은 카렐리야 소비에트 사회주의 자치공화국(Карельская АССР)이 됐으며, 소련 붕괴 이후 카렐리야 공화국(Республика Карелия)으로 바뀌게 됐다.

· 전통의복

카렐인의 전통의상은 북러시아의 의상과 유사하지만, 등 쪽에 절개가 되어 있는 루바하(Рубаха, 길고 헐렁한 셔츠)와 끝이 갈고리형으로 말린 신발은 카렐 의상의 독특한 요소이다.

카렐 여성의 전통의상은 크게 루바하와 치마, 루바하와 사라판(Сарафан, 소매 없이 어깨에 끈을 걸쳐 입으며, 가슴부터 발까지 내려오는 긴 치마)의 조합으로 나눌 수 있다. 사라판의 경우 허리춤에 넓은 구멍이 있으며, 이 구멍 사이로 모나 면으로 만든 넓은 끈을 넣어 맨다. 리비키 여성들은 사라판 대신 일반 치마를 입고 짧은 재킷을 걸친다. 사라판이나 치

카렐 남녀 전통의상[1)]

마 위에 앞치마를 덧입는데, 앞치마는 옷자락을 따라 나선 모양으로 꼰 실로 장식되어 있다. 카렐 여성들은 목걸이나 다양한 금속 등을 이용해 늘어뜨리는 장식을 좋아한다. 독특하게도 카렐 여성들은 단도를 의복을 꾸미는 용도로 사용한다. 이들은 동으로 장식된 칼자루가 달린 단도를 칼집에 넣어 옷 앞자락에 단다.

진주알을 이용한 자수[2)]

장신구 역시 지방마다 그 특징이 조금씩 다르게 나타난다. 예를 들어 오네가 호수 부근의 여성들은 백마의 갈기나 털을 그물 모양으로 짜서, 거기에 작은 진주를 꿰어 만든 머리 장식을 즐겨 한다. 작은 진주로 만든 나비 모양의 귀걸이는 이들이 가장 좋아하는 장신구이다. 백해 연안의 여성들은 진주 구슬과 반지, 팔찌 등 유난히 액세서리를 좋아하는데, 특히 진주로 만든 장신구를 즐겨 한다. 이는 카렐인의 오랜 생업 중 하나가 진주 채취였던 것과 관련 있다.

여성 의상에 비해 남성 전통의상은 그 구성이나 종류가 단순한 편이며 러시아의 전통 남성 의상과 유사하다. 카렐 남성들은 일반적인 모자를 쓰는 것 외에 '비요'(Vyo)라는 끈을 머리에 두른다. 또한, 이들은 작은 수건을 목에 두르고 다니기도 한다.

· 전통음식

고대 시기부터 카렐인의 식탁에 오르는 주요 음식은 생선이다. "생선이 없는 것보다 빵이 없는 것이 낫다"(Лучше безхлебье, чем безрыбье)라는 카렐 속담이 있을 정도로 카렐인은 생선 요리를 사랑했으며, 다양

카렐 생선 수프[3]

한 방식으로 즐겼다. 수프만 보더라도 알 수 있다. 카렐인은 싱싱한 생선으로 만든 수프를 좋아하는데, 말린 생선, 혹은 소금에 절인 생선을 사용하기도 한다. 북부 지방에서는 생선 수프에 밀가루 반죽과 달걀을 넣으며, 남쪽에서는 감자나 곡물을 넣어 끓이기도 한다. '칼라로카'라는 생선 수프는 비늘을 제거하지 않은 생선으로 만드는 것이 특징이다. 이 외 우유를 넣고 끓인 생선이나 스메타나(Сметана, 발효시킨 우유 크림)에 넣고 구운 생선도 인기가 많다.

생선의 가시는 빻아 가루로 만들어 겨울에 가축의 여물로 주기도 했는데, 이것을 먹은 소가 더 많은 젖을 낸다고 믿었다. 춘궁기에는 이 가시 가루를 생선 수프에 넣어 먹기도 했다. 생선(특히 농어)의 내장이나 기름은 요리에 이용됐으며, 약으로도 유용하게 쓰였다.

이렇게 다양한 형태로 쓰이거나 조리되는 생선이지만, 카렐인은 생선을 기름에 튀겨 먹지는 않았다. 카렐어에는 '튀기다'(жарить)라는 단어가 없는데, 기름에 튀기는 피로기(Пироги, 파이)도 '튀기다'라는 표현 대신 '기름에 끓이다'(варить в масле)라는 표현을 썼다. 20세기에 들어서야 카렐인은 생선을 튀기거나 훈제해 먹었다. 생선이 이렇게 카렐 식단에서 큰 위치를 차지한 반면 육류는 겨울에나 풀베기가 시작되는 시기에만 먹는 정도였다.

일반적으로 카렐인은 다양한 잡곡을 발효하여 신맛이 나는 빵을 만들어 먹는다. 북서 지역에서는 '구멍 난 빵'을 구워먹는다. 이것은 레표시카(Лепёшка)와 같이 얇으면서 넓고 둥근 모양의 간이 안 된 빵으로,

두 가지 형태의 카렐 피로기[4]

오랫동안 저장할 수 있도록 반죽 가운데 동그란 구멍을 뚫어 놓고 굽는다. 피로기는 크게 두 가지 모양으로 나눌 수 있다. 하나는 반죽 안에 속을 넣은 것으로, 속으로는 양배추, 생선이나 고기, 달걀, 건포도, 잡곡이나 쌀이 쓰인다. 다른 형태의 피로기는 반죽 위에 콩, 버섯, 순무, 열매 등을 얹은 것이다.

카렐인은 생선만큼 유제품을 즐겨 먹는다. 가공하지 않은 우유는 아이들이, 뭉근하게 끓인 우유는 성인들이 마신다. 우유는 초유로 섭취하거나 발효, 또는 얼려 먹기도 한다. 우유 외 음료로는 보리나 열매, 순무를 발효한 음료를 들 수 있다.

· 전통 주거양식

카렐인들은 주로 강이나 호수 근처에 터를 잡고 살았다. 카렐인의 마을은 크게 세 가지 형태로 나눌 수 있다. 교회, 묘지, 시장이 있으며 행정 및 교역중심지 역할을 하는 포고스트(Погост), 특별한 도시 계획 없이 강변을 중심으로 형성된 마을(Деревня)과 큰 농촌마을에서 떨어져 있는 후토르(Хутор)로 나눌 수 있다. 마을은 지역별로도 차이를 보이는데, 카렐리야 남부는 농가들이 모여 하나의 둥지처럼 마을을 이루는

카렐 전통가옥의 내부 모습[5)]

반면, 북부는 각각의 농가가 서로 멀리 흩어져 있는 형태이다.

전통가옥을 지을 때 카렐인은 초석을 별도로 두지 않고 둥근 돌이나 작은 평평한 돌을 깐 후 그 위에 구조물을 세우는 것이 특징이다. 카렐 전통가옥은 통나무 이즈바(Изба)로 높은 복층이 설치된 이층 구조의 건물이다. 주요 거주공간 외에 동일한 형태의 건물이 연결되어 있다. 이 건물은 경제활동을 하는 공간으로, 아래층은 가축우리, 위층은 건초를 보관하는 용도로 쓰인다. 러시아식 페치(Печь, 벽난로)가 가옥의 난방을 담당하는데, 더 추운 북부 지방에서는 페치 입구 옆에 움푹 들어간 곳을 만들어 작은 난로처럼 사용한다. 이것은 집 내부를 밝히는 조명 역할을 하

카렐 전통가옥의 발코니와 다양한 장식[6)]

기도 하고 요리를 만드는 공간으로 활용되기도 한다.

카렐리야 지역별로 가옥 외관을 꾸미는 방식이 다르게 나타난다. 북서 지역에서는 핀란드의 영향을 받아 가옥 외벽의 나무 표면을 평평하게 깎는다. 반면 리비키와 류디키는 가옥 외관을 꾸미는 데 신경을 많이 쓰는 편이다. 그들은 지붕의 끝이나 가옥 정면과 지붕을 잇는 곳에 정교하게 조각된 판을 덧대어 꾸미기도 하며, 창턱과 발코니, 창문의 덧문까지도 섬세하게 조각하여 장식한다.

카렐인이 목욕을 아주 좋아하는 민족이니만큼, 목욕탕은 이들의 일상생활에서 특별한 위치를 차지하고 있다. 목욕탕은 증기를 쬐어 몸을 씻고 휴식을 취하는 공간일 뿐만 아니라, 인생을 살면서 행하게 되는 중요한 의례를 치르거나 주술적인 의식을 올리는 곳이기도 하다. 그렇기 때문에 목욕탕 안에서는 소리를 죽여 이야기해야 하며 항상 청결을 유지해야 한다. 목욕탕 안에서 옷을 빠는 것을 금지할 만큼 목욕탕은 이들에게 신성한 곳이다. 목욕탕은 보통 가옥과 조금 떨어져 있는 강가나 호수 가까이에 만들어 놓는다. 카렐 목욕탕에는 굴뚝이 따로 없으나, 대신 입구 구석에 벽난로 역할을 하는 뜨거운 돌을 갖다 두어 내부를 따뜻하게 한다.

· 토속신앙 & 가정의례

정교를 받아들이기 전의 고대 신앙적인 요소들은 카렐인의 생활 속에 오랫동안 보존되어 왔다. 특히 옛 카렐인은 가축을 아주 소중히 여겼는데, 가축과 관련된 미신이나 의식은 이들의 생활 속에 깊숙이 자리 잡고 있었다. 예를 들어 집주인의 부인은 자신의 목에 방울을 달고 햇볕이 비추는 방향에 따라 집을 세 번 돈 후, 자신의 목에 걸었던 방울을 암소의 목에 걸어준다. 그 후 주인은 털로 만든 장갑을 끼고 빵

조각으로 가축을 유인하여 부젓가락과 같이 불을 긁어내는 갈고리 위를 넘어가게 한다. 이 모든 것은 나쁜 기운으로부터 가축을 보호하기 위해서이다.

처음 가축을 방목하는 날이 되면 주인은 가축이 알아서 무사하게 집으로 돌아오라는 주문을 외우며 가축을 나뭇가지로 쳐서 들로 내보낸다. 이때 나가는 문 주변에 거름을 갖다 둔 후 도끼를 그 안에 파묻고, 가축이 그 위를 건너도록 유도한다. 이는 가축이 쇠처럼 튼튼하고 건강하라는 기원을 담고 있다.

가정의례의 경우, 크게 출생, 결혼, 장례로 나눌 수 있다. 아이의 출산 전 산모는 항상 조심하게 행동해야 한다. 산모는 싸움이나 논쟁에 휘말려서도 안 되고, 묘지를 지나는 것도 안 된다. 나쁜 기운으로부터 아이를 보호하기 위해 산모는 어망 조각이나 남편의 허리띠를 부적처럼 지니고 다닌다. 산모는 아이를 출산할 때까지 머리를 잘라서도 안 된다.

가축과 관련된 카렐 전통의식[7)]

짧아진 머리처럼 태어날 아이의 생명도 짧아진다고 믿었기 때문이다. 그리고 산모는 거울을 봐서도 안 되는데, 이는 예쁜 아이를 출산하기 위해서이다. 출산일이 가까워져도 이를 가까운 친척에게조차 숨기는데 이 역시 행여나 일어날 수 있는 나쁜 일로부터 아이를 보호하기 위해서이다. 출산은 비밀리에 목욕탕이나 헛간에서 하는데, 시어머니나 산파가 돕기도 하고, 산모 혼자 아이를 낳기도 한다. 출산을 돕는 산파는 경험 많은 여성으로, 나무의 진이나 썩은 나무에서 찾은 애벌레 등을 부적처럼 가지고 있어야 한다.

결혼식은 크게 신부의 집, 신랑의 집에서 치르는 의식으로 나눌 수 있다. 신부는 결혼식 전 목욕탕에 들어가 눈물을 흘리고, 그 후 신랑과 신부는 선물을 교환한다. 신부가 신랑의 집으로 떠나기 전 송별 만찬을 갖고, 미혼의 상징이었던 땋은 머리를 푸는 행위를 한다. 이후 신랑과 신부는 신랑의 집으로 간다. 신혼부부를 축복하기 위해 햇곡식을

카렐 전통결혼의식의 재현[8)]

뿌린 후 새 식구를 환영하는 만찬을 연다.

노인들, 특히 노년 여성들은 자신이 죽기 전 미리 수의를 준비한다. 수의는 흰 천으로 만들며, 수의를 바느질 할 때 실 끝의 매듭은 매지 않는다. 이는 저승으로 가서 빨리 헌 옷을 벗고 새 옷을 받기 위함이다. 긴 양말과 벙어리장갑, 그리고 부드러운 가죽으로 만든 굽 없는 구두 역시 준비한다. 사람이 죽은 후 고인의 몸을 씻기는데, 이때 친인척들은 참여하지 않는다. 대신 나이 많은 사람들이 고인의 몸을 씻기는데, 고인이 남자의 경우 남자들이, 여자의 경우 여자들이 이 일을 한다. 고인을 땅에 묻기 전 삼일 동안 집안에 모신다. 이때 나쁜 혼이 고인의 몸에 들어가지 못하도록 가족과 지인들은 항시 고인의 곁에 있으면서 아침, 점심, 저녁 식사에 고인을 초대하고 밤에는 서로 대화를 나눈다. 보통 하루 중 오전에 관을 묻는데, 이때 파놓은 땅속에 예전에 관(시신)을 묻었던 흔적이 남았을 경우 그 자리를 산다는 의미에서 돈을 뿌린다.

이렇게 카렐인의 전통의례는 다양한 의식과 절차로 구성되어 있다. 무엇보다 전통의례의 가장 큰 특징은 통곡이다. 장례식 외에도 아이의 출생, 결혼식과 같은 경사에도 흐느껴 우는 절차는 반드시 포함되어 있으며, 이를 위해 즉흥적으로 곡을 하는 전문적인 사람들을 초청한다.

러시아 북부의 유대인, 코미인

명 칭	코미(Коми (단·복수형))
인구수	코미-지랸인: 228,235명 코미-페르먀크인: 94,456명
민족구분	핀-위그르계
종 교	러시아 정교
주요 거주지	코미 공화국

러시아에서 민족공화국을 이루는 민족은 모두 21개이다. 그중 러시아 북서 끝자락을 차지하고 있는 코미 공화국은 우선 넓은 면적으로 주목을 끈다. 독일보다도 더 큰 영토를 가지고 있는 코미 공화국은 러시아 북서부의 타이가와 툰드라 지역에 걸쳐 위치해 있다. 광활한 코미 영토의 약 74%를 숲이 차지하고 있다. 코미의 원시림은 1995년 유네스코 세계자연유산으로 선정될 정도로 그 규모와 아름다움을 세계적으로 인정받았다. 러시아에서 처음으로 유네스코 세계자연유산으로 등록된 곳도 바로 이곳이다. 현재 코미 원시림은 유럽에 남아있는 가장 넓은 원시 북부 한대 수림(Boreal Forest)이기도 하다. 이런 이유로 코미 공화국을 '유럽의 허파'라고 부른다. 풍부한 산림자원과 유용광물을 바탕으로 코미 공화국은 오늘날 러시아 북부의 중요한 산업기지로 부상하고 있다.

이곳의 명목민족인 코미인은 타이가 지역에서는 사냥을, 툰드라 지역에서는 순록을 키웠다. 이들은 이렇게 얻은 동물의 모피를 훌륭하게 가공하여 러시아 곳곳에서 교역하며 높은 수익을 남겼다. 이에 코미인은 '러시아 북부의 유대인'이라고 불렸다.

코미 민족은 우랄어족의 핀-위그르 그룹 내에서도 페름 소그룹(Пермская подгруппа)에 속한다. 인류학적인 면에서 보자면, 대부분의 코미인은 유럽인종의 고대 뱌트카-카마 유형(Вятско-камский тип)에 속하며, 몽골인종의 특징도 일부 가지고 있다. 사는 지역마다 민족 그룹이 나눠지는 것처럼 인류학적으로도 크게 백해형(Беломорский тип), 동발트해형(Восточно-балтийский тип), 뱌트카-카마형(Вятско-камский тип)과 같이 세 그룹으로 나누어 볼 수 있다.

· 코미인의 기원

많은 학자들은 코미 민족이 11세기 이전에 형성되기 시작했다고 보고 있다. '코미'라는 독특한 민족 이름의 어원에 대해서는 여러 가지 이야기가 있으나, 코미 영토의 남쪽에 흐르는 카마(Kama)강에서 나왔을 것이라는 설과 '인간', '인류'를 의미하는 고대 페름어 '코먀'(komä, ком)에서 유래했다는 주장이 있다.

민족기원에 대해서도 여러 의견이 있다. 어떤 학자들은 현재 코미 영토에 흐르는 비체그다 강(р. Вычегда) 중류를 중심으로 코미 민족이 형성되었을 것이라고 생각한다. 이 주장에 의하면, 8세기 무렵 옛 코미 영토에 거주하던 종족들이 핀어를 사용했으며, 사냥이나 어업을 생업으로 삼았는데, 이들의 인구 증가와 주변 민족의 교류로 코미 민족이 형성됐다는 것이다. 또 다른 학자들은 카마 강(р. Кама) 중상류 지역을 코미 민족의 기원지라고 보고 있다. 이 주장은 9-10세기 카마 강 상류에 살던 사람들이 지속적으로 비체그다 강으로 진출했으며, 이들이 이 지역에 살던 토착민들과 어우러지면서 코미인이 형성됐다는 것이다. 이들은 농업과 목축업에 종사했던 사람들로, 8세기부터 시작된 기후 온난화로 카마 강 북부 지역이 거주와 경제활동에 보다 적합해짐에 따라 이곳으로 이주해 왔다. 즉, 코미 땅보다 남쪽에 살던 사람들이 북쪽으로 이주했다는 것이다. 이들의 진출로 코미 땅에도 농업과 목축업이 점차 자리 잡게 되었다. 한편 카마 강에 남은 이들은 코미-페르먀크인(Коми-Пермяки)의 선조가 되었다.

두 주장이 조금씩 엇갈리지만, 코미 민족이 형성되었던 곳은 현재의 비체그다 강 유역이었다는 것에는 이견이 없는 듯하다. 코미 땅에 거주하던 종족들은 10-11세기 본격적으로 민족으로서의 모습을 띄게 되었다.

· 코미인의 역사

12세기 무렵 코미인은 국가의 형태를 갖게 될 정도로 발전하게 됐다. 코미 땅의 주요 강을 중심으로 '페름 벨리캬야'(Пермь Великая, 대(大)페름공국), '페름 스타라야'(Пермь Старая, 고(古)페름공국, 혹은 스타라야 비체고드스카야(Старая Вычегодская, 고(古)비체그다공국)), '페름 말랴야'(Пермь Малая, 소(小)페름공국)와 같은 공국들이 생겨났다. 14세기 무렵 이 영토에 존재하는 공국 중 가장 강한 힘을 가지고 있었던 곳은 '페름 벨리캬야'였다.

그러나 민족 형성의 시기와 함께 코미인은 동슬라브인의 침략과 지배를 받게 된다. 고대 노브고로드인들은 12세기 무렵 코미 땅까지 진출했고, 코미인들은 '페르미'(Перми)라는 이름으로 불렸다. 그러나 이 명칭은 코미인만 지칭했던 것이 아니다. 여러 러시아 연대기에서 북우랄 서쪽부터 페초라, 비체그다, 카마, 볼가 강까지 이르는 광대한 영토 일대를 '페름'(Пермь), 혹은 '페르미야'(Пермия), '페렘'(Перемь)으로 지칭했으며, 이 지역 주민들을 페르미라고 불렀다. 노브고로드 공국은 코미 민족을 대(大)노브고로드의 공민으로 선언했고 조공을 요구했다. '페름 벨리카야'조차 노브고로드인들에게 모피를 조공으로 바쳤다. 그러나 노브고로드 공국은 코미인들에게 모피 조공을 요구했을 뿐, 이 시기 코미 영토에 대한 실질적인 지배는 이루어지지 않았다.

그러나 이후 슬라브 땅의 새로운 강자로 떠오른 모스크바 공국은 코미인에 대한 통제를 강화했다. 모스크바 공국을 거쳐 로마노프 왕조 시기 코미 영토는 여러 차례 행정적인 영토재편을 겪었다. 18세기 코미 땅은 남북으로 분리됐는데, 남쪽 지역은 볼로그다 현(Вологодская губерния)으로, 북쪽 지역은 아르한겔스크 현(Архангельская губерния)으로 편입됐다. 1780년에는 예카테리나 2세가 '우스티-시솔라'(Село Усть-Сысола) 마을을 '우스티-시솔스크 시'(Город Усть-Сысольск)로 바꾸었다. 이로써 우스티-시솔스크 시는 코미의 첫 번째 도시가 되었다. 이것이 바로 현재 공화국 수도인 식팁카르(Сыктывкар)의 전신이다.

사회주의 혁명 후 1921년 8월 22일 코미 땅은 '코미 자치주'(Автономная область Коми)로 그 지위가 확정됐다. 1936년에는 코미 소비에트 자치공화국(Коми АССР)으로 바뀌었으며, 소련 붕괴 이후 코미 공화국(Республика Коми)이 됐다.

· 코미-지랸인과 코미-페르먀크인

코미 민족은 지랸인(Коми-зырян)과 페르먀크인(Коми-пермяк)과 같이 크게 두 그룹으로 나뉜다. 동일 민족이더라도 출신지나 전통적인 거주지에 따라 언어적인 차이가 있으며, 정체성도 조금씩 달리한다. 한국만 하더라도 각 도마다 방언이 독특하고 문화와 정체성, 가치관이 다른 것을 떠올려본다면 쉽게 이해할 수 있을 것이다.

첫 번째 그룹인 코미-지랸인은 현재 코미 공화국의 주(主)민족이라고 할 수 있다. 과거 코미인들은 '코미인'이라는 이름보다 '지랸인'(Зырян)으로 더 많이 알려져 있었다. 이들은 코미 공화국 외에도 근처의 아르한겔스크 지역을 비롯하여 무르만스크와 시베리아의 옴스크(Омск), 튜멘(Тюмень) 지역까지 퍼져 거주하고 있다.

두 번째 그룹인 코미-페르먀크인은 오늘날 코미 공화국에서 동남쪽에 있는 페름 주에 거주하고 있다. 1925년에는 이들이 거주하는 곳이 코미-페르먀크 자치구(Коми-Пермяцкий автономный округ)라는 별도의 행정단위로 분리됐다. 1977년부터 이 자치구는 페름 주에 편입되었다가, 1993년 독립됐다. 그러나 2005년 12월 자치구는 다시 페름 주로 통합됐다.

이 두 그룹 외에 최근 주목을 받고 있는 그룹은 코미-이제메츠인들(Коми-ижемцы)이다. 이들은 앞서 언급했던 코미-지랸인의 하부 그룹으로, 공화국 북쪽에 위치한 이젬스키 지역(Ижемский район)에 대거 거주하고 있다. 이들이 지랸인과 가장 큰 차이를 보이는 것은 전통적인 경제활동으로, 이들은 반(半)유목 형태의 순록사육업에 종사하고 있다. 이제메츠인들은 17세기 이웃 민족인 네네츠인들로부터 순록사육업을 받아들인 이후 현재까지도 전통 생업을 유지하고 있다.

· 전통의복

코미 전통의상은 북부 러시아 의상과 그 소재(아마포, 나사 등)나 형태면에서 유사하다. 다만 코미 전통의상에서는 모피나 가죽이 더 많이, 그리고 다양하게 사용된다.

남성의 옷은 앞가슴 부분이 비스듬히 트인 루바하와 바지로 구성된다. 여기에 긴 장화나 무늬가 있는 긴 양말을 신는다.

남성의 옷보다 여성의 의상이 더 흥미롭고 아름답다. 코미 전통 여성

코미 전통의상[9)]

의상은 루바하와 사라판으로 구성된다. 루바하의 어깨 부분과 소매 부분은 다른 색깔의 천을 덧대거나, 기하학적인 전통문양으로 장식되어 있다. 사라판 위에는 긴 앞치마를 반드시 착용한다. 미혼 여성들은 리본이나 고리 등으로 머리를 장식하며 스카프나 숄 등을 머리에 쓴다. 기혼 여성들은 주름이 잡힌 모자, 혹은 두건을 쓴다.

결혼은 어느 민족에게나 중요한 통과의례이기 때문에 혼례 의상은 보통 좀 더 화려한 색상과 다양한 무늬가 있는 천으로 제작된다. 코미 전통혼례 의상도 예외는 아니다. 코미 여성의 혼례 의상 중 독특한 것은 '유르나(Юрна)'라고 불리는 머리 장식이다. 이것은 반원 모양의 앞차양으로 보통 붉은색의 나사천으로 만들어지며 유리구슬로 화려하게 장식된다. 코미 땅의 북쪽 지역에서는 유리구슬 대신 모피로 장식되기도 한다.

사냥이나 농사일을 할 때, 코미인들은 아마포로 만든 헐렁한 긴 겉옷을 입는다. 봄과 가을에는 거친 나사 천으로 만든 겉옷을, 겨울에는 양털 외투나 털가죽으로 만든 반외투를 입는다. 사냥꾼들은 어깨를 덮는 망토를 입는다.

코미인들이 만든 다양한 끈 장식[10)]

여름과 가을에는 가죽으로 된 신발을 신는데, 이때 털로 만든 긴 양말이나 아마포로 만든 각반을 착용한다. 겨울에는 펠트 장화나, 목 부분은 나사천으로 되어 있고 몸통 부분은 펠트로 만든 신발을 신는다. 북쪽에서는 이웃 민족인 네네츠인들로부터 받아들인 핌미(Пимы)나 토보키(Тобоки)와 같은 털신을 신는다. 핌미와 토보키는 순록의 뒷다리에서 떼어 낸 가죽인 카무스(Камус)와 순록의 힘줄로 만든다는 점에서 비슷하다. 이 신발은 모두 목이 긴 부츠인데, 길이는 다양하다. 무릎 위까지 올라오거나 허벅지까지 다 덮을 정도로 긴 신발도 있다. 핌미는 펠트로 만든 신발에 기름을 먹인 카무스로 겉을 감싸 만든다. 토보키는 핌미와 비슷하나, 내구성을 위해 순록의 이마 부분에서 떼어 낸 단단한

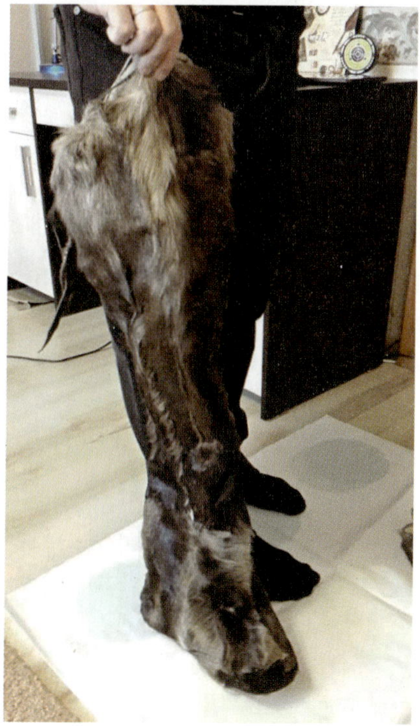
토보키[11)]

가죽으로 구두창을 만든다.

현재 이러한 전통의상은 특별한 축제나 행사에서나 볼 수 있다. 그러나 북쪽 지역에 거주하는 순록사육업자인 이제메츠인 사이에서는 순록 가죽으로 만든 전통의상이 오늘날까지 잘 보존되어 있다. 전통의상이 한때 유행한 적도 있었는데, 1980년대 도시에 거주하는 코미 주민들 사이에서 핌미가 인기를 끌기도 했다.

· 전통음식

코미 전통음식은 다양한 야채와 생선으로 구성되어 있다. 코미인들은 하루에 세 번 식사한다. 옛 코미인들은 아침은 아침 6-7시에, 점심은 오후 1-3시 사이에, 저녁은 7-9시 사이에 먹었다. 코미인들은 음식을 뜨겁게 해서 먹는 것을 좋아한다. 그렇기 때문에 아침에 갓 만든 음식은 점심에도 따뜻하게 먹을 수 있도록 솥에 담아 난로 위에 항시 올려놓는다. 수프는 나무로 만든 숟가락으로 떠먹었으며, 고기나 생선 요리를 먹을 때는 손이나 동물 뼈로 만든 포크를 사용했다. 평일에는 서너 가지의 음식을 한 상에 내오며, 명절에는 17-18가지의 음식을 내놓는데, 그 수가 25가지가 넘는 경우도 적지 않았다.

전채, 요리를 구분 없이 한 상에 내오는 우리나라와는 달리, 코미인들은 러시아인들처럼 식욕을 돋우는 음식과 주 음식, 후식을 세 번에 걸쳐 차례대로 먹는다. 첫 번째 내 오는 음식으로는 시(Щи, 고기 국물에 양배추를 주재료로 한 러시아식 수프)를 비롯한 다양한 수프이다. 여름에는 크바스(Квас, 호밀을 발효한 음료)로 만든 차가운 수프를 주로 먹는다. 첫 번째 음식으로 보리 가루로 만든 죽을 먹기도 한다. 두 번째 요리는 주요리로 고기나 생선 요리가 식탁에 오르는데, 코미인들은 고기보다는 생선 요리를 더 자주 먹었다. 육류는 주로 사냥꾼들이나 순록을 사육하는 북부의 코미인들이 섭취했다. 코미 음식에 주로 사용되는 야채로는 순무, 무, 양파, 양배추 정도이며, 19세기 후반부터는 감자가 코미인의 식단에도 오르게 되었다. 이외 다양한 빵과 파이, 핫케익 등도 코미 식단의 한 부분을 차지하고 있다.

전통 음료로는 여러 약초나 열매를 우려낸 차, 크바스, 자작나무 즙이 있으며, 삶은 무나 순무로 콤포트(Компот, 각종 열매를 설탕이나 꿀에 절여 만든 음료)를 만들어 마신다. 집에서 만든 맥주 또한 명절 식탁에 반드시 올라가는 음료이다. 코미인들의 전통 술은 우리나라의 '술'과 발음이 비슷한 '수르(Сур)'라고 하는데, 엿기름과 수수나 보리, 호밀로 만든다. 코미인들의 명절이나 통과의례 시 수르가 반드시 있어야 한다.

언뜻 보면 러시아 식단과 유사한 점이 많아 보이지만, 코미 음식에서만 볼 수 있는 독특한 요소들도 적지 않다. 빵을 주식으로 삼는 러시아인들과는 달리, 코미인들은 빵을 자주 구워 먹지 않았으며, 빵 반죽에 엄청난 양의 잡곡이나 마가목 껍질, 혹은 나뭇잎, 풀, 짚 부스러기 등 주위에서 쉽게 구할 수 있으면서 밀가루를 대체할 만한 것을 넣어 빵을 구웠다. 코미인들은 빵을 자주 먹지 않았지만, 대신 블린(Блин, 얇은 팬케이크), 올랴디(Олядьи, 두껍게 구운 핫케이크), 파이, 튀김과자(샨가, Шаньга) 등 밀가루 반죽을 구워서 만든 여러 음식을 먹었으며, 코미 명

코미 생선 파이[12)]

코미 생선 수프[13)]

절이나 제사 때 이를 빼놓지 않고 준비한다. 이때 거의 대부분의 코미인이 닭을 키우지 않았기 때문에 반죽에 달걀이 들어가지 않는 것이 특징이다.

코미 음식이 갖고 있는 또 하나의 특징은 생선이 거의 모든 음식에 들어간다는 것이다. 코미인들은 우하(Уха)와 같은 생선 수프(코미어로는 우크바(Уква))를 즐겨 끓여 먹는다. 생선은 파이의 속으로도 사용된다. 생선 파이는 명절 때 반드시 내놓는 음식이다. 이외에도 코미인들은 다양한 방식으로 생선을 즐겼다. 생선을 찌거나 삶아서, 혹은 바람에 건조하거나 볕에 말려서 먹는다. 그러나 생선을 구워서 먹는 경우는 아주 드물다. 생선을 염장 처리해서 먹기도 하는데, 예로부터 소금이 아주 비쌌기 때문에, 시장에 내다 파는 것이 아니라 가정 내에서 생선을 먹을 경우에는 소금을 아주 적게 쓴다. 염장 외에도 코미인들이 생선을 오랫동안 먹을 수 있도록 보관하는 방법은 다양했다. 겨울에는 생선을 얼음 위에 두거나 깊은 우물 안으로 내려 보내 보관한다. 툰드라의 순록사육업자들은 여름에 아주 깊게 땅을 파서 생선을 담은 통을 보관한다. 또 하나의 독특한 보관방법은 생선에 소금을 적게 쳐서 통 속에 놓은 다음 따뜻한 곳(보통 욕탕)에 두는 것이다. 이렇게 되면 생선은 우리나라 젓갈처럼 발효가 되어 아주 강하고 독한 냄새를 풍기게 된다. 코미인들은 이렇게 묵힌 생선을 숟가락으로 떠먹는다. 페초라 강 중류 지역에서 자주 볼 수 있는 이 방법을 '페초라식 염장법'(Печорский засол)이라고 부른다.

· 전통가옥

코미의 전통가옥은 당연히 목조 가옥이다. 고대 코미인들은 별다른 도시계획이나 거리 조성 계획 없이 강 주위에 집을 지었다. 코미 땅의

오늘날 코미 북부(이젬스키 군)의 주택 모습[14)]

코미 북부 가옥의 우리 내부[15)]

코미 전통가옥 내부의 모습[16)]

남쪽 지역에서는 집들이 둥지처럼 모여 있는 것이 특징이라면, 북쪽 지역에서는 집이 서로 꽤 멀리 떨어져 있는 경우가 많았다.

전통 가옥의 외관은 별다른 장식 없이 지어진다. 유일한 장식이라고 할 수 있는 것은 지붕의 양 면을 잇는 가운데 통나무 부분이다. 통나무 끝 부분에는 러시아 전통 가옥인 이즈바에서 볼 수 있는 것처럼 새, 말, 순록의 머리 모양으로 장식한다. 코미인들의 집 주변에는 풀이나 관목 같은 것을 볼 수 없다. 이는 주변에 이미 숲과 많은 나무들이 있기 때문이다. 또한 해가 짧은 북쪽 지방이기 때문에 옛 코미인들은 좀 더 많은 햇볕이 집안에 들어올 수 있도록 그늘을 만드는 나무를 심지 않았다.

일반적인 코미 가옥은 가족들이 거주하는 구역과 경제활동을 하는 구역이 하나의 형태로 합쳐진 구조이다. 남쪽 지역 코미인들은 일반적으로 단층으로 만들어진 집에 거주했으나, 북쪽 지역의 코미인들은 19세기 말부터 방이 많은, 때때로 다락방까지 있는 이층집을 지어 거주했다.

집 내부는 북러시아 전통 주택과 유사하다. 벽난로는 보통 가옥의 정면으로 나가는 문 쪽 구석에 위치해 있다. 난로와 반대쪽 벽 사이의 문 위로는 복층과 같은 구조를 만들어 놓는데, 이곳은 잠을 자는 공간이다. 그러나 코미 땅의 동쪽에서는 조금 다른 집 구조를 만나볼 수 있다. 지붕의 한쪽 경사면 아래에는 일반 거주시설과 가축우리가, 다른 지붕 면 아래에는 마당이 위치해 있는 구조이다. 지붕 처마는 길거리 쪽을 향하고 있다. 난로는 집의 입구에서 멀리 떨어진 구석에 위치해 있다. 입구 아래쪽에는 지하실이, 천장 아래에는 마찬가지로 복층의 구조로 그곳에서 잠을 잘 수 있도록 하였다.

코미인들은 주거공간의 아래에 보통 지하실을 만들어 놓는데, 이곳을 저장고로 이용한다. 가축우리는 특이하게도 보통 이층 구조로 되어 있으며, 거주공간과 벽을 사이에 두고 있다. 가축우리의 위층은 헛간으로 사용되어 농기구나 건초 등을 보관한다. 우리 안은 가축별로 구분되어 있다. 일부 농가에서는 말을 묶어두는 용도의, 지붕이 있는 낮은 울타리를 비롯해 목욕탕, 곡식창고, 곡물 건조장, 술 저장소 등을 볼 수 있다.

코미 전통가옥에서는 순록의 형상을 문턱, 창문, 성소, 창고 등에서 흔히 볼 수 있다. 코미 가정에서는 동물의 모양을 곳곳에 새기거나 그릴 뿐만 아니라, 실제 순록의 뿔을 집안 실내장식에 자주 사용했다. 거주양식에 동물 형태가 자주 사용되는 것은 장식의 목적뿐만 아니라, 그 동물들이 집을 지키는 수호자, 혹은 부적과도 같은 의미를 가지고 있기 때문이다.

· 토속신앙

코미인을 둘러싼 자연환경은 그들의 의식주뿐만 아니라 정신문화의 다양한 영역에도 영향을 미쳤다고 할 수 있다. 숲과 숲을 이루는 나무, 숲 속에 사는 동식물은 무수히 많은 신화와 미신들을 만들어 냈다. 코미인들은 동물이나 새, 나무 등 곳곳에 영혼이 있다고 믿었으며, 신들이 동물이나 나무 등의 모습으로 변한다고 생각했다. 이는 코미인과 자연의 밀접한 관계를 설명해 주는 동시에 코미인의 토속신앙이 자연과 깊은 관련이 있음을 알 수 있게 한다.

숲과 함께 살아가는 코미인들에게 나무숭배의식은 자연스러운 현상일 것이다. 풍요로운 숲은 코미인들에게 일용할 양식, 집을 지을 수 있는 재료, 추운 겨울을 날 수 있는 피난처와 장작을 주기 때문이다. 종종 길을 잃어버릴 만큼 빽빽하고 사람이 함부로 지나가기 어려운 깊은 산 속은 그만큼 수많은 비밀과 초자연적인 힘을 가진 대상이기도 했다. 러시아인들이 숲의 정령이 있다고 믿었던 것처럼, 코미인들도 모든 나무에 영혼이 있다고 생각했으며 그 영혼을 존경해야 한다고 믿었다. 그들은 숲의 정령이 동물의 모습으로 변하거나, 혹은 인간과 비슷한 모습, 예를 들면 털북숭이에다 키가 나무만 한 인간의 모습으로 사람 앞에 나선다고 생각했다. 숲의 정령을 화나게 하면, 사람들은 숲 속에서 길을 잃거나 야수를 만나게 되기 때문에 정령의 심기를 건드려서는 안 된다고 여겼다. 그렇기 때문에 나무를 베기 전과 후, 혹은 열매나 버섯을 따기 전과 후에는 숲의 정령을 위한 의식을 올리기도 한다. 이러한

코미 민담 중 "페라-보가트리"(Пера-богатырь) 삽화[17)]

의식은 여러 가지 형태로 나타나는데, 예를 들면 코미인들은 길의 교차점에 서 있는 나무 그루터기에 음식을 남기고 오기도 했다.

코미인들은 나무가 인간의 말을 이해할 수 있기 때문에 나무 밑에서 자는 일이 생길 때도 역시 미리 허락을 구해야 한다고 믿었다. 그렇게 하면 나그네가 자는 동안 나무의 정령이 온갖 위험으로부터 그를 지켜준다고 여겼다. 숲의 정령을 도와주거나 착한 일을 하면, 복이 찾아온다고 믿었는데, 이것은 '이르캅'(Иркап)을 주인공으로 하는 코미 전설에서 나타난다. 이르캅 이야기를 간단히 소개하면 다음과 같다. 나무와 숲의 정령인 보르사(Ворса)가 물의 정령인 바사(Васа)와 싸우자 용맹스러운 사냥꾼인 이르캅이 보르사가 이길 수 있도록 도와준다. 보르사는 보답으로 마술나무를 선사하고, 이르캅은 이 나무로 마법의 스키를 만든다. 이르캅은 동물이나 새보다도 더 빨리 달릴 수 있는 이 스키를 타고 남부러울 것 없는 사냥꾼이 된다는 이야기이다.

나무가 가옥의 주재료였던 만큼, 코미인들은 집을 지을 때 사용하는 목재를 고르는데도 신중했다. 주위에 넘쳐나는 것이 나무들이었지만, 그렇다고 모든 나무가 집을 짓는 데 사용되지는 않았다. 오랫동안 코미인들은 전나무나 자작나무는 베서는 안 되는 나무로 생각해왔다. 또한, 고목과 같은 일부 나무들은 집을 짓는 데 사용하게 되면 불운이 찾아온다고 믿었다.

나무와 가옥은 긴밀한 관계를 맺고 있어, 이에 대한 미신들도 생겨났다. 고대 코미인들은 난로 근처의 구조물이 삐걱거리는 소리를 내게 되면 집안의 여자가 아프게 되고, 금이 간 나무를 상석에 쓰면 가장이 아프게 된다고 믿었다. 상석의 나무가 삐걱거릴 때는 가장이, 난로 근처 나무가 삐걱거릴 때는 가장의 부인이 아프게 된다는 것은 집안에서 남성과 여성의 전통적인 위치와 역할을 상징한다. 이외에도 집안의 여자에게 죽음이 다가올 때는 나무 바닥이 소리를 내며 갈라진다고 믿었다. 이러한 미신들은 종종 집안의 구조물을 여성의 이미지와 연결하고 있는데, 이것은 더 나아가 집안의 일은 여자, 사냥과 같은 집 밖의 일은 남자로 양분되었던 과거 사회의 단면을 보여주는 것이기도 하다.

코미 신화 중에 자주 등장하는 인물인 '베둔'(Ведун)은 코미인이 존경하는 마법사이다. 이 마법사의 승낙이나 참여 없이는 숲 속의 어떤 나무도 베서는 안 된다. 이 마법사는 집을 짓기 위해서 어떤 나무가 좋은지, 목욕탕을 짓기 위해서는 어떤 나무가 좋은지 알고 있으며, 어떤 나무는 베서는 안 되는지, 불운한 나무는 어떤 것인지 알고 있다. 베둔 신화는 코미인들이 풍요로운 숲 속에 살면서도 이를 함부로 여기지 않았다는 것을 말해준다.

순록 모피로 만든 베둔 인형[18]

넓은 영토와 그를 둘러싼 풍부한 자연은 코미인의 과거와 현재를 이야기하고 미래를 약속해 주고 있다. 코미인의 전통적인 경제활동(특히 순록사육)은 현재까지 이들의 전통문화를 이루는 뿌리 깊은 기반이 되고 있으며, 유네스코 세계자연유산으로 지정된 원시림과 풍부한 유용광물은 코미인에게 아름다운 자연관경을 선사하는 동시에 세계가 주목하는 산림업과 에너지 산업을 발전시키며 코미인을 글로벌 시대에 합류시키고 있다.

순록과 함께 살아가는 사람들, 네네츠인

명 칭	네네츠(Ненец(단수형), Ненцы(복수형))
인구수	44,640명
민족구분	사모예드계
종 교	러시아 정교
주요 거주지	네네츠 자치구, 야말-네네츠 자치구

러시아 정부는 5만 명 이하의 인구를 가진 민족을 공식 소수민족으로 지정하고 있다. 현재 러시아 공식 소수민족 중에서 가장 인구수가 많은 민족이 바로 네네츠인이다. 2010년 러시아연방 인구조사 결과에 따르면 44,600명의 네네츠인이 살고 있다. 이들은 러시아 북서부에 자신의 민족 자치구를 가지고 있다. 그렇지만, 이들의 거주 지역은 러시아 북부를 중심으로 우랄 산맥의 동과 서를 아우르며 꽤 넓게 분포되어 있다. 현재 민족 자치구인 네네츠 자치구에는 약 7,500명이, 우랄 산맥 동쪽을 지나 한티-만시 자치구 건너 위치한 야말-네네츠 자치구에는 약 3만 명의 네네츠인이 살고 있다. 이외 크라스노야르스크 주, 한티-만시 자치구, 튜멘 주, 코미 공화국에도 거주하고 있다.

· 네네츠인의 기원

'네네츠'라는 명칭은 그들의 언어로 '사람'을 뜻한다. 네네츠인은 민족 구분으로 볼 때 사모예드인에 속한다. 네네츠인은 사모예드 민족의 인류학적인 특징을 잘 갖고 있다. 얼굴을 비롯한 외형에서는 전형적인 몽골인종의 특징을 찾아볼 수 있다. 키는 작은 편이며, 얼굴은 넓고 평평하다. 머리카락은 두꺼운 직모에, 쌍까풀이 없다. 눈동자와 머리카락은 검거나 짙은 갈색이며 피부도 거무스름한 편이다.

오늘날 네네츠인의 주요 거주지에 인간이 살게 된 시기는 기원전 8천 년경 구석기 시대까지 거슬러 올라간다. 기원후 5~8세기경 이곳에는 러시아인이 '페체라(Печера)'라고 불렀던, 또는 네네츠인이 '시르탸(Сиртя, 혹은 시히르탸(Сихиртя))'라고 불렀던 종족이 살았던 흔적이 있다.

네네츠인의 기원에 관해서는 여러 설이 존재하고 있으나, 공통적으로 나타나는 점을 종합해 본다면 다음과 같다. 네네츠인의 조상은 훈족, 튀르크 및 기타 유목 민족의 지배 아래 시베리아의 이르티시 강(р. Иртыш) 유역, 토볼스크(Тобольск) 주변의 산림 지대, 오비 강(р. Обь) 중류의 타이가 지대 등 시베리아의 중부와 남부에 거쳐 살고 있었다. 11~12세기 시베리아 남부에 살던 사모예드인 중 일부가 북극해 일대로 이주해 왔고, 그곳의 토착민, 예를 들면 위그르인, 에네츠인(Энцы)과 교류하며 네네츠인이 형성됐다. 시베리아 남부에서 북쪽으로 이동하면서, 일부는 카닌 반도와 타이미르 반도의 사이, 또는 오비 강과 예니세이 강(р. Енисей) 주변에 머무르거나, 다른 그룹은 콜바(Колва) 지역에 정착한 것으로 보인다.

오늘날 네네츠인은 북극해를 면하고 있는 러시아의 광범위한 지역에 거주하고 있다. 네네츠인은 크게 툰드라 네네츠인(тундорвые ненцы)과 산림 네네츠인(лесные ненцы) 으로 나눌 수 있다. 툰드라 네네츠인은 19세기 말 이후 콜라 반도에서 에니세이 강 하류까지 살고 있으며, 산림 네네츠인은 오비 강과 에니세이 강 사이의 타이가 지대에 살고 있다. 두 그룹은 문화적인 면에서 다소 차이를 보이고 있다. 툰드라 네네츠인은 기본적으로 순록사육을 한다. 이들은 여름에는 더 북쪽으로 순록 무리를 이끌고 유목을 한다. 이 그룹이 산림 네네츠인에 비해 수적으로 우세하며, 주로 네네츠 자치구와 야말-네네츠 자치구에 거주한다. 반면, 약 1,500명으로 추정되는 산림 네네츠인들은 사냥과 낚시가 주요 경제 활동이다. 이들은 야말-네네츠 자치구의 남동쪽 푸르 강(р. Пур)과 타스 강(р. Таз) 연안, 그리고 한티-만시 자치구(Ханты-Мансийский автономный округ-Югра)에 살고 있다. 요약해보자면, 두 그룹을 구분 짓는 결정적인 기준은 순록사육과 거주지이다. 순록사육과 그에 따른 유목생활은 이들의 생활방식에 영향을 미치면서, 두 그룹 간의 문화적 차이는 불가피하게 나타날 수 밖에 없었다.

· 역사문화적 특징

러시아 사료에서 네네츠인이 처음 언급된 것은 '원초연대기'(지나간 세월의 이야기, 또는 저자인 네스토르 수도사의 이름을 따서 네스토르 연대기라고도 불림)이다. 원초연대기에 따르면 노브고로드 공후들이 페초라(Печора)와 유그라(Югра) 지역 일대를 지배하면서 이 지역 토착 민족들에게 공물을 요구했다. 네네츠인도 예외는 아니었다. 하지만 15세기 노브고르드 공국의 지배력이 약화됐고, 1478년 모스크바에 병합되면서 네네츠인들도 모스크바 공국의 지배 하에 들어가게 됐다. 1499년 세묜 쿠릅스키(Семён Крубский) 공이 이끄는 군대가 푸스토죠르스크(Пустозёрск, '사람이 살고 있지 않은 호수'라는 뜻)에 요새를 건설했고, 메젠 강(Мезень)에서 우랄 지역을 아우르는 광대한 땅을 관할했다.

이후 서시베리아까지 영토를 넓혀간 러시아인은 1628년에 크라스노야르스크(Красноярск)에 요새를 건축하고 토착 민족들에 대한 통제를 더욱 강화했다. 그러나 네네츠인을 포함한 사모예드 민족들은 러시아의 지배에 대항하여 계속 반란을 일으켰다. 그렇지만 강한 군사력을 앞세운 러시아에 대항하기란 힘든 일이었다. 오랜 시기 네네츠인은 러시아화의 대상이었으며, 정교로의 개종도 강요받았다. 러시아 정부 하에서 진행된 근대화 과정 속에서 전통적인 생활방식은 많이 사라져 갔다.

특히 사회주의 혁명 후 수립된 소비에트 정부의 정책은 네네츠인들의 생활방식에 큰 변화를 가져왔다. 1920년대부터 소련 정부는 북극 지역과 이곳 소수민족을 통제하기 시작했다. 1930년대 집단화 정책으로 네네츠인들은 집단농장에서 순록을 방목하게 됐다. 집단화 정책 이후 유목생활에서 벗어나 정착하는 사람이 증가했다. 네네츠 자치구의 중심지 나리얀-마르(Нарьян-мар)나 이웃 코미 공화국의 살레하르드(Салехард), 페초라(Печора) 등에 정착하면서 산업이나 서비스업에 종사하는 사람들이 증가했고, 네네츠인 사이에서도 지식인층이 생겨났다.

소비에트 정책은 이들의 언어생활에도 영향을 미쳤다. 고대 네네츠인은 자신의 물건을 구분하기 위해 가족별로 '탐가'라고 불리는 표식을 사용했는데 여기에서 상형문자의 흔적을 엿볼 수 있다. 19세기 초에는 정교 전도사들이 러시아 알파벳을 이용해 네네츠어 고유 문자를 만들려고 시도했으나, 성공하지 못했다. 1930년대 초 사모예드 민족을 연구해 왔던 언어학자이자 민속학자인 프로코피예프(Г.Н. Прокофьев)가 라틴어에 기초하여 네네츠 문자를 만들었다. 그렇지만 1936년 네네츠 문자는 키릴 문자를 기반으로 다시 만들어졌다. 네네츠 문자의 창시와 함께 러시아어 교육도 집중적으로 이뤄졌다. 소비에트 정권 이후 러시아인과의 교류는 더욱 활발해졌으며, 정부의 러시아화 정책과 소비에트식 교육으로 인해 1970년대에는 대부분의 네네츠인이 러시아어를 구사할 수 있게 되었다. 오늘날에는 이들 중 네네츠어 구사자보다 러시아어 구사자가 훨씬 높은 비율을 차지하고 있다.

1950년대 후반부터 소련 내 석유와 가스 탐사가 이루어지면서 소비에트 정부는 네네츠 거주지역에 눈을 돌리기 시작했다. 유목민을 정주시키고, 발전성이 없는 도시형 부락을 정비하는 등 북방의 영토 개발을 더욱 활성화시키는 한편, 네네츠인의 교육을 위해 미성년자는 의무교육 기간에 가족과 떨어져 기숙학교에서 생활하며 교육을 받도록 했다. 1970년대부터는 네네츠 자치구에서도 유전 개발이 시작됐다. 유전개발은 이 지역 경제발전에 큰 영향을 미쳤지만, 순록 유목과 그에 따른 전통문화 유지에는 부정적인 결과를 낳았다.

· **전통의상**

순록유목을 하는 네네츠인들은 순록에게서 생활에 필요한 모든 것을 얻는다. 이들은 순록 고기, 지방, 피를 먹으며, 순록의 모피로 옷, 신발, 겨울용 천막 덮개, 밧줄, 가죽 띠, 여름용 신발 등 생활용품을 만든다. 70~100마리쯤 되는 순록만 있으면 한 가정에 필요한 모든 물건을 얻을 수 있다.

전통적인 네네츠 남성 상의는 순록 모피를 이용하여 만든다. 대표적인 의상인 말리차(Малица)는 일체형의 긴 옷으로 머리부터 넣어 입게 되어 있으며 모자가 달려 있다. 그러나 카닌 반도와 티만 산맥 부근의 툰드라 지역에서는 상의에 모자가 달려 있지 않기 때문에 따로 모자를 쓴다. 혹한기에는 이 말리차 위에 다시 모직이나 순록 모피로 만든 겉옷을 입기도 한다. 대표적인 것인 구시(Гусь)라고 하는 가죽외투이다. 이들은 여름에 북쪽의 바닷가로 유목을 가는데, 이때 바다표범을 사냥하여 가죽을 얻기도 한다. 바다표범 가죽은 보온성과 방수력이 뛰어나 순록사육자들에게 옷이나 신발을 만드는 최고의 재료였다. 바다표범 가죽은 순록 한 마리와 맞바꿀 정도로 비쌌지만 코미인 등 이웃

말리차의 모습[19)]

네네츠 여성의 전통축제의상[20)]

민족이 일부러 네네츠인에게 와서 구매하기도 했다.

신발은 순록 가죽으로 만든 구두와 장화가 있다. 먼저 긴 털양말을 신고, 그 후 보온을 위해 장화 안에 마른 이끼를 넣고 신는다. 여성용 신발은 무늬만 조금 다르다. 여름옷은 특별히 따로 없고, 낡거나 닳은 외투를 입고, 가죽 중에서 낡은 것을 골라 신발을 만들어 신는다.

여성 의복은 순록 가죽을 이중으로 겹쳐서, 단추가 없는 외투 형태로 만든다. 여성 외투에는 순록이나 여우의 모피로 만든 옷깃을 따로 붙여 장식한다. 그리고 장갑을 외투에 꿰맨다. 몹시 추울 때는 끈이 달린 가죽 모자나 털로 만든 스카프를 목에 묶어 쓰기도 한다.

네네츠인의 전통의복에서 이들의 예술성이 엿볼 수 있다. 이들은 다른 종류의 가죽과 모피를 이용하여 색감, 질감, 밀도, 강도가 다른 옷을 만든다. 네네츠인의 전통의복과 기타 소품에서는 다양한 기하학적인 무늬를 쉽게 만나볼 수 있다. 이러한 무늬는 네네츠인의 주변 환경을 표현한 것이다. 예를 들어 토끼 귀, 순록 뿔, 큰사슴 뿔, 송아지의 조그만 뿔 등을 무늬로 나타낸다. 소품을 담고 다니는 모피 가방이나 담배 쌈지는 여러 가죽을 모자이크처럼 조각조각 이어 바느질을 한 것으로 네네츠 특산물 중 하나이다.

네네츠인들은 순록의 모피 외에도 순록의 뼈, 자작나무 껍질, 나무 등을 이용하여 여러 생활 도구를 만든다. 예를 들어 담뱃갑, 칼 손잡이, 담배 파이프, 부싯돌용 돌, 단추, 허리띠, 눈을 깨는 방망이, 썰매와 순록을 이어주는 여러 도구 등이 있다. 이러한 물건의 표면에는 무늬를 새긴다. 네네츠인들은 목재나 뼈에 무늬를 새긴 다음 금속을 박아 넣는 상감기법을 주로 활용한다.

네네츠 남성의 칼 손잡이[21)]

· 전통음식

전통적으로 네네츠인은 순록으로부터 고기와 기름, 비타민 보급원인 피를 얻는다. 순록 고기는 순록을 도살하고 나서 온기가 남아있는 날 것으로 먹으며, 장기적으로 저장하기 위해 염장을 하거나 말리거나 훈제한다. 순록의 신선한 간, 콩팥, 피, 혀, 심장 등으로 만든 독특한 음식들도 있다.

생선 역시 네네츠인 식생활에서 중요한 위치를 차지한다. 순록을 도축하는 시기가 정해져 있는데, 도축하지 않는 경우에는 생선이 순록을 대체한다. 바다에서 잡히는 다양한 물고기를 비롯하여, 송어, 꼬치고기, 시베리아 송어 등 민물고기들도 널리 이용된다. 네네츠인들은 물고기를 꼬치에 꽂아 굽거나 쪄먹는다.

네네츠인이 유목생활을 하며 툰드라 지역에 거주하기 때문에 곡물을 직접 경작하지는 않았다. 네네츠인들은 정주생활을 하는 사람들에게서 곡물과 밀가루를 구입했다. 당시 네네츠인들은 물정에 어두웠기 때문에 터무니없는 가격으로 물품을 구입하는 일이 빈번하게 일어났다. 네네츠인들은 비싼 순록 모피를 저렴한 물건들과 교환했다. 사회주의 혁명 후 소비에트 정책이 정착되면서 네네츠인들은 정부로부터 보급품을 받게 됐다. 그러면서 네네츠인의 식생활이 다채로워졌다. 밀가루 수프나 마카로니를 넣은 찐 고기 등이 등장했다.

이들은 즐겨 먹는 음료로는 차, 월귤나무(Брусника), 산딸기(Морошка), 들쭉나무(Черника) 열매로 만든 음료와 과즙 등이 있다. 그리고 전분과 열매즙으로 묵이나 젤리같은 러시아식의 키셀(Кисель)을 만들어 먹는다.

· 전통 주거양식

대부분의 네네츠인이 유목생활을 하기 때문에 이동천막에서 생활한

네네츠 이동천막인 춤[22)]

다. 순록사육자들은 대개 춤(Чум)이라고 하는 원추형의 천막에서 거주하는데, 네네츠인들은 '먀(Мя)'라고 부른다. 먀를 세우는 방법은 다음과 같다. 두 개의 긴 장대를 세우고 그 주위에 25~50개의 장대를 교차시켜 밧줄로 묶어 구조를 만든다. 네네츠인들은 수십 년 이상 쓸 수 있는 단단한 나무를 골라 장대를 만들며, 크기에 따라 장대의 수가 달라진다. 보온과 안전을 위해 겨울에는 순록 가죽으로 이동천막 겉을 두르며, 여름에는 나무껍질이나 가지로 덮는다. 겨울에는 네 개의 넓은 덮개가 필요한데, 하나의 덮개를 만드는 데에는 약 60마리의 짐승 가죽이 필요하다. 덮개는 보통 수년 동안 쓸 수 있으며, 필요할 때마다 교체한다.

겨울에는 바람이 불지 않는 곳에, 여름에는 탁 트인 곳에 이동천막을 세운다. 천막을 세울 곳은 남성이 고르지만, 천막의 세부적인 위치와 조립 순서는 여성이 정한다. 먼저 화로의 위치를 결정하고, 그 주위에 마루 판자를 댄다. 그리고 이끼와 나뭇가지로 만든 매트를 침대의 위치에 깐다. 그 다음 장대를 세운다. 그리고 이동천막 바깥에 덮개를 두르고 위에서 밑까지 팽팽하게 당겨 편다. 이러한 방식으로 30~40분만에 이동천막은 세워진다. 이동천막 밑으로 바람이 들어오지 않게 천막 바깥 밑의 끝자락에 겨울에는 눈을, 여름에는 흙을 덮어 놓는다. 덮개의 가장자리는 겹쳐서 포개 놓는다. 외부 덮개 중 가장자리 하나는 천막의 입구가 된다.

러시아의 이즈바에서 난로가 중요한 의미를 가지듯이, 이동천막에서 화로는 아주 중요한 장소이다. 네네츠인들은 화로의 불이 꺼지지 않도록 조심한다. 이것은 가족의 대가 끊이지 않고 계속 이어진다는 것을 의미하기 때문이다. 화로와 더불어 이동천막에서 중요한 곳은 문 입구와 천막 중앙에 서 있는 장대이다. 문 입구는 생명체의 영역과 비생명체의 영역, 혹은 야생과 인간의 영역을 나누는 지점이다. 그렇기 때문에 네네츠인들은 문 입구에 앉거나 서 있지 않는다. 저 세상의 영혼이 그를 데려갈 수 있기 때문이다. 이런 믿음은 장례 의식에서도 나타난다. 네네츠인들은 이동천막의 문을 통해서 망자를 옮기지 않는다. 대신 천막의 덮개를 아예 걷어 올려 망자를 밖으로 내온다. 이동천막 내부 중앙에 서 있는 장대와 화로 사이의 공간 역시 신성한 곳이다. 전통 의식을 치를 때 샤만은 이 장대 옆에 앉아 장대에 북을 건다.

문 입구의 건너편 공간은 '시냐'(Синя)라고 한다. 시냐는 남자의 신발, 도구, 탄약 등을 보관하는 남성의 영역이다. 그곳의 좌우로 침대가 있고, 이동천막의 벽을 따라 이불과 베개가 놓여 있다. 반면 여성의 영역은 이동천막의 입구 근처이다. 그곳에 네네츠 여성들은 자신의 장신구, 신발, 옷 등을 놓는다. 여자는 남성의 옷, 무기, 각종 도구 위를 넘어 다닐 수 없다. 네네츠인들은 여자가 그 물건을 넘어가면 남자에게 나쁜 일이 일어나거나, 남성의 물건이 망가진다고 생각했다.

· 토속신앙

네네츠인은 하늘, 땅, 불, 강 등 여러 자연현상에 신이 존재한다고 믿었다. 19세기 중반부터 러시아 정교가 전파되었지만, 오랫동안 네네츠인 정신세계를 형성시켰던 샤머니즘은 오늘날까지도 네네츠인의 세계관과 가치관에 큰 영향을 주고 있다.

네네츠인들은 자연과 자연현상을 믿었고, 모든 주변 환경에는 정령과 영혼이 있다고 믿었다. 이들은 하늘의 신, 땅의 주인, 불의 정령, 강의 정령, 강의 정령 등을 믿고 숭배했다. 그뿐만 아니라, 경제활동을 주로 하는 곳에 그곳의 정령이 있다고 믿었기 때문에 네네츠인들은 정령을 위해 순록을 제물로 바치기도 했다. 네네츠인들이 자주 다니는 곳에는 성스러운 곳이 있는데, 그런 곳은 큰 돌이 될 수도 있고 숲이 될 수도 있으며 벼랑이나 절벽이 될 수도 있다. 이러한 성스러운 장소에는 자신이 숭배하는 신들의 형상을 조각상으로 만들어 세웠다. 그렇지만 러시아 정부가 네네츠인에게 정교를 전도할 당시 이들이 숭배했던 목조상들을 모두 불태웠다.

전통의식을 재현하는 네네츠인[21)]

네네츠인들은 유일신이 아닌, 수많은 신을 믿었다. 그 중의 최고의 신은 눔(Нум)으로 다른 신들과 정령의 도움으로 세상을 돌본다. 눔의 아내인 '야-네뱌'(Я-небя)는 땅의 어머니로 땅에서 살아가는 모든 생명체를 수호하고 집, 가족, 화로를 관할하는 신이다. 눔이 착한 신이라면, 눔에 대항하는 나쁜 신도 있다. '느가'(Нга)는 세계에 존재하는 모든 악의 화신으로 지하세계에 살며 온갖 질병과 죽음을 인간 세계에 보낸다.

네네츠 무당은 타디뱌(Тадибя)라고 한다. 샤만은 아무나 되는 것이 아니라, 가문 대대로 샤만의 지위를 물려받는다. 샤만마다 서로 다른 능력을 갖고 있는데, 가장 높은 신령과 접촉하고 마법을 부릴 수 있는 샤만이 있는가 하면, 사람을 나쁜 기운으로부터 보호하거나 죽은 사람의 영혼과 이야기하고 장례식에 관여하는 샤만도 있다.

기독교가 들어오면서 정교는 네네츠인의 토속신앙과 결합했다. 네네츠인이 최고신이라 믿는 눔은 러시아 정교의 하나님처럼 되었고, 이들이 모시던 샤다이-미콜리(Сядай-Миколы)를 대신하여 성 니콜라스(св. Николай)가 등장하게 되었다.

네네츠인들이 러시아의 지배를 받은 이후 이들의 전통문화와 생활방식은 많은 변화를 겪어야만 했다. 오늘날 그 변화는 더욱 거세졌다. 이들이 거주하는 지역이 러시아의 주요 석유·가스 생산지가 되었기 때문이다. 가장 많은 네네츠인들이 거주하는 야말-네네츠 자치구는 러시아에서 가스 채굴량 1위, 석유 채굴량 2위를 차지하는 곳이다. 네네츠 자치구 역시 석유·가스 채굴량이 많은 지역 중 하나이다. 또한 북극항로의 개발이 한창 논의되고 있는 최근에는 이들의 주요 거주지가 북극항로와 가까운 까닭에 네네츠인이 다시 주목을 받고 있다. 네네츠인들의 전통 거주지에 대한 집중적인 개발과 세계적인 관심이 예상되고 있는 가운데, 앞으로 이들이 거대한 변화의 조류에 어떻게 반응할지 주목해야 할 것이다.

곰을 숭상하는 사람들, 한티인

명 칭	한티(Ханты (단·복수형))
인구수	30,943명
민족구분	핀-위그르계
종 교	러시아 정교
주요 거주지	한티-만시 자치구

· 한티는 '사람'이라는 뜻

한티인(Ханты)은 우랄 산맥의 북쪽을 넘으면 바로 만날 수 있는 위그르 민족 중 하나이다. '한티', '한테'(Хантэ), 또는 '한데'(Хандэ)라는 명칭은 고대 핀-위그르어로 '사람', '공동체'라는 뜻이다. 러시아 정부가 본격적으로 시베리아 원정에 나서기 훨씬 이전부터 이미 노브고로드인들은 한티인들에게서 모피를 사들이며 이들과 교역관계를 맺고 있었다. 당시만 하더라도 러시아인은 한티인을 만시인과 함께 '유그라'(Югра) 또는 '유그리치'(Югричи)로 불렀다. 이는 본래 우랄 산맥을 사이에 두고 바로 서쪽에 거주하고 있었던 코미인이 한티인을 불렀던 명칭(에그라 Эгра)이었는데, 러시아인이 이를 차용한 것이다. 이 명칭과 함께 '한티'라는 본래 이름도 11세기 말부터 러시아 사료에서 찾아볼 수 있다. 그러나 더 널리 사용됐던 명칭은 '오스탸크'(Остяк)였다. 이 단어는 14세기 러시아 문헌에 처음 등장했으며, 이교를 믿는 타종족을 뜻하는 튀르크어에서 유래했다. 20세기 초까지만 하더라도 한티인은 본래 민족명보다 '오스탸크'로 더 많이 알려져 있었다.

한티인 가족[24)]

한티인은 원시적인 형태의 사냥과 어업에 종사하던 북시베리아 종족과 남시베리아의 스텝 지역과 카자흐스탄에서 유목하던 종족이 북부로 이동하여 서로 교류하는 과정에서 탄생했다.

한티인은 주요 거주지, 경제활동, 방언, 그리고 문화적인 측면에 따라 크게 세 그룹으로 나눌 수 있다. 북부 한티인은 순록사육에 종사하는 이웃 민족인 사미인, 네네츠인, 코미인의 영향을 받았다. 이들의 순록사육은 크게 툰드라식과 타이가식, 두 가지 형태로 나눌 수 있다. 사미인에게서 순록사육방식을 전수받은 한티인은 봄과 여름에 천 마리 이상의 대규모 순록무리와 함께 툰드라 지역으로 이동한다. 반면 한티인의 전통적인 타이가 순록사육은 숲에서 유목하는 방식이다. 툰드라 방식이 순록의 고기와 가죽을 모두 이용한다면, 후자는 순록을 이동수단으로만 사용한다. 북부 한티인이 순록을 사육하는 여러 이웃 민족들의 영향을 받았다면, 동부 한티인은 주로 셀쿠프인과 교류했다. 남부 한티인은 일찍부터 러시아인, 타타르인과 가깝게 지냈으며, 이로 인해 전통문화요소를 많이 상실했다.

2010년 기준 러시아연방에 거주하는 한티인은 30,943명으로, 러시아 공식 소수민족에 속한다. 한티인들은 예로부터 오비 강, 이르티시 강의 지류를 중심으로 거주해 왔다. 주요 거주지가 오비 강 유역이기 때문에, 과거 러시아에서는 한티인과 만시인을 '오비 위그르'라고 통칭해 부르기도 했다. 현재 한티인은 만시인과 함께 자치구를 구성하고 있다. 자치구의 공식 명칭은 '한티-만시 자치구-유그라'(Ханты-Мансийский автономный округ-Югра)이다. 이외 인근의 페름 주(특히 이전의 야말-네네츠 자치구)와 톰스크 지역에도 다수 거주하고 있다.

· 전통의복

대부분의 한티 전통의상은 남성과 여성의 차이 없이 바지, 셔츠, 신발, 폭이 넓은 두루마기 옷으로 구성된다. 다만 상의는 지역별로 그 특징이 뚜렷하게 나타난다. 가장 추운 지역에 사는 북부 한티인의 의상은 네네츠인과 북부 코미인의 의상과 유사하다. 이들은 찬바람이 들어올 수 있는 공간을 최소화한 옷을 입는다. 이들이 입는 옷은 말리차나 소빅(Совик)으로 보통 순록 가죽과 모피로 만들어진다. 이 옷에는 모자가 달려 있어 모자 부분으로 머리를 넣어 입는다. 반면 동부 한티인은 단추나 훅이 없이, 양 옷깃을 여미는 식의 긴 상의를 입는다. 이러한 상의는 모피나 삼으로 만들어진다. 남부 한티인은 여러 종류의 가죽과 일반 직물을 섞어 옷을 만든다. 모피외투의 경우 보통 흰색과 검은색이며, 빨간색이나 초록색 나사천으로 외투의 소매나 가장자리 등을 장식한다. 여기에 동물 가죽으로 만든 신을 신는다. 옷감의 재료는 주로 쐐기풀이나 삼, 동물 가죽이지만, 때때로 생선 껍질이 사용되기도 한다.

전통의상을 입은 한티인들[25]

전체적으로 한티 의상과 세간 도구는 화려한 무늬로 장식된다. 이 무늬들은 '토끼의 귀', '흑담비의 발자국', '자작나무 가지', '순록의 뿔', '꼬치고기의 이빨' 등 주변에서 많이 볼 수 있는 동식물의 모양을 표현한 것이다.

· 전통음식

한티인이 가장 좋아하는 식재료는 생선이다. 한티인은 생선을 말리거나 굽거나 찌거나, 또는 염장을 하거나 훈제를 하는 식으로 섭취하며, 신선한 생선의 경우 익히지 않고 날것으로 먹거나 냉동하여 먹는다. 수십 가지의 생선요리 중에서도 한티인이 가장 좋아하는 음식은 생선 기름에 삶아낸 생선 알이다. 생선 기름은 열매와 곁들여 마시기도 한다. 생선의 뱃살과 내장으로 만든 한티 음식은 이웃 민족들에게도 진미로 꼽힌다. 이외에 한티인은 생선 머리를 말려서 빵아 수프에 넣어 먹거나 빵을 만들 때 첨가하기도 하며, 개의 사료로 사용하기도 한다. 생선 껍질은 옷을 만드는 데 사용될 뿐만 아니라, 신발이 물에 젖지 않도록 그 겉을 싸는 데 사용된다. 또한, 모기퇴치 용도로 쓰이기도 한다. 이처럼 한티인은 생선의 모든 부분을 음식, 접착제, 기름, 세간 등 다양하게 활용한다.

한티인의 육류 섭취 빈도는 생선에 비해 낮은 편이다. 축제나 전통의례가 있을 경우 말, 양, 소고기를 먹는다. 일반적으로 먹는 육류는 사냥꾼이 잡아온 토끼, 다람쥐, 너구리, 오리나 거위 등이다. 순록사육자는 순록 고기를 주로 섭취한다. 그중에서도 순록의 얼린 간, 골수, 따뜻하고 신선한 피는 진미로 손꼽힌다. 여름에는 순록 뿔이나 어린 동물의 얇은 가죽을, 겨울에는 다람쥐의 내장에 각종 견과류를 넣어 보양식으로 먹는다.

생선을 그물망에 싸서 말리는 모습[26)]

한티인의 주요 거주지가 타이가 지역인 만큼 각종 열매는 손쉽게 얻을 수 있는 음식 재료이다. 산열매들은 요리의 양념이나 파이의 속으로 이용되며, 끓여서 음료로도 사용된다. 그 외 음료로는 차가버섯을 끓인 차가 있다. 그러나 한티인은 산에서 흔히 볼 수 있는 버섯을 사람이 먹는 음식으로 여기지 않았다.

이외 옛 한티인은 담배를 즐겼는데, 피고, 씹고 냄새를 맡는 등 다양한 방식으로 애용했다.

· 전통 주거양식

한티인은 예로부터 반(半)유목민족으로, 겨울에만 상주하며 봄부터 가을까지는 어장이나 사냥터가 있는 다른 곳으로 이동하는 방식으로 살아왔다. 겨울 가옥은 기본적으로 땅을 깊게 파 피라미드나 원추형 구조를 세운 형태이다. 통나무 구조물을 만들어 천막으로 지붕을 삼는, 변형된 형태의 움막을 집으로 이용하기도 했다. 한티인의 가옥은 모여 있지 않고 서로 떨어져 분산되어 있는 것이 특징이다. 주거공간이 겨울 가옥, 여름 가옥으로 구분되어 있는 경우도 종종 있다. 한티인들은 평평한 토지가 마땅치 않을 경우 소택지나 땅 위에 말뚝을 박아놓고 그 위에 집을 짓기도 한다. 여기에는 물건이나 재산을 보관하며, 그 아래에서는 음식을 만든다. 한티 전통 가옥에서는 그물망이 여기저기 걸려 있는 것을 쉽게 볼 수 있다. 찬장이나 벽장이 따로 없이 그물망에 식기를 보관하기도 하고 옷을 담아놓기도 한다. 가옥 밖에서는 이러한 그물망이 생선을 말리거나 훈제할 때 사용된다.

한티 가옥은 경제활동에 따라 구분되기도 한다. 한티 사냥꾼들은 일반 가옥 외에 숲 속에 오두막을 지어놓고 겨울 사냥 시 이곳에서 묵는다. 순록사육자들은 순록과 함께 이동하며, 임시 가옥에서 묵는다.

여름에는 임시 가옥(춤, 또는 샬라시(Шалаш))의 외면을 나뭇가지로 덮어 놓고, 겨울에는 짐승 가죽으로 덮는다. 이러한 임시 가옥은 순록사육자들뿐만 아니라, 어부들이 여름에 다른 곳으로 어업을 나갈 때 사용된다.

· 관습 및 토속신앙

한티인 사회에서는 오랫동안 씨족동맹의 형태가 보존되어 있었다. 이러한 씨족 동맹은 토테미즘에 근거한다. 이들은 자신들의 조상이라고 믿는 새나 동물(순록, 개구리, 비버, 할미새 등)의 이름을 따서 자신의 성을 지었다.

17~18세기까지만 하더라도 한티인은 대가족 형태를 이루며 살아왔다. 한티인은 망자의 형제가 과부를 아내로 맞이하는 관습에 따라, 형이 죽을 경우 남동생이 형의 아내를 두 번째 아내로 거둔다. 순록사육자들은 두 명 이상의 아내를 두기도 했는데, 보통 첫 번째 부인이 젊은 부인을 고르는데 나선다.

이동천막 춤의 모습[27)]

러시아의 지배를 받은 후 한티인에 대한 정교 전도가 시작됐지만, 한티인들은 17~18세기가 돼서야 정교도가 되었다. 그만큼 한티인의 토속신앙은 오랫동안 보존되어 있었다. 토속신앙과 관련된 한티인의 전통의식 중 가장 독특한 것은 곰과 관련된 의례라고 할 수 있다. 한티인은 곰을 동물이 아닌, '숲의 사람'이라고 생각했다. 사실 곰을 숭상하는 전통은 유라시아 북부와 북미의 타이가 지역에 사는 많은 민족에게서 찾아볼 수 있다. 그러나 만시인과 함께 한티인의 곰 숭상 의례는 굉장히 복잡한 절차와 형태를 띠고 있다. 한티인은 세상이 지하와 천상, 그리고 지상, 이렇게 세 개로 나뉜다고 생각했는데, 노인의 모습을 한 곰은 중간 세계의 인간과 온갖 영혼과 정령들이 사는 지하를 잇는 중계자라고 생각했다. 한티인은 곰이 앞날을 예지하고, 사람의 말을 포함해 모든 것을 듣고 이해한다고 믿었다. 그렇기 때문에 한티인은 곰에 대해 이야기할 때, '곰'이라는 단어 대신 다른 이름으로 곰을 지칭했다.

곰 축제 모습[28)]

한티인은 곰을 신성시하지만, 동시에 곰을 사냥하기도 한다. 곰 사냥에는 다양한 의식이 동반된다. 사냥 도구는 불에 그슬려 까맣게 만들어야 하며, 곰을 잡고 돌아올 동안 마을에 남아 있는 사람들은 미리 마을을 깨끗하게 정리하고, 소란이나 싸움을 자제하고 조용하게 있어야 한다. 사냥꾼들이 곰을 잡기 위해 동굴에 들어가기 전에는 곰에게 동굴에서 나와 사냥꾼의 손님이 되어줄 것을 공손하게 요청한다. 곰을 죽일 때에도 자신들이 죽인 것이 아닌 것처럼 행세하거나 다른 사람의 탓-예를 들면 '러시아인의 화살이 죽였다'라는 등-으로 돌려야 한다.

성공적인 곰 사냥 후에는 성대한 곰 축제가 열린다. 그러나 한티인은 곰을 사냥하지 않더라도 이 축제를 주기적으로 연다. 곰 축제의 하이라이트는 밤이다. 곰을 깨우는 노래로 시작해, 곰을 재우는 노래로 끝나는 이 축제에는 사람들뿐만 아니라, 땅을 수호하는 일곱 명의 정령과 물을 수호하는 일곱 명의 정령들도 같이 한다고 여겼다. 4일에서 7일간 지속되는 이 축제 동안 300여 개의 노래와 극이 펼쳐진다. 이러한 노래와 극은 단순히 신나는 노래가 아니라, 의식적인 성격을 갖고 있다. 일부 노래는 토끼, 여우, 고양이 등 다른 동물들이 부르는 노래라고 여긴다. 한티인은 이 축제를 통해 죽은 곰이 하늘로 떠나 다시 지상에서 환생할 것이라고 믿었다. 축제가 끝나면 한티인은 곰의 머리뼈를 성스러운 곳에 보관한다. 때때로 곰의 머리를 박제하여 집안의 수호자로 모시기도 한다.

우랄 산맥의 전사, 만시인

명 칭	만시(Манси(단·복수형))
인구수	12,269명
민족구분	핀-위그르계
종 교	러시아 정교
주요 거주지	한티-만시 자치구

한티인과 함께 자치구를 이루고 있는 만시인은 역시 한티인처럼 위그르 민족에 속한다. 만시인은 스스로를 '인간'이라는 뜻의 '만시'(Манси, 예전에는 Маньси, Маньсь), 혹은 '먄치'(Мяньчи)라고 지칭했으나, 14세기부터 오비 강 우안의 보굴카 강에서 유래한 '보굴'(Вогулы)이라는 명칭으로 러시아에 알려지기 시작했다. 그 이후부터 소비에트 시기까지 만시인이라는 이름보다는 '보굴인'으로 불리거나 한티인과 함께 '유그라'(Югра)로 통칭되어 왔다. 만시인은 11세기 무렵 우랄 산맥 북동쪽에 살고 있던 원주민과 서시베리아 스텝 지역으로부터 이동해 온 위그르 종족들의 교류를 통해 형성됐다고 본다. 현재 만시인은 러시아 공식 소수민족에 속해 있는 만큼 인구수는 많지 않지만, 크게 남부, 동부, 그리고 북서 지역에 따라 민속학적 특징을 달리한다.

· 역사문화적 특징

러시아가 우랄 산맥을 넘어 시베리아로 진출할 무렵 대부분의 토착 민족이 그러했듯이, 만시인은 러시아의 침략에 강하게 저항했다. 러시아의 지배에 반발하여 러시아인과 러시아에 이미 복속되어 러시아군에 합류한 이웃 민족인 코미인에 대해 여러 차례 공격을 가했다. 이러한 반격은 게릴라적인 형태가 아닌, 보다 체계적인 형태를 띠고 있었으며, 펠름 공국(Пелымское княжество)이 만시인의 전투기지 역할을 했다. 1455년에는 만시인들이 우스티-빔(Усть-Вымь) 지역까지 반격을 가해 우랄 북서부 지역에 대한 정교 전도를 맡고 있었던 피티림 페름 주교를 살해하며 러시아를 더욱 긴장시키기도 했다. 이 사건 후 우랄 동부에 대한 러시아의 압박은 더욱 강해졌으며, 15세기 말부터 만시인도 모스크바 정부의 지배를 받게 됐다. 그러나 러시아가 이 지역에 세력을 뿌리내리기까지는 상당한 시간이 소요됐다. 16세기 내내 펠름 공후를 중심으로 만시인들은 여러 차례 러시아와 전쟁을 일으키며 러시아 측에 상당한 피해를 입혔다. 러시아 문화로의 통합이나 정교 전파 역시 순탄치 않았다. 18세기가 되어서야 만시인에 대한 정교 전도가 시작됐으나, 이 또한 표면적인 성격에 그쳤다. 러시아화 과정이 진행됐음에도 불구하고 만시 전통적인 씨족-부족 사회의 잔재는 1930년대까지 남아 있었다.

1930년 한티인과 만시인의 지역에 오스탸크-보굴 민족자치구(Остяко-Вогульский национальный автономный округ)가 형성됐으며, 이는 1940년에 현재 이름인 한티-만시 자치구(Ханты-мансиский автономный округ)로 바뀌었다. 만시인은 대부분 자치구의 경계 지역에 거주하고 있으며, 인근 스베르들롭스크 주의 북동 지역에도 일부 살고 있다.

· 전통의복

만시 전통 의상은 전반적으로 타이가 지역의 사냥꾼이나 어부가 입는 전형적인 작업복과 유사하다. 그러나 옷감이나 무늬 등 세부적인

만시인[29]

부분에서는 만시 특유의 색채를 찾아 볼 수 있다.

만시인의 겉옷을 만드는 주재료는 순록의 가죽이다. 카무스(Камус)는 순록의 다리에서 얻어낸 가죽으로 신발이나 단추 등을 만드는 데 사용된다. 만시인들은 쐐기풀에서 뽑아낸 실과 순록의 힘줄로 바느질을 해 옷을 만들어 입었다. 19세기 후반부터는 시장에서 파는 아마실도 같이 이용했다. 외투 속에 입는 평상복은 일반 면이나 양모로 만든다. 만시인들은 모피 조각으로 모자이크 형태를 만들어 옷에 장식하거나, 구슬, 목걸이, 금속으로 만든 장신구로 꾸몄다.

만시 남성 의상의 기본은 셔츠와 모피로 만든 바지이다. 바지의 길이는 일반 남성 바지보다 짧은 편인데, 바지의 아래 부분을 긴 양말 안에 넣어 입는다. 이동용 혹은 사냥용 의복으로는 모자가 달렸으면서 단추나 혹이 없는 말리차, 순록 가죽으로 만든 긴 외투인 구시(Гусь)가 있다. 구시는 여러 종류가 있는데, 다양한 색깔의 나사천을 이용해 소매 부분을 따로 만들어 놓은 구시가 있으며, 별다른 바느질 없이 천 전체를 망토처럼 입는 구시가 있다. 루잔(Лузан)은 소매도 없고, 옆구리 부분도 따로 바느질이 되어 있지 않은 망토이다. 그러나 모자가 달려 있으며 루잔 안쪽의 앞뒤로는 주머니가 달려 있다. 만시 남자들은 양가죽이나 개가죽으로 만든 모자를 쓰기도 하지만, 보통 말리차나 루잔과 같이 옷에 달려 있는 모자를 쓰고 다닌다.

겉옷 위에는 천이나 가죽으로 만든 허리띠를 두른다. 이때 허리띠는 반짝이는 금속 장식이나 뼈로 만든 장신구로 꾸민다. 그리고 허리띠에는 칼집에 넣은 단검과 곰의 이빨을 매다는데, 만시인들은 이것이 불행으로부터 자신을 보호해줄 거라고 믿었다.

만시 남성들의 머리 모양은 독특하다. 머리는 자르지 않고 그대로 기르며, 두 갈래로 각각 땋아서 그 끝을 고리나 훅 같은 것으로 묶는다. 만시 남성들은 여성처럼 귀걸이를 하며, 한 손가락이나 여러 손가락에 반지를 착용한다. 반지는 만시 신화와 관련된 여러 요소를 형상화한 것으로, 만시인들은 상대방의 반지를 보고 소속 부족을 알아보기도 한다.

만시 여성의 전통의상은 원피스, 외투, 아마포로 만든 폭이 넓고 긴 상의이다. 상의나 원피스의 옷자락은 밝고 화려한 색상의 긴 줄로 장식한다. 19세기부터 만시 여성들은 '수프'(Суп)라고 불리는 원피스를 입고 다니기 시작했다. 전체 모습은 러시아 의상과 비슷하지만, 소매 부분이 내려갈수록 좁아지며, 가슴 부분에 주름이 많이 잡혀 있다. 만시 여성 의상의 특징은 가슴 부분의 화려한 장식이다. 이러한 장식을 투를랍스(Турлапс)라 하는데, 아마포 위에 다양한 색깔의 반짝이는 구슬들을 그물처럼 달아놓은 것을 말한다. 투를랍스 외에도 붉은색이나 푸른색 천에 작은 주석 조각으로 꾸민 장식도 있다. 만시 여성 역시 반지, 귀걸이 등 다양한 장신구를 하고 다니는 것을 좋아한다.

상의 위에는 순록 모피로 만든 외투인 '사히'(Сахи)를 입는다. 이 외투는 단추나 훅이 없는 망토 형태이다. 만시 여성들은 이런 외투 중에서도 흰색 외투를 가장 화려하고 비싸다고 여긴다. 다른 색깔의 모피로 외투의 끝자락을 장식하거나 외투의 줄무늬를 만든다. 만시 여성들은 사히에 반드시 모피 조각으로 모자이크 무늬를 만들어 장식한다. 만시의 각 지방마다 특유의 무늬를 가지고 있다. 예를 들어 소스바 강(р. Сосьва) 유역의 만시인들은 개구리에서 모티브를 딴 무늬를 사용하며, 로즈바 강(р. Лозьва) 인근(한티-만시 자치구 남쪽, 스베르들롭스크 주)의 만시인들은 담비 모양으로 무늬를 만든다.

만시 여성 의상 중 '누이 사히'(Нуй сахи)라는 카프탄(Кафтан, 옷자락이 긴 외투)도 있다. 누이 사히 역시 단추나 훅이 없는 형태이다. 이 외투는 보통 파란색, 초록색, 빨간색 나사천으로 만들며 다양한 색상의 직물로 얇은 줄무늬를 만들어 옷의 외관을 꾸민다. 반면 베르호투리예(Верхотурье, 스베르들롭스크 주)에 사는 만시 여성들은 일찍부터 러시아 사라판을 차용하여 입었다. 평소 아마포로 만든 사라판을 입지만, 축제 때에는 실크로 된 사라판을 입는다.

머리를 땋을 때에도 구슬이나 금속, 또는 동물 뼈로 만든 작은 장식이 부착된 천이나 끈을 사용해 머리를 아름답게 한다. 그러나 정성스럽게 매만진 머리를 그냥 내놓고 다니지는 않는다. 머리를 가리지 않고 다니는 여성에게는 불운이 찾아온다고 믿었기 때문이다. 만시 여성들은 보통 술로 장식된 스카프를 머리에 두르고 다닌다. 예전에는 무슬림 여성처럼 얼굴도 가리고 다녔으나, 오늘날에는 스카프로 머리를 가리는 게 일반적이다. 만시 여성들은 추운 겨울에도 모피로 만든 모자를 쓰지 않는데, 모피는 신과 정령에게 바치는 성스러운 물건이라고 생각했기 때문이다. 만시 여성의 머리 장식 중 독특한 것으로는 '판조스'(Панжос)가 있다. 판조스는 일종의 머리띠로, 앞부분은 굵은 구슬과 동전 등으로 장식되어 있다.

겨울이 되면 만시인들은 스키를 타고 다니는데, 가죽으로 만든 울레디(Уледи), 또는 겉을 모피로 싼 냐리(Няры)라는 장화를 스키 위에 동여맨다. 여성들은 보통 양털이나 개털로 짠 긴 양말과 냐리를 신는다. 여름이 되면 목이 긴 가죽신을 신고 다닌다. 이 가죽신의 코 부분과 뒤꿈치에는 가죽이 덧대어 있다.

· 전통음식

만시인의 전통경제활동은 사냥과 어업으로, 이는 만시인의 전통 식단에 큰 영향을 주었다. 러시아 세력이 들어오기 전까지 만시인의 주된 음식 재료는 생선과 고기였다. 만시인들을 특히 생선을 좋아하여, 날 것부터 훈제, 건조, 염장, 그리고 얼린 형태까지 다양한 방식으로 일년 내내 먹었다. 갓 잡은 생선인 경우 만시인은 그냥 날 것으로 먹었으며, 빵을 생선 피에 담가 먹기도 했다. 만시인이 생선을 먹는 가장 흔한 방법 중 하나는 크지 않은 크기의 생선 10-15마리를 끝이 뾰족한 긴 나뭇가지에 꽂은 후 소금을 쳐 모닥불 근처에 두고 구워 먹는 방식이다. 여름에는 이렇게 구운 생선과 우하(생선 수프)를 즐겨 먹는다. 겨울에는 언 생선을 얇게 썰어 먹는다. 유목을 나갈 때는 미리 훈제나 염장, 건조를 해 놓은 생선을 가지고 간다.

만시인은 한티인처럼 생선의 모든 부위를 알뜰하게 이용한다. 생선 내장을 이용하여 기름으로 사용했고, 머리까지 말린 생선은 빻아서 순록치기 개 사료로 주기도 했다. 생선 비늘로는 교병(조린 국물을 굳힌 것)을 만들어 먹었으며, 생선 창자, 간, 부낭(부레)은 생선 기름에 삶아 먹었다. 삶은 후 남은 재료 또는 뼈나 창자, 머리에서 나온 부수물은 가죽으로 만든 물건을 수선하거나 방수용 신발을 만드는데 사용했다.

만시식 생선 굽는 방법[30]

'케드로보예 야드리쉬코 용사'(Богатырь Кедровое ядрышко)라는 만시 민담에서는 "허여멀건 한 생선 기름은 나에게 음식이 아니다... 나는 어릴 때부터 고기 기름을 먹고 자랐다..."라는 문구가 나온다. 이처럼 만시인들은 생선과 함께 육식도 즐겼다. 그러나 생선에 비하면 육류 섭취는 적은 편이다. 보통 순록을 사육하는 만시인들이 주기적으로 고기를 먹었다. 보통 순록과 같이 사육하는 동물이나 들꿩, 토끼, 멧닭, 자고, 야생오리 등에서 고기를 얻는다. 만시 전통의식을 지낼 때에는 말, 암소, 양을 제물로 바치고, 의식이 끝나면 이 고기를 먹는다. 고기 역시 날 것으로 먹거나, 굽거나 삶거나 훈제해서 먹는다. 고기 뼈를 우려 육수로 사용하기도 했다. 말린 고기는 저장용 음식으로 유목 시 가지고 다녔다.

만시인의 몇 가지 별미를 소개하자면, 다음과 같다. 겨울 사냥철이 되면 만시 사냥꾼들은 다람쥐를 사냥한다. 이때 잡은 다람쥐의 내장 속에 각종 열매와 잡곡을 넣고 구워 먹는다. 다른 음식으로는 이크라(Икра, 생선 알)를 들 수 있다. 소금을 조금 쳐서 날 것으로 먹기도 하지만, 생선 기름에 살짝 데쳐서 먹는 방법이 대중적이다.

만시인들은 생선이나 고기에 비해 곡물과 같은 식물성 음식을 많이 먹지 않는다. 그나마 즐기는 것은 자작나무 즙과 여러 가지 산열매이다. 만시인은 자작나무 즙을 그냥 마시기도 하고, 여러 가지 요리에 사용하기도 한다. 그 외에 월귤, 블루베리, 산딸기 등 각종 산열매와 잣, 호두 등 다양한 견과를 채취하여 저장식품을 만든다. 특히 만시인들은 이러한 산열매를 생선 기름에 넣어 먹는 걸 즐긴다.

· 전통 주거양식

만시인은 겨울에는 한 곳에 상주하고, 그 외 계절에는 사냥터나 조업지로 옮겨 다니는 반(半)정주 생활을 했다. 생활패턴에 따라 주거양식 역시 크게 달라진다.

비세라 강(р. Бисера), 로즈바 강, 소스바 강 상류에 사는 만시인들은 대부분 순록사육자인데, 이들은 긴 장대를 이용해 끝이 뾰족한 원뿔형 모양의 이동천막을 만들어 생활한다. 이동천막 중에는 이보다 조금 낮고 사각형 모양의 천막도 있다. 유목 중 장기간 거주하지 않을 경우에는 임시 가옥으로 말뚝을 땅에 박고 자작나무 껍질 등으로 벽을 만들어 그 위에 천막을 쳐 생활했다. 이들은 겨울에도 이동천막에서 생활한다. 추위를 피하기 위해 천막의 겉을 순록의 가죽과 자작나무 껍질로 덮는다. 이동천막의 가운데에는 화로가 있고, 여기서 나오는 연기가 빠져 나갈 수 있도록 천막의 위쪽에는 구멍이 나 있다.

19세기부터는 만시인의 주거 양식도 러시아의 영향을 받게 됐다. 19세기 중엽 만시인들 사이에서 확산된 것은 전형적인 러시아식의 통나무 가옥이다. 가옥의 바닥은 돌 같은 것을 깔지 않은 흙바닥이며, 지붕은 통나무를 길게 쪼갠 판자나 자작나무 껍질 등으로 덮은 평평한 형태이다. 겨울에는 종종 흙으로 지붕을 덮기도 한다. 가옥 옆에는 창고나 헛간 등이 붙어 있다.

19세기 말 로즈바 강 유역의 만시인들 사이에서는 전통적인 이동천막과 움막 형태가 결합된 가옥이 등장하기 시작했다. 이러한 가옥에는 창문과 나무 바닥, 그리고 별도의 천장이 없지만, 대신 추발(Чувал)이라고 하는 아궁이가 있다. 장대에 점토를 발라 가옥의 윗부분까지 이어지도록 만든 추발은 아궁이 겸 굴뚝의 역할을 한다. 만시인들은 추발을 사용하여 집안의 난방과 조명을 동시에 해결했다. 그러나 추발을 조리용으로 사용하지는 않았다. 만시인들은 가옥 안에서 음식을 만들지 않고 가옥에서 떨어진 곳에 점토를 바른 화덕을 만들어 놓고 부엌으로 사용했다.

점차 만시인들에게서도 러시아 이즈바가 확산되기 시작했다. 유목인들도 유목을 하지 않을 때에는 통나무 가옥에서 거주했다. 뿐만 아니라 부유한 만시인들 사이에서는 대저택을 소유한 사람들이 등장하기도 했다. 19세기-20세기 러시아 문화로의 동화가 가장 빨리 이뤄진 만시인들-추소바야 강(р. Чусовая)이나 로즈바 강과 소스바 강 하류, 비세라 강 상류 등에 거주하는 사람들-중에는 지하실까지 갖춘 이층 구조의 이즈바에서 거주하는 사람들도 생겨났다. 이러한 가옥의 내외부는 전형적인 북러시아 가옥의 특징을 따르고 있다. 벽난로와 상석(입구의 반대쪽 구석)은 대각선으로 놓여 있으며, 벽에 붙여 만든 침대 겸용 벤치가 있다.

만시인의 집에서 가장 신성하고 깨끗한 곳은 천장과 지붕 사이의 장소이다. 만시인들은 다락방과 유사한 이 장소에 집과 가족을 수호하는 정령이 산다고 믿었다. 이와 같은 믿음은 한티인이나 네네츠인, 셀쿠프인에게서도 찾아볼 수 있다. 만약 집 안에 이러한 장소가 없을 경우, 이 정령을 위해 사당과 같은 별도의 건물을 지었다. 여자들이 이러한 성스러운 곳을 드나드는 것은 금지됐다. 의식에 필요한 성스러운 물건들, 예를 들면 신의 형상을 조각한 물건, 천 조각, 뼈 조각 등은 집의 전면 구석 위의 천장에 두었다. 세상을 천상, 지상, 지하로 나누는 만시인의 세계관이 집에도 반영되어 있어, 천장 위는 신성한 곳, 천장 아래에는 사람이 사는 곳, 그 아래는 지하 세계라고 간주한다.

· 토속신앙

만시인들은 18세기 정교를 받아들이기 시작했지만, 여전히 그 이전부터 존재하고 있었던 토속신앙은 만시인의 생활 깊이 자리 잡고 있었다. 만시인에게서는 곰 숭배, 샤만 등 한티인의 신앙과 유사한 점을 많이 찾아볼 수 있다.

만시인 고유의 토속신앙 중에서 눈길을 끄는 것은, 사람에게 여러 개의 영혼(Душа, Ис)이 있다고 믿었다는 것이다. 성별로 영혼의 수는 다른데, 남자에게는 다섯 개의 영혼이, 여성에게는 네 개의 영혼이 있다고 믿었다. 몇 가지 영혼 중 그림자 영혼(Душа-тень)은 사람이 죽은 후 무덤으로 들어가는 영혼이다. 그래서 그림자 영혼을 무덤 영혼(Могильная душа)이라고도 부른다. 그림자 영혼은 때때로 망자의 몸을 떠나 집으로 돌아와 살아있는 영혼을 데려가기도 한다. 사람이 죽고 나면 또 다른 영혼이 사람으로 환생한다고 믿었다. 환생을 위해서는 장례식 전에 작은 나무나 금속으로 특별한 인형을 만들어야 한다. 이때 이 인형은 보통 동물의 형태를 하고 있는데, 고인이 숭배했던 토템에 해당하는 동물에 따라 인형의 모양도 달라진다. 이 인형은 영혼을 보관하는 특별한 저장소 역할을 한다.

또 다른 영혼은 사람의 머릿속에 사는 영혼으로, 만시인들은 이 영혼이 새나 모기의 모습을 하고 날아다닌다고 믿었다. 사람이 잘 때 이 영혼은 사람의 몸을 떠나 돌아다니는데, 만약 이 영혼이 오랫동안 다시 사람의 몸으로 돌아오지 않을 경우, 사람은 의식을 잃고 심하게 앓다가 죽게 된다. 이 영혼이 영영 떠나는 것을 막기 위해 환자의 손이나 어깨에 새(할미새, 제비, 까치, 뻐꾸기, 박새 등)를 문신한다. 사람이 죽은 후 이 영혼을 '우르트'(Урт)라고 부른다.

잠의 영혼(Сонная душа, улэм ис)이라 불리는 것도 있는데, 이 영혼 역시 새(보통 멧닭)의 모습을 한다. 앞서 언급한 영혼과는 달리, 이 영혼은 사람의 몸에 살지 않고 숲 속에 살다가 사람이 잠을 잘 때 사람에게 날아든다. 만약 이 영혼이 사람에게 오랫동안 찾아오지 않을 경우, 그 사람은 불면증에 시달리게 된다. 그래서 만시인들은 아기가 잠을 잘 잘 수 있도록 아이 요람의 등 부분에 새 모양의 영혼 저장소를 만들어 놓는다.

또 다른 영혼인 릴리(Лили)는 사람의 머리카락 속에 산다. 만약 이 영혼이 사람을 떠나면 그 사람은 피곤에 시달리고 무기력해진다. 이렇게 믿었기 때문에 만시인은 전쟁을 하게 되면 적의 머리 가죽을 벗겼다.

만시인들은 자신이 살고 있는 세계를 수직선상에 놓고 크게 세 개로 나눠져 있다고 생각했다. 가장 위 세계에는 하늘을 의인화한 토룸(Торум)이 있다. 토룸은 선을 상징하기도 한다. 중간 세계는 땅으로, 사람들이 살고 있다. 아래 세계는 어둡고 악한 세력들이 살고 있는 지하세계이다. 만시인들은 땅의 어머니인 '칼타쉬 에크바'(Калтащ эква)에 의해 인류가 탄생했다고 믿었다. 칼타쉬 에크바는 토룸의 아내 또는 여동생인데, 어느 날 토룸이 칼타쉬 에크바에게 크게 격노하여 그녀를 땅으로 쫓아버렸다. 그 이후로 칼타쉬 에크바는 사람들에게 삶을 주고, 자식을 낳게 하고, 사람들의 운명과 건강을 주시하는 역할을 했다.

만시인들은 고대 그리스인들처럼 하늘에는 많은 신들이 있다고 믿었다. 이 신들은 토룸의 형제자매들로, 태양의 여신 호탈 에크바(Хотал

'물의 정령'에게 바치는 의식[31)]

эква), 달의 신 옌흐프 안츠흐(Енхп анчх), 불의 여신 나이 에크바(Най эква), 지하 세계의 주인이자 악의 정령인 쿨 오티르(Куль Отыр) 등이 있다. 토룸에게는 일곱 명의 자식이 있었는데, 그 중 막내아들인 미르 수스네 훔(Мир Сусне Хум, 세상 너머를 보는 사람)은 사람들의 수호자이자, 사람과 신의 중계자라고 여겼다. 그렇기 때문에 만시인들은 샤만이 미르 수스네 훔이라고 생각했다. 만시인들은 미르 수스네 훔을 거위, 또는 백마 탄 기사로 묘사하기도 한다. 이외에도 만시인들은 숲, 강, 호수 등 주변에서 쉽게 볼 수 있는 자연 속에 정령이 있다고 믿었다.

4장

러시아 북서부의 소수민족

러시아 정부의 법적인 정의에 따르면, 소수민족이란 오늘날까지 전통생활방식과 문화를 유지하고 선조들의 영토에서 거주하고 있으며 스스로를 독립적인 민족이라고 인식하고 있는 인구 5만 명 이하의 민족을 말한다. 앞장에서 보았던 네네츠인, 한티인, 만시인이 공식 소수민족이면서 동시에 명목민족이라면, 이 장에서 살펴볼 민족들은 민족영토를 갖고 있지 않은 소수민족이다.

러시아 북서부의 소수민족 주요 거주지

러시아와 에스토니아 사이, 세투인

명 칭	세투, 세토(Сету, Сето (단·복수형))
인구수	214명
민족구분	핀-위그르계
종 교	러시아 정교
주요 거주지	프스코프 주

에스토니아와 러시아 북서부에 위치한 프스코프 주의 경계에는 특별한 민족이 존재한다. 세투, 또는 세토인은 천년고도 프스코프 주의 페초라 군(Печорский район)과 에스토니아와 맞닿은 지역-예를 들면 비루마(Вырумаа)와 필바마(Пылвамаа)-에 주로 거주한다. 세투인은 러시아의 소수민족이면서, 동시에 에스토니아를 구성하는 민족이다. 참고로 세투인은 러시아 공식 소수민족으로 인정받았으나, 에스토니아에서는 세투인을 소수민족으로 간주하지 않는다. 현재 주요 거주지인 프스코프 주의 페초라 지역은 사실 1920년부터 1940년까지 에스토니아 공화국의 행정구역이었다. 역사적으로 세투인이 모여 살던 지역은 '세투마'(Сетумаа)라고 불렸다.

이처럼 이들은 러시아와 에스토니아 사이에서 오랫동안 거주해 왔기 때문에 양쪽 문화에 깊이 동화되어 왔다. 그렇기 때문에 이들이 러시아인, 또는 에스토니아인으로 자신의 정체성을 정의하는 경우도 빈번했다. 2002년 러시아연방 인구조사에 의하면 197명이 세투인으로 응답했으며, 이 중 172명이 프스코프 주에 거주하고 있었다. 2010년 인구조사 결과에 의하면 러시아 내 세투인은 214명으로 인구수가 조금 늘었으며, 123명이 프스코프 주에 살고 있는 것으로 나타났다.

세투인이 에스토니아인처럼 핀-위그르계 민족이라는 점을 볼 때 이들의 언어학적인 공통성은 쉽게 가늠해볼 수 있다. 세투인은 세투어가 독립적인 언어라고 생각하지만, 에스토니아에서는 에스토니아어 중 비루어(Выру)의 일부라고 여기고 있다. 많은 민속-언어학자들도 세투어를 남에스토니아어의 비루 방언 중 일부라고 생각한다. 세투인의 수가 적은데다 세투어를 쓰는 사람들도 많지 않아, 세투어는 2009년 유네스코의 '소멸 위기 언어'에 등록됐다. 반면, 종교에 있어서는 에스토니아보다 러시아의 영향을 더 많이 받았다. 루터교도인 에스토니아인과 달리, 세투인은 러시아인들처럼 정교도이다.

· 역사문화적 특징

세투인은 추디-에스트인(Эст, Эсты)의 후손이라고 볼 수 있다. 추디인은 러시아인들이 북서부에 살던 비슬라브계 민족들을 불렀던 통칭이며, 에스트인은 중세 에스토니아인을 일컫는 말이다. 많은 학자들은 세투인을 에스토니아인의 한 그룹이었다가 13세기에 분리됐다고 본다. 리보니아(현재의 라트비아와 에스토니아 영토)가 십자군(검의 형제기사단)에게 정복되고, 당시 러시아 땅이었던 유리예프(Юревв, 현재 에스토니아 제2의 도시인 타르투)가 붕괴된 후 세투인의 일부가 동쪽의 프스코프 땅으로 피신했으며 그곳에서 그들은 오랫동안 토속신앙을 간직하며 살았다. 그렇지만 이 지역은 가톨릭 리보니아 기사단의 세력이 쉽게 미칠 수 있는 지역이었다. 이에 이반 4세의 명령으로 1534-1535년 사이 이 지역에 대한 이교 척결 정책이 이뤄지며 세투인을 포함한 이곳의 토착민족들은 종교적인 면에서 억압받았다.

그렇지만 2년간의 짧은 기간에 이뤄진 정교화는 큰 효과를 보지 못했다. 오히려 이 지역 주민들에 대한 정교 전도는 16세기 후반 리보니아 전쟁이 일어나면서 제대로 이뤄졌다고 할 수 있다. 이 시기 세투인의 거주지에 프스코프-페초라 수도원이 설립됐고, 이 수도원은 이 지역 정교화의 거점이 되었다.

세투인이 정교를 받아들이기는 했지만, 그들은 러시아어를 이해하지 못했고 세투어로 번역된 성경도 없었다. 이 때문에 이들은 세례를 받기는 했지만, 정교도로의 변화는 표면적인 것에 그쳤으며 그동안 보전해왔던 토속신앙에서 비롯된 의식이나 관습은 그대로 남아 있었다. 러시아인들은 세투인을 '완전한' 정교도라고 생각하지 않았고 '반(半)정교도'라고 불렀다. 19세기에서야 교회의 강압적인 방법으로 세투인들이 함께 올리던 공동 제례가 사라졌고, 20세기 초 학교 교육이 확산되면서 개인 또는 가정에서 지켜오던 토속신앙과 관련된 관습들도 자취를 감추기 시작했다. 러시아 정부와 교회에 의해 세투인은 러시아화되어 갔다.

세투인이 정교를 받아들이면서, 세투인과 에스토니아인과의 차이는 더욱 분명해졌다. 에스토니아는 정교라는 다른 종교와 언어적 특징, 일부 문화요소 등을 근거로 세투인을 자민족으로 간주하지 않았다. 즉, 정교는 세투인이라는 독립적인 민족 형성의 기반을 마련해 주었다.

세투인은 러시아와 에스토니아, 각기 다른 두 문화를 받아들이며 세투인만의 독특한 문화를 형성하게 됐다. 제정 러시아 시기 세투인은 프스코프 현에서 자치지역을 가질 수 있게 됐다. 러시아인들은 세투인의 거주지를 세투케지야(Сетукезия)라고 불렀으며, 에스토니아인들은 세토마(Setomaa)라고 불렀다.

소련 시기 세투인의 거주지는 두 부분으로 나뉘게 됐다. 일부는 에스토니아 소비에트 자치 공화국(Эстонская АССР)으로, 다른 부분은 러시아 소비에트 연방사회주의 공화국으로 나뉘게 됐으나, 이는 어디까지나 행정적인 구분으로 두 지역 간의 이동과 교류는 자유로웠다. 그렇지만 소련 붕괴 전 에스토니아가 소연방으로부터 독립을 선언하면서, 이 두 지역은 입국비자를 필요로 하는 다른 국가의 영토가 되어 버렸다.

· 전통의복

세투인은 발트 연안 지역의 다양한 민족들과 교류해 왔다. 여러 민족의 문화적 요소가 복합적으로 융합되어 세투 전통문화를 낳았다. 세투 전통 의상은 크게 다음과 같이 세 가지로 구분할 수 있다: 고대-추디식, 러시아식, 발트식.

아이들의 옷 같은 경우 러시아 의상과 거의 차이가 없다. 여성 의상에서 러시아의 영향이 나타나는 부분은 루바하이다. 세투 루바하는 123cm까지 내려올 정도로 긴 데, 이를 노브고로드식 루바하라고 한

세투 전통여성 의상[1]

다. 세투 루바하는 긴 아마천으로 만든다. 세투인들은 루바하를 입을 때 긴 소매를 그냥 늘어뜨려 입거나, 팔꿈치까지 접어 올려 루바하의 팔목 부분에 있는 구멍으로 집어넣기도 한다. 축제용 루바하는 어깨 부분이나 소맷부리에 붉은색으로 자수가 새겨져 있다.

루바하와 함께 머리를 넣어 입는 치마인 사라판도 러시아인으로부터 차용된 것이다. 사라판의 테두리는 붉은색 천이나 실로 장식하고 아래로 내려오면서 검은색 술장식이 달려 있다. 사라판은 세부 특징에 따라 키타스닉(Китасник), 류유드(Рююд), 수크만(Сукман) 등 여러 이름으로 부른다. 현재에도 이러한 명칭이 남아 있지만, 사라판 간의 차이가 사실상 없고, 수크만이라는 명칭이 더 자주 쓰인다. 세투 사라판은 색상이나 만드는 직물에 따라 차이가 난다. 여름에는 보통 노란색이나 파란색 마포로 사라판을 만들며, 겨울에는 집에서 만든 양모천으로 만든다. 겨울 사라판은 보통 검은색이나 회색이다. 명절이나 잔치 때, 그리고 결혼식에는 양모로 만든 흰색 사라판을 입는다. 때때로 망자에게 흰 사라판을 입히기도 한다. 사라판 위에는 폭이 넓은 허리띠인 '부'(Ву)를 한다. 그리고 앞치마를 입는데, 세투 앞치마의 경우, 몸의 3/4를 덮을 정도로 러시아 앞치마보다 더 넓고 길며 주머니가 없다. 축제 때 입는 앞치마 역시 흰색이다.

19세기 말부터 세투 의상은 변화를 맞이했다. 긴 소매가 달린 루바하는 좀 더 풍성한 소매가 달린 루바하로 바뀌었다. 후자의 경우 기하하적인 무늬를 섞어 넣어 장식하는 게 특징이다.

세투 의복에서는 고대 에스토니아 의상의 요소도 찾아볼 수 있다. 예를 들면 사라판 위에 입는 푸사필리(Пуссапылль)이다. 푸사필리는 양옆구리에 대는 긴 천으로 허리띠에 끼어 착용한다. 이러한 양식은 오랫동안 세투 신부 의상에 남아 있었다.

여성의 일반 겉옷은 랴픽(Ряпик)이라고 하는데, 이것은 허리춤까지 오는 흰색의 외투로 허리 뒤편에 주름이 잡혀 있다. 랴픽 역시 여름과 겨울에 따라 나뉜다.

세투 여성 의상 중 흥미로운 것은 다양한 머리쓰개이다. 일을 하는 평일에는 쿨드레드(Кулдред)라고 하는 수건을 머리에 두른다. 넓은 천을 머리에 둘러 감싸는 리닉(Линик)도 있다. 리닉은 끝부분에 천으로 장식하거나 아예 장식이 없다. 리닉의 특징은 발뒤꿈치까지 내려올 정도로 긴 뒷부분에 있다. 활동에 방해하지 않도록 리닉을 허리띠 안으로 넣어 늘어뜨린다. 리닉을 쓴 후 그 위에는 빨간색 리본인 퍄부(Пяву)를 둘러싸서 맨다. 그리고 퍄부에는 구슬알 등을 매달아 장식한다. 이러한 머리장식은 에스토니아에서도 19세기 후반까지 볼 수 있었다. 미혼 여성들은 머리를 길게 땋아 머릿수건으로 머리를 가리고 다녔다.

세투 축제의상의 특징은 가슴 부분의 화려한 장식이다. 세투 여성들은 은이나 다양한 모양의 금속 조각으로 옷의 가슴 부분을 화려하게 장식한다. 이 장식 외에도 귀걸이, 팔찌, 반지 등도 착용한다. 그리고 판자에 무늬가 있는 실크로 덮은 바닉(Ваник)이라고 하는 일종의 화관을 쓴다. 여성들은 아마천을 머리카락과 같이 땋아 관자놀이에 고정한 후 리닉을 쓰기도 한다.

세투 남성 의상은 여성 의상보다 덜 흥미롭지만, 시대를 지나서도 큰 변화 없이 본래의 전통적인 모습을 유지하고 있다. 남성 의상은 루바하와 바지이다. 세투 루바하는 무릎까지 내려올 정도로 길고 넓은 소매가 달려 있으며 왼쪽 부분이나 가운데 부분에 절개가 들어가 있다. 이러한 절개선은 러시아 남성 루바하와는 달리 허리띠까지 이어진다. 루바하 위에는 끈을 꼬아 만든 얇은 허리띠를 한다. 축제용 루바하에는 러시아의 영향으로 작은 무늬가 수놓아져 있다. 바지인 포르티(Порты)

는 보통 검은색이나 파란색이다. 전통적인 줄무늬 바지는 노년층에서 많이 볼 수 있다. 남성의 겉옷은 발뒤꿈치까지 내려오는 외투이다. 세투 남성들은 무릎까지 올라오는 긴 털양말을 신는다. 이 양말은 대개 흰색이며, 종아리 부분에 붉은색의 무늬가 있다.

전통 신발로는 삼이나 아마로 만든 짚신인 추바(Цува)와 가죽으로 만든 파스트바(Паства)가 있다.

· 전통음식

세투의 전통음식 중 가장 오래된 것은 보리로 만든 죽과 레표시카이다. 만드는 방법은 에스토니아 음식의 조리법과 동일하다. 시간이 흐름에 따라 슬라브 종족, 예를 들면 크리비치(Кривичи)의 영향을 받아 슬라브 음식들도 세투인의 식단에 들어오게 된다. 트보록(Творог, 발효시킨 우유에서 유청을 뺀, 되직한 크림의 일종), 귀리로 만든 젤리, 삼씨로 만든 기름, 빻은 귀리로 만든 죽 등이 그것이다. 이후 러시아인들의 영향으로 블린(Блин, 크레페처럼 얇게 부친 밀가루 음식), 다양한 속을 넣은 파이, 탄 보리나 쌀에 꿀을 넣어 만든 죽인 쿠티야(Кутья), 트보록을 얹은 파이인 바트루시카(Ватрушка)도 접하게 됐다. 세투인들은 맥주를 넣어 블린을 만들기도 한다.

세투인은 정교도이기 때문에 금식기를 지켰다. 금식기에는 에스토니아인에게는 알려지지 않은 음식들, 예를 들면 삶은 양배추와 붉은 무를 섞어 발효시킨 음식이나 잘게 썬 야채와 고기를 섞어 끓인 수프인 오크로시카(Окрошка) 등을 먹었다.

세투인은 러시아식 벽난로에서 빵을 굽고 요리를 했다. 아침에는 뜨거운 수프와 감자, 레표시카나 블린을 먹는다. 감자에는 삼에서 짜낸 기름이나, 청어, 잘게 간 무, 염장한 버섯 등을 곁들어 먹었다. 점심에는

세투 축제에 즐기는 음식[2)]

곡물이나 콩을 넣은 걸쭉한 수프를 우유나 기름에 섞어 먹는다. 저녁에는 으깬 감자를 먹는다.

고기는 보통 겨울에 양배추 수프인 시에 넣어 먹는다. 세투인들은 고기에 항상 간을 해서 먹었으며, 가축을 도살할 때만 날것으로 먹었다. 세투인들은 동물의 피에 동물의 영혼이 있다고 믿었기 때문에, 20세기 초까지 동물의 피를 음식에 사용하지 않았다. 돼지고기 기름을 굳혀 만든 살로(Сало)는 끓여서 나무통에 보관하며, 고기는 소금을 쳐 길고 넓은 대야 모양의 통에 넣는다. 세투인들은 신선한 우유를 잘 먹지 않는 대신, 우유를 발효시키거나, 트보록, 치즈를 만드는 식으로 섭취했다.

세투인들은 크바스도 만들어 마셨다. 세투인의 크바스는 말린 빵뿐만 아니라 약초 성분이 들어 있다고 생각하는 노간주 나무열매를 사용해서 만든다. 러시아인들은 다양한 산열매로 콤포트를 만들어 먹는데, 세투인들은 산열매 콤포트 뿐만 아니라, 호박을 이용해 만들기도 한다. 전통 술도 있는데, '한자'(Ханзя)는 밀로 만든 가벼운 도수의 브라가(Брага)를 증류하여 만든 것이다.

· 전통 주거양식

세투인의 마을은 오래 전부터 두세 채 정도의 농가로 구성됐다. 각 마을에는 작은 예배당인 차손(Цассон)이 있다. 겉으로는 크지 않은 목조 가옥이지만, 그 내부에는 성화, 양초, 꽃으로 화려하게 꾸며져 있다. 차손 위에는 작은 십자가가 달려 있다. 마을 사람들이 공동으로 차손을 청소하며 가꾼다. 차손이 없는 세투 농촌 마을을 찾아보기는 힘들다.

각 농가는 주거공간인 이즈바, 가축우리, 헛간, 곡물을 건조하고 탈곡하는 리가(Рига)로 구성된다. 이즈바 내부의 중심지는 역시 페치(벽난로)이다. 페치는 이즈바 내부의 1/4를 차지하며, 페치의 대각선 방향으로 맞은편에 이콘(성화)을 모셔두는 성소(붉은 장소, Красный угол)가 위치한다. 성소 아래 식탁을 두고 거기서 식사를 한다. 연기를 빨리 내보내기 위해 이즈바에는 일반적인 문 외에도 크기가 반 정도 되는 작은 문도 있다. 문을 밖으로 열어젖히는 방식으로 벽난로에서 나오는 연기를 밖으로 내보낸다. 창문 외에도 연기가 빠져 나갈 수 있도록 이즈바 통나무 벽에 작은 창문 같은 것을 뚫어 놓는다.

이즈바 벽을 따라 침상을 만들어 놓고 여기서 잠을 잔다. 아이들을

세투 가옥의 모습[3)]

위해서 바닥에는 짚을 넣은 요나 그냥 짚을 깔아 놓는다. 베개 대용으로 천을 베고 자며, 모직 외투나 양털이나 양가죽으로 만든 반외투를 덮고 잔다.

이즈바 면적은 크지 않기 때문에, 봄이 되면 젊은 사람들은 헛간으로 옮겨 생활하고, 집의 가장이 되는 부부는 현관을 차지한다. 나이가 많은 사람이나 아주 어린 아이들만 이즈바에서 생활한다. 물론 추운 겨울에는 모두 이즈바 내부에서 생활한다.

19세기 후반 이즈바는 조금씩 개선되기 시작했는데, 우선 관이 여러 개 달린 난로가 등장한다. 벽에 붙어진 예전의 페치는 하나의 구멍에서 필요시마다 불을 때우고 요리를 하는 데 불편함이 있었다면, 관이 달린 난로가 등장하면서 좀 더 생활이 편리해졌다. 벽에 붙여 만든 판자 침상 대신 침대가 등장했으며, 이미 다 만들어진 가구가 시장에 등장하기 시작했다.

· 토속신앙

10-13세기 세투인의 거주지에도 정교가 들어오기 시작했고, 페초라 수도원이 생기면서, 정교 전도에 큰 힘이 실렸다. 이러한 영향으로 세투인도 정교를 받아들이게 됐지만, 예전부터 모시던 자신의 신들을 여전히 숭배했다. 이들은 제단으로 쓰는 돌, 병을 낫게 한다는 샘물, 다산을 관장하는 고대 신의 모습을 한 물건을 소중히 여겼고 여기에 제를 올렸다. 자연과 조상을 숭배하여 사람이 죽으면 망자를 오래된 소나무로 모시고 간다.

세투인이 모시던 신 중에 가장 중요한 신은 '페코'(Пеко)이다. 세투인들은 정교 세례를 받은 후에도 페코를 숭배하고 기도를 해 왔다. 농사일이 시작되기 전, 그리고 수확이 끝난 후 마을 사람들은 모두 모여 페코 신을 위해 잔치를 준비한다. 페코는 나무 모양이나 초의 모양으로 형상화하여 모신다. 만약 어떤 사람들이 페코신을 동일한 모습으로 형상화하여 모신다면, 그 사람들은 친인척이라는 뜻이다.

세투인의 토속신앙에는 친인척 또는 공동체가 중요한 역할을 한다. 매년 무기를 사용하지 않는 싸움을 하여 공동체의 리더를 뽑는다. 이 리더는 페코 신의 수호자 역할을 하며, 페코 신의 조각상을 자신의 창고에 모신다. 이후 이곳은 사당의 역할을 하게 된다.

세투인의 축제 역시 다함께 즐기는 집단주의가 특징이다. 축제가 되면 세투인들은 각자 집에서 술을 만들어 한 농가로 모인다. 그 농가에서 축제를 즐기는데, 잔치가 열리는 장소는 매년 바뀐다. 잔치에는 아이들 없이 각 농가의 가장과 그 부인만 참여한다. 페코 신을 위해서 검은 양초를 켜고, 잔치를 시작하기 전 "페코, 페코, 와서 술을 드세요, 가장 달콤한 것을 맛보세요"라고 페코 신을 부른다. 이러한 의식에는 신과 인간의 중개자 역할을 하는 사제가 참여한다. 많은 학자들은 본래 페코 신은 한 가족이나 가문을 수호하는 정령이었다가, 이후 한 동네의 수호자로 변했다고 본다. 시간이 지남에 따라 페코 신은 출산을 관장하는 신으로 변하기도 했다.

농사를 하고 가축을 기르던 세투인에게 이와 관련된 마법이나 주술은 19세기 말까지도 그 의미를 잃지 않았다. 농업과 관련된 의식은 대부분 농업주기-예를 들면, 들판으로 가축을 내보내는 시기, 파종, 탈곡, 개간, 수확 등-와 관련 있다. 이러한 의식은 한 가족이 올리기도 하고, 마을 전체가 함께 지내기도 한다. 이 모든 의식들은 풍년과 마을 사람들의 건강, 그리고 가축의 건강을 기원하는 의미가 담겨 있다. 농사일을 시작하기 전과 후에 들판에서도 잔치를 열고 신에게 감사를 드린다. 첫 번째 탈곡한 밀가루로 만든 빵은 성스러운 돌이나 교회에 가져가 바친다.

· 가정의례

세투 가정의례 역시 오랫동안 전통적인 요소를 간직하고 있다. 가정의례 중 혼례를 살펴보자. 결혼식 전 단계부터 중요하다. 혼례의 첫 단계는 중매를 하는 시기로, 짧으면 3-4주, 길면 2-3달까지 소요된다. 중매를 본격적으로 하기 전에 중매쟁이는 비밀스럽게 신부 집안의 경제 상황을 살펴보기도 한다. 중매, 정혼, 약혼이 이 첫 단계에 해당한다. 세투인의 전통혼례에서 결혼 당사자의 의견은 중요하지 않고, 양가 부모 간의 합의가 우선되기 때문에, 신랑과 신부가 약혼식이 되서야 얼굴을 알게 되는 경우도 적지 않다.

세투 벙어리장갑4)

중매 과정부터 살펴보자면, 중매쟁이는 미래의 신랑이 될 청년과 함께 신부의 집으로 와서, 신부의 부모와 신부의 동의를 구한다. 그러나 신부의 동의는 형식적인 것에 그친다. 신부의 부모가 결혼에 동의하면 예비 신랑은 첫 번째 상징적인 선물로 머릿수건을 준다. 중매쟁이가 들고 온 술은 다함께 마시고, 술병은 벙어리장갑이나 손수건으로 싼다. 예비신부의 엄마는 집을 찾아온 사람들 각자에게 벙어리장갑 한 켤레씩 선물한다.

첫 번째 만남 후 며칠이 지나면 예비 신부의 부모가 사돈댁으로 간다. 이 관습을 '딤니차니에'(Дымничание)라고 한다. 러시아어로는 딤니키(Дымники)라고도 하는데, 본래 딤니키는 연기가 빠져나가는 굴뚝의 윗부분을 이야기한다. 이것은 그 집의 부를 나타내기도 하는데, 만약 신부의 부모가 딤니차니에가 마음에 들지 않으면, 즉 사돈댁이 가난하거나 무례하면, 첫 만남에서 사위가 선물한 손수건을 다시 돌려준다.

만약 손수건을 돌려주지 않으면 정혼이 성사된 것으로 간주한다. 결혼식 일주일 전에 약혼식이 이뤄지는데, 세투인들은 약혼식을 '큰 술'이라고 불렀다. 신랑은 자신의 친인척들과 중매쟁이를 데리고 다시 신부의 집을 찾는다. 집에 미리 모인 여성들은 노래를 부르고, 신랑은 자신의 부인이 될 아가씨에게 결혼반지와 돈을 선물한다.

실제로 약혼식이 끝나면 이 두 사람은 공식적으로 많은 사람들 앞에서 신랑과 신부가 되는 것이다. 이때부터 신부는 '검소한' 옷을 입는다. 화려한 머릿수건 대신 흰색 머릿수건을 쓰고, 아무런 장식이 없는 루바하를 입고, 치마도 흰색 수크만을 입기 시작한다. 이때 입었던 옷은 결혼 후에도 보관한다. 그리고 세투 여성 의복의 가장 큰 특징인 금속 장식도 하지 않는다. 결혼을 앞둔 여성은 이렇게 검소한 몸가짐을 해야 한다고 생각했다.

양가가 혼례 준비를 마치고 날짜를 잡으면 신부는 4-6명의 여자 친구들, 친인척과 함께 이웃을 돌아다니며 결혼식에 초대하고 작별 인사를 미리 한다. 대부와 대모에게도 작별을 고하는데, 대부모의 집에 친구들을 데리고 가서 그곳에 있는 모든 사람의 주위를 돌면서 각각의 사람들에게 절을 한다. 이러한 작별 의식을 할 때 신부는 곧 있을 자신의 가족, 마을, 친구들과의 헤어짐을 슬퍼하며 운다. 이러한 '통곡' 의식은 전체적인 혼례 의식에서 가장 감정적으로 긴장된 순간이라고 할 수 있다.

혼례 이삼일 전(19세기부터는 혼례가 끝나고 피로연을 열기 전에) 신랑의 집으로 신부의 침상이 도착한다. 신부의 침상은 첫날밤을 보낼 별도의 장소-보통 헛간-에 둔다. 혼례 자체는 혼례 예식, 피로연, 첫날밤을 치룬

후 신혼부부를 깨우는 의식, 신부가 기혼 여성이 쓰는 머리쓰개로 바꿔쓰는 의식으로 이어진다.

세투 축제 모습[5)]

결혼식 당일 아침 여성은 화환을 머리에 쓰고 자신의 대부와 대모와 함께 앉아 있으면, 친인척과 마을 사람들이 차례로 다가와 신부의 건강을 위해 술을 마시고 신부 앞에 놓여 있는 음식에 돈을 둔다. 이런 의식을 쉴 새 없이 이어지는데, 그동안 신부는 침묵을 지켜야 한다. 이후 신랑과 신랑의 친구가 온다. 신랑의 친구는 채찍이나 지팡이를 들고 집 안으로 들어와 부모님의 축복을 받고 큰 수건으로 얼굴을 가린 신부를 데리고 나가 교회로 향한다.

신랑의 친구는 교회로 가는 썰매를 모는데, 이 썰매에는 신부가 자신의 대부모와 함께 타고, 두 번째 썰매에는 신랑이 탄다. 혼례예식이 진행될 동안 혼수품을 넣은 궤짝은 신랑의 집으로 옮겨진다. 예식이 끝나면 신혼부부는 신랑의 친구와 함께 같은 썰매를 탄다. 썰매에서 내리는 순서도 정해져 있는데, 신랑의 친구가 먼저 내려 수호의 의미로 채찍이나 지팡이를 허공에 대고 십자가를 그린다. 만약 일요일에 결혼했다면, 신랑의 부모가 신혼부부를 축복한 후 바로 피로연이 시작된다. 만약 금요일에 혼례 예식을 치렀다면 피로연은 일요일에 따로 치렀다.

피로연에 참석한 손님들은 신부에게 선물을 주며, 신부는 신랑의 친인척들에게 선물을 준다. 이후 신혼부부는 첫날밤을 보낼 장소로 들어간다. 다음날에는 신랑의 친부나 신부의 대부가 신혼부부를 깨우는 의식을 한다. 신혼부부가 일어나면 신부는 리닉을 머리에 쓰는데, 이것은 신부가 새로운 사회적 그룹으로 입성한다는 것을 의미하며, 하루에서 삼일 간 지속되는 혼례식의 새로운 단계가 시작됨을 뜻한다. 신부는 시어머니와 새로운 친인척에게 선물을 전한다. 이후 신혼부부는 목욕탕으로 간다. 목욕탕으로 가는 의식은 장난스럽고 유머가 넘친다. 그전까지의 엄숙한 분위기가 장난과 농담으로 가득 찬 유쾌한 분위기로 바뀐다. 목욕탕에는 신혼부부만 들어가는 것이 아니라, 이들이 대부모, 손님들도 끌어들인다. 이 모든 의식이 끝나는 삼일 째 되는 날 신부의 부모를 만나러 간다.

신혼부부가 다시 시댁으로 돌아오면 시어머니는 며느리를 마을에 있는 시냇가나 우물로 데려간다. 여기서 신부는 손수건이나 벙어리장갑을 바친다. 그 다음에는 가축우리로 이동하는데, 그곳에서 신부는 가축우리의 수호정령에게 선물한다는 의미로 소 앞에 수건이나 벙어리장갑을 두어야 한다.

이렇듯, 세투 혼례는 이웃의 카렐인, 이조레츠인, 그리고 발트 지역의 에스토니아인과 라트비아인의 혼례와 유사하다. 동시에 그 안에는 러시아의 기독교(정교)적인 요소도 존재한다.

라도가 호수의 토착민족, 벱스인

명 칭 벱스(Вепс (단수형), Вепсы(복수형))
인구수 5,936명
민족구분 핀-위그르계
종 교 러시아 정교
주요 거주지 레닌그라드 주, 카렐리야 공화국, 볼로그다 주

2002년 러시아의 벱스인은 8,240명, 2010년에는 5,936명로 집계됐다. 총 만 명이 채 안 되는 벱스인은 2006년 러시아 공식 소수민족으로 인정받았다. 벱스인은 전통적인 거주 지역에 따라 세 그룹으로 나눌 수 있다. 북부 벱스인은 오네가 호수의 남서쪽에 주로 거주하는 그룹을 말하며, 중부 벱스인은 오야티 강(р. Оять)의 상류와 중류 지역에 거주하여 오야티 벱스인(Оятские Вепсы)이라고도 불린다. 남부 벱스인은 레닌그라드 주 동쪽과 볼로그다 주 북서 지역에 거주한다.

· 벱스인의 기원

많은 학자들은 벱스인이 발트-핀 민족(에스토니아인, 핀인, 카렐인 등)들처럼 10세기 이전에 형성되어 라도가 호수 유역에 정착했다고 보고 있다. 9세기 말까지 라도가 호수와 오네가 호수 사이에 살았던 벱스인은 점차 동쪽으로 이동했다. 러시아 역사서에서 벱스인이 등장한 것은 약 11세기로, 이들은 당시 '베시인'(Весь)이라고 소개됐다. 그러나 그 후의 다른 사료에서는 러시아 북서부의 핀-위그르 민족들처럼 줄곧 '추디인'

(Чудь)으로 언급되어 왔다. 이들은 벱샤(Vepsä, bepsä), 벱스 등으로 스스로를 지칭했음에도 불구하고, '추디인'은 1917년까지 벱스인을 이르는 공식 명칭으로 남게 됐다. '벱스'라는 명칭은 오늘날에야 알려지기 시작했다.

예로부터 이들의 전통 거주지는 카렐 영토 안에 있었으나, 11세기 초 무렵 이들의 거주지(특히 남부)는 노브고로드인이 점령하기 시작했다. 그렇기 때문에 벱스인은 북부 러시아와 카렐 문화의 영향을 받을 수밖에 없었다. 그러나 오늘날까지 벱스인만의 고유한 전통문화 요소도 유지되고 있다.

· 전통의복

벱스인의 전통의복은 북부 러시아 의상과 비슷한 점을 많이 가지고 있다. 그러나 러시아 여성 의복이 셔츠와 사라판으로 구성된 반면, 벱스 여성의 기본 의상은 치마와 짧은 상의이다. 치마 하단 부분에는 자

카렐리아 공화국 내 벱스 민속박물관 개관식 풍경[6]

벱스 전통의상[7]

수로 장식되어 있는데, 보통 삼각형이나 사각형 형태의 이 자수는 여성을 바깥의 나쁜 기운으로부터 보호하는 부적의 역할을 한다. 허리 부분에는 붉은색의 사라사나 무명천을 댄다. 이 위에 다시 세로선으로 장식된 앞치마를 입는다.

벱스 남성 의상은 루바하와 통이 좁은 바지로 구성된다. 루바하는 특별히 염색되지 않은 천으로 만들어지지만, 소매와 깃 부분에는 자수를 넣어 장식한다.

벱스 전통 문양[8]

벱스인은 자작나무 껍질이나 보리수나무, 혹은 버드나무 줄기로 신발을 만들어 신었다. 이때 벱스인은 카렐인처럼 신발의 좌우를 따로 구분하여 만들지 않았다. 즉, 오른쪽과 왼쪽 신발 모양이 동일하다는 것이다. 벱스인이 신는 신발 중에서 독특한 것은 피엑시(Пьексы)라고 하는 겨울용 신발이다. 벱스인은 겨울에 주로 스키를 타고 이동하는데, 피엑시는 스키 위에서 신는 신발로, 질긴 끈으로 피엑시와 스키를 묶어 고정한다.

· 전통음식

벱스 칼리트카[9)]

벱스인의 기본 음식 중 하나인 빵은 밀에 보리나 귀리를 넣어 만드는데, 신맛이 나기 때문에 '신 빵'(Кислый хлеб)이라고 부른다. 벱스 음식에는 다양한 잡곡 가루가 사용된다. 벱스 전통음식으로는 반죽 위에 다양한 재료(감자, 껍질을 벗긴 곡물, 귀리 가루 등)를 얹은 칼리트카(Калитка)와 얇게 부친 스카네츠(Сканец)를 들 수 있다.

카렐리야 전통음식 중 하나이기도 한 칼리트카는 빵은 귀리나 호밀로 반죽을 만든 후 반죽의 가장자리를 접어 둥근 모양, 타원형 모양, 혹은 사각형, 오각형, 팔각형 등 아주 다양한 모양으로 구워낸다. 보통 벱스인은 칼리트카를 일요일마다 굽는다. 칼리트카는 손님 대접이나 명절을 맞이할 때도 빠질 수 없는 음식이다.

칼리트카가 오늘날에도 벱스인에게 아주 인기 있는 음식 중 하나라면, 스카네츠는 카렐인과 벱스인의 전통 축제 음식이었지만, 오늘날에는 사람들의 기억 속에서 거의 사라진 음식이라고 할 수 있다. 스카네츠는 여러 번 체로 내려 곱게 된 호밀이나 보릿가루로 반죽을 만든 후 밀대로 아주 얇게 밀어낸다. 잘 만든 스카네츠는 입으로 불었을 때 그

벱스 스카네츠[10)]

반죽이 테이블 위에 뜰 정도여야 한다고 벱스인들이 말했을 만큼 굉장히 얇은 반죽을 잘 만들어 내는 것이 중요하다. 스카네츠는 화로 중에서도 아궁이 입구 가장자리에서 구워내며, 만들어진 스카네츠는 한 면에 기름을 발라 쌓아 놓는다. 벱스인들은 보통 여기에 우유죽을 부어 먹는다. 벱스인들은 스카네츠를 먹을 때 반으로 나눠서 먹는데, 그렇지 않을 경우, 그 사람을 탐욕스럽다고 생각한다.

이외에도 절이거나 말린 열매(특히 브루스니카 Брусника, 월귤나무 열매), 버섯, 생선, 고기 등도 벱스인의 주식이라고 할 수 있다. 버섯은 말리거나 소금에 절이고, 생선은 벽난로에서 열을 가해 말리거나, 이즈바의 박공(팔자 지붕 아래 삼각형을 이루는 부분)에 두고 볕을 쬐어 말린다. 벱스인은 보리 혹은 호밀 가루로 끓인 다음 브루스니카 즙으로 맛을 낸 죽과 수프를 아주 좋아한다. 이처럼 벱스인은 다양한 요리에 여러 잡곡을 빻거나 갈아서 활용하는데, 이때 맷돌 외에도 코디키비라고 하는 다양한 형태의 절구를 사용한다.

벱스 전통 음료 중 가장 유명한 것은 '올루드(Олуд)'라고 불리는 벱스 전통주다. 벱스인은 이외에 순무나 꿀을 이용해 크바스를 만들어 먹기도 한다.

· 전통 주거양식

벱스인은 집을 지을 때 주로 소나무를 사용한다. 벱스인에게 집을 만든다는 것은 단숨에 소나무를 베어 만드는 간단한 작업이 아니라, 계절마다 각각의 할 일이 배정된 긴 과정을 뜻한다. 벱스인은 보통 2월에 숲을 베기 시작하며, 나무줄기와 기둥을 가을까지 말린다. 그 후 나무 기둥과 줄기에서 껍질을 벗기고 봄까지 둔다. 이러한 과정을 거친 나무는 비로소 집을 만드는 훌륭한 재료가 된다. 구조물을 이루는 통나무는 항상 홀수여야 하며, 집의 몸체를 이루는 통나무 사이사이 빈 틈에는 이끼를 채워 넣는다.

보통 이층 구조로 되어 있는 벱스인의 이즈바는 '페르트'(Перт)라고 한다. 두 개의 경사면을 가진 지붕 위는 얇은 널빤지나 짚으로 덮는다. 이층으로 올라가기 위해서는 밖으로 나올 필요 없이, 헛간으로 이어지는 옆채에 마련된 계단을 이용한다. 가옥 뒤편의 한쪽 지붕 아래에는

헛간의 모습[11)]

타나즈라고 불리는 넓은 별채가 마련되어 있다. 타나즈 역시 이층 구조로, 아래층은 마구간 혹은 외양간으로 사용되며, 위층에는 농기구를 보관하거나 건초를 쌓아둔다. 농가에는 이외에도 창고, 방아, 탈곡장, 곡물 창고가 있다. 이 모든 건물은 T자 형태를 이루며 울타리로 둘러싸여 있다. 숄토제로(Шёлтозеро)에 있는 벱스 민속박물관 건물은 이러한 벱스 전통가옥의 모습을 하고 있다.

페르트가 가지고 있는 또 하나의 특징은 테이블의 위치이다. 테이블은 입구의 반대쪽 구석이 아닌, 입구 벽 부분에 놓여 있다. 이것을 '핀'식의 가구배치(финское положение)라고 한다. 가옥 내부는 두 부분으로 나뉜다. 식기나 기타 생활용품을 보관하는 찬장이 휴식공간과 부엌을 구분한다. 휴식 공간의 양 끝에는 긴 나무 침상이 있다. 낮에는 여기에서 일하고, 밤에는 잠을 잔다.

페르트에서 항상 찾아볼 수 있는 것 중 하나는 베틀이다. 이것은 벱스인의 전통의상과 밀접한 관련이 있다. 벱스인은 주로 아마로 옷을 지어 입었는데, 아마천을 가공하는 것은 복잡하고 긴 과정을 거쳐야 하기 때문에 모든 농촌 가정에서는 베틀을 두고 있었다. 벱스 여성들은 베틀을 사용하여 옷감, 침구류, 매트 등을 만들었다.

· 가정의례 & 토속신앙

벱스인의 관습은 러시아의 영향을 받아 북부 러시아의 관습과 굉장히 유사하지만, 일부 독특한 민족적인 요소는 여전히 보존되어 있다.

출산과 관련된 벱스 의례와 미신을 소개하자면 다음과 같다. 아이를 임신한 여성은 동물을 때려서도, 고양이를 쓰다듬어서도 안 된다. 특히 숲에서 뱀을 발견하더라도 죽여서는 안 되며, 뱀을 보게 되면 세 번 침을 뱉고 재빨리 그 자리를 피해야 한다. 벱스인은 힘든 육체적인 노동이 빠른 순산을 가능케 한다고 믿었기 때문에 임신 중인 여성에게 편안한 휴식은 좀처럼 주어지지 않는다. 벱스인은 나쁜 눈(evil eye)을 매우 두려워하여, 임신을 하게 되더라도 가까운 사람들에게 말하지 않고 숨겼다. 출산 역시 집이 아닌, 외양간이나 마구간, 혹은 헛간이나 지하실, 아니면 들이나 숲에서 치른다. 출산 후 나쁜 눈으로부터 아기를 보호하기 위해 갓 태어난 아이의 얼굴을 재로 문지른다.

벱스인의 혼례 과정은 정교와 토착신앙의 요소를 모두 담고 있다. 결혼 전 젊은이들은 잔치를 열고 함께 모여 말을 타고 논다. 이때 벱스인은 반드시 '처녀의 목욕탕'을 마련한다. 사람들은 통곡을 하거나 애가를 부르며 신부를 목욕탕으로 들여보낸다. 여기서 신부는 자유로웠던 과거의 자신과 헤어지는 의식을 치른다. 교회에서 결혼식을 올린 신혼부부는 신부의 집으로 간다. 이때 신랑은 신부를 안고 가야하며, 부모는 이콘을 들고 현관 계단에서 이들을 맞이한다. 신혼부부는 이콘

벱스 전통결혼식의 재현 모습[12)]

에 입을 맞추고 부모의 발 앞에 절을 한다. 이때 이들의 머리 위로 닭털을 뿌리는데, 이것은 이들의 행복한 결혼생활과 다산을 기원하는 의식이다. 물질적으로 어려움 없이 풍요로운 삶을 살라는 의미에서 보리를 깃털과 같이 뿌리기도 한다. 신혼부부의 친구가 제일 먼저 집 안으로 들어가는데, 이때 채찍이나 회초리로 문에다 세 번 성호를 긋는다. 그 후에야 신혼부부와 다른 손님들이 집 안으로 들어올 수 있다. 신부는 벽난로를 만지며 자신의 집과 작별인사를 해야 한다. 신랑의 집으로 들어오게 되면 신부는 제일 먼저 그 집의 벽난로로 다가가 그 집에서 살아도 되는지 집의 정령에게 허가와 동의를 구해야 한다.

벱스인의 장례 절차는 크게 통곡을 하거나, 혹은 즐겁고 유쾌하게 고인을 보내는, 굉장히 상반된 두 가지 유형으로 나눌 수 있다. 이는 고인의 생전 유언에 따르며, 후자의 경우 장례뿐만 아니라, 제사(3재, 9재, 20재, 40재, 1년) 때에도 악기를 연주하거나 고인의 애창곡을 부르며 즐겁게 고인을 회상한다. 또 하나 특이한 것은 관을 묘지로 나르는 중 처음 만난 사람에게 파이를 선물한다는 것이다. 이때 고인이 남자일 경우, 수건에 파이를 올리고, 여자일 경우에는 머릿수건에 올려 선물한다.

옛 벱스인은 식물과 동물의 정령을 믿었다. 벱스인은 쓸데없이 나무를 손상시키거나, 가지조차 꺾어서는 안 된다고 믿었을 만큼 나무를 신성시했다. 특히 전나무, 마가목, 노간주나무, 오리나무를 신성하게 여겼으며, 어린아이의 무덤에는 특별히 노간주나무의 묘목을 심기도 했다.

페테르부르크의 원주민, 이조레츠인

명 칭 이조레츠
(Ижорец(단수형), Ижора, Ижорцы(복수형))

인구수 266명

민족구분 핀-위그르계

종 교 러시아 정교

주요 거주지 레닌그라드 주의 서쪽

이조레츠인들은 스스로를 이조리(Ижоры), 카리얄라이세트(Карья-лайсет), 이주리트(Изурит)라고 불렀다. 이들은 인종학적으로 유럽인종 중 백해-발트 그룹에 속한다. 많은 학자들은 이조레츠인들이 기원한 곳을 나르바 강(р. Нарва)과 라도가 호수 사이의 땅, 그리고 그 남부 지역까지 아우르는 영토로 보고 있다. '이조레츠'(복수형은 이조라)라는 이름은 이조라 강(р. Ижора)에서 나왔다. 핀어로는 이조라 강을 인케레(Инкере)라고 하는데, 여기서 발트 해 지역의 핀 민족을 부르는 '인케리' (Инкерь) 또는 '핀-인케리'(Финно-Инкерь)라는 명칭이 생겨났다. 이조레츠인도 인케리라 불렀지만, 엄밀하게 이야기하자면 이조레츠인은 러시아 정교도를, 인케리는 가톨릭 신자를 뜻하는 것이다.

이조레츠어는 핀-위그르어 중 발트-핀 그룹에 속하며 네 개의 방언으로 나눌 수 있다. 이조레츠어는 카렐어와 핀어의 동부 방언과 가깝다. 오랜 러시아화 정책으로 인해 오늘날 대부분의 이조레츠인은 러시아어를 모국어로 여기고 있다.

· 이조레츠인의 기원

과거 많은 학자들은 11-12세기 카렐인과 이즈레츠인이 분리되기 시작했다고 본다. 실제로 일부 이조레츠인은 자신의 민족성을 카렐인으로 정의하기도 한다. 그러나 최근 발견된 유물과 고고학적 자료, 그리고 언어학적 연구 결과에 의하면, 카렐인에서 이조레츠인이 독립되는 과정은 이미 10세기 이전에 이뤄졌다는 주장이 설득력을 얻고 있다. 다른 한 편에서는 이조레츠인이 카렐인에서 분리된 것이 아니라, 여러 발트-핀 종족들과의 오랜 교류를 통해 형성됐다는 주장도 있다.

11세기 말 무렵부터 이조레츠인은 이조라 강 인근 지역으로 이주해 살다가 조금씩 서쪽으로 이동하여 그 지역의 보디인과 부분적으로 동화됐다. 이들이 거주하던 지역을 '이조르스카야 제믈랴'(Ижорская земля, 이조라 땅)라고 불렀는데, 이곳은 오늘날 러시아 제2의 도시 상트페테르부르크가 위치한 곳이다. 12-18세기 이조레츠인의 땅은 '인그리야'(Ингрия), 인게리야(Ингерия) 또는 '인게르만란디야'(Ингерманландия)라고 불렸다. 인게르만란디야, 또는 인게리야라는 말 자체는 본래 이조라 땅을 가리키는 것이었지만, 나르바 강까지 이어지는 서쪽의 보디 땅(Водская земля)과 라도가 호수의 땅을 포함하게 됐다. 즉 인게르만란디야는 이조레츠인과 보디인, 그리고 기타 핀-위그르계 종족들의 전통 거주지를 아우르는 명칭이었다.

소련 시기 마지막으로 시행됐던 1989년 인구조사 결과에 의하면 이조레츠인은 820명으로 천 명이 채 안 됐다. 이조레츠인의 수는 점점 감소하여, 소련 붕괴 이후 러시아에서 처음 이뤄진 2002년 인구조사 결과에 의하면 총 327명이, 2010년 조사에 따르면 266명의 이조레츠인이 러시아에 살고 있는 것으로 나타났다. 현재 이들은 러시아의 레닌그라드 주, 그 지역에서도 핀란드 만과 면하고 있는 지역에 주로 거주한다.

· 역사문화적 특징

러시아 연대기에서 이조레츠인이 처음 언급된 것은 1228년으로, 러시아 땅을 침입해 오던 유럽 민족과의 전투를 서술한 부분에서 자주 등장한다. 그러나 이조레츠인이 노브고로드의 속민이 된 것은 훨씬 이전으로 볼 수 있다. 9세기 말부터 노브고로드가 일멘 호수(озеро Ильмень)에서 라도가 호수까지의 해로를 차지했기 때문이다. 이곳에 거주하던 발트-핀 종족들은 일찍이 노브고로드 공국에 복속되며 공국의 발전에 참여했다고 볼 수 있다.

그러나 13세기 말부터 노브고로드 공국의 힘이 약해지자, 리투아니아인들은 이조라 땅을 탐하게 되었고 이조레츠인으로부터 수차례 조공을 걷어갔다. 15세기 노브고로드 공국은 모스크바 공국에 병합됐고, 이에 따라 이조레츠인도 모스크바 공국에 복속됐다. 이후 이조라 땅으로 러시아인들이 이주하기 시작했으며, 16세기 이 지역에는 이조레츠인에 대한 집중적인 정교 전도를 위해 정교 수도원과 사원이 지어지기 시작했다.

16세기 후반 스웨덴과 러시아 사이의 긴 전쟁이 일어나면서 이조레츠인을 비롯한 러시아 북서부의 작은 민족들은 큰 피해를 입었다. 17세기 초 모스크바 공국에는 '동란의 시기'라 부를만큼 정치사회적 혼란이 계속됐고, 이틈을 타 스웨덴은 이조라 땅, 즉 인게르만란디아를 병합하는 데 성공한다. 이것은 1617년 스톨보프(Столбовский мирный договор) 평화조약으로 공식 인정된다. 이러한 상황은 표트르 대제가 발트 해를 두고 스웨덴과 벌였던 북방전쟁에서 승리하는 1721년까지 계속됐다.

18세기부터 다시 이 지역에 대한 러시아의 통제가 강해졌으며, 더 많은 정교 사원과 수도원, 러시아 학교가 설립됐다. 러시아어를 아는 이조레츠인의 수는 점점 증가했으며 러시아인과의 결혼도 늘어났다. 이조라 땅에서의 러시아화는 계속되어 19세기 말 이조레츠 마을은 러시아 마을과 유사한 모습을 갖추게 됐다.

소비에트 시기 이조라 땅의 일부가 에스토니아로 넘어가게 된다. 1920년 2월 에스토니아의 도시 타르투에서 소련과 에스토니아 간 평화조약이 체결됐으며, 20년간 유효한 새로운 국경이 결정됐다. 이로 인해 루가 강을 기준으로 이조라 땅의 서부 지역은 에스토니아 영토가 됐으며, '에스토니아의 인게르만란디야'(Эстонская Ингерманландия)라고 불리게 됐다. 20년 동안 이 지역의 이조레츠인들은 에스토니아어 교육을 받아야 했으며, 여권상 이름과 성을 에스토니아식으로 바꿔야 했다. 이처럼 이들에 대한 에스토니아화가 집중적으로 이뤄졌다.

소비에트 시기 내내 이조레츠인의 운명은 순탄치 않았다. 이들은 1930년대 소련 전역에서 강행된 집단화에 순응해야 했다. 어업에 종사해 오던 이조레츠인들은 어업집단농장을 꾸려야 했다. 1936년 초 52개의 이조레츠 집단농장이 꾸려졌다. 스탈린 시기 많은 소수민족들이 시베리아와 중앙아시아로 강제유형됐는데, 이조레츠인도 그 중 하나였다. 이조레츠인에 대한 소비에트화 과정은 더욱 집중적으로 이뤄져, 2차세계대전 무렵만 하더라도 많은 이조레츠인들이 러시아어와 이조레츠어, 두 개 언어를 사용할 수 있었으나, 전후 세대는 이미 모국어를 상실하게 됐다.

1980년대 말 소련 내 많은 민족들이 자민족 역사와 문화에 대한 관심을 돌리면서 이조레츠인도 민족 단체를 만들며 전통문화 보전에 힘을 기울이고 있다.

· 전통의복

이들의 전통문화는 러시아와 유사하다. 남성 의상은 러시아인이나 핀인의 의상과 큰 차이가 없다. 이조레츠 남성 의상은 기본적으로 흰색이 바탕이 된다. 흰색이 가장 남자다운 색깔이라고 생각했기 때문이다. 대부분의 이조레츠 남성들은 흰색의 긴 루바하와 흰색의 긴 바지를 입고 다녔지만, 코바시 강(р. Коваши) 기슭의 마을에서는 남자들도 여러 가지 색깔의 직물로 만든 루바하를 입고 다녔다.

루바하의 목 부분에 나 있는 옷깃은 지역에 따라 모양이 다르다. 서부 지역의 경우, 루바하의 옷깃이 살짝 비스듬한 형태로 나 있으며, 북부 지역의 루바하는 똑바른 일자형으로 나 있다. 남성 의상은 집에서 만든 아마천으로 만들어진다. 평상시에는 루바하와 바지만 입고 다니지만, 축제가 되면 천으로 만든 띠를 허리에 두른다. 이 허리띠는 2.5m 정도 되는 길이로, 베틀에서 직접 무늬를 짜 넣는다.

결혼식에 입는 의상은 화려한 장식이 특징이다. 신랑의 어머니는 결혼을 앞둔 아들의 결혼식 의상을 직접 만든다. 결혼식에서 입는 루바하는 아사천으로 만들며 칼라, 소매, 가슴 부분에 화려하게 수를 놓고, 반짝이는 금속 같은 것을 꿰매 넣는다. 그리고 루바하의 옷자락에는 붉은 옥양목 천을 댄다. 결혼식 바지는 가죽으로 만든다. 바지에 파란색 긴 양말과 목이 긴 장화를 신는다. 신랑은 반드시 신랑의 여자 형제가 자수를 놓은 긴 수건을 허리에 매어야 한다. 이 허리띠가 불행으로부터 신랑을 보호해 준다고 믿었기 때문이다. 이때 허리띠의 끝에 있는 자수 부분이 보이게 매야 한다.

이조레츠 남자의 겉옷은 계절에 따라 여러 종류로 나눌 수 있다. 여름용 겉옷은 류유디(Рююди)이다. 류유디는 칼라나 안감이 없는 흰색의 린넨 외투이다. 봄과 가을에 입는 비이타(Виитта)는 나사천으로 만든 외투로 옷자락이 길고 무겁다. 비이타는 보통 흰색이나 파란색 또는 갈색이며, 젊은이들이 입는 비이타는 붉은색이나 파란색 끈으로 장식되어 있다. 이조레츠 남성들은 비이타를 중요하게 여기며 특별히 잘 관리한다. 이조레츠 남성들이 또 하나 특별히 신경쓰는 것은 가죽 장화이다. 이 장화는 무릎까지 올라올 정도로 길다. 이조레츠 남성들은 이 장화를 상당히 아끼기 때문에 특별한 경우에만 신고, 여름 같은 날에는 맨발로 다녔다.

러시아 의상과 큰 차이가 없는 남성 의상과는 달리, 이조레츠 여성 의상에서는 민족적인 특징이 보다 잘 드러난다. 이조레츠 여성 의상 역시 지역마다 그 특징을 달리 한다. 동부에서는 짧은 어깨바대(어깨 부분에 덧댄 조각)가 있는 루바하를 입고, 넓은 가죽 끈을 양 옆구리에 댄 옷을 그 위에 입는다. 반면 루가 강 근처에 사는 서부 이조레츠 여성들은 루바하와 통자 모양의 치마를 입는다. 중부 지역의 여성들은 마포로 만든 루바하인 랴트시냐(Рятсиня)와 어깨 장식이 있는 옷을 입는다. 그렇지만 동부 여성의 옷처럼 어깨 장식이 옷에 붙어 있지 않고 따로 어깨에 걸치는 식으로 착용한다. 랴트시냐의 칼라 부분에는 타원형의 은색 장신구나 진주로 된 브로치를 단다. 또한 여러 색상의 천으로 무늬를 만들어 랴트시나에 꿰매 붙여 장식하고 수를 놓는다.

이조레츠 여성들은 루바하 위에 독특한 치마를 입는다. 그 중의 하나는 '흐루스토드'(Хрустод)이다. 루가 강 하류 사람들은 '후르스투크세트'(Хурстуксет), 소이키노 반도(핀란드만 남쪽)의 이조레츠인들은 '파이다'(Пайда)라고 부른다. 흐루스토드는 크게 세 부분이 이어 붙여진 형태의 치마이다. 앞과 뒷부분은 모직천으로 만들며, 옷의 끝자락 부분에는 흰색 천을 덧댄다. 앞면에는 붉은색과 금색 실을 써서 마름모나 정자(井) 모양으로 수를 놓는다. 그리고 흰색 천으로 앞면과 뒷면을 잇고,

흐루스토드와 카테리드[13)]

그 천 아랫부분에는 자수를 놓는다. 치마 위에 허리띠(푸흐타 Пухта)를 두르고, 카테리드(Kaаттерид)라고 하는 독특한 두 개의 천을 허리띠의 양 옆면에 건다. 카테리드의 폭은 13-15cm 정도, 길이는 60cm 정도 된다. 왼쪽과 오른쪽에 매다는 카테리드는 무늬를 달리 한다. 왼쪽 카테리드는 넓은 붉은색 줄무늬와 좁은 파란색 줄무늬가 특징이다. 여기에 구슬, 동전, 조개껍질 등으로 장식한다. 오른쪽 카테리드에는 말의 머리, 사람, 꽃, 나무 등을 형상화하여 수를 놓는다.

흐루스토드와 함께 중요한 여성 의상은 아누아(Аннуа)이다. 아누아는 두 개의 붙어 있지 않은 넓고 긴 천을 따로 따로 입어 치마 형태를 만드는 일종의 의복 세트라고 할 수 있다. 각각의 천 윗부분에는 길지 않은 어깨끈이 달려 있다. 치마의 왼쪽 부분에 달려 있는 어깨끈은 오른쪽 어깨에 걸치게 되어 있고, 오른쪽 부분에는 왼쪽 어깨끈이 있다. 독특한 모양만큼이나 입는 방법도 복잡하다. 먼저 오른쪽 어깨에 끈을 걸친다. 그 끈에는 왼쪽 옆구리를 가릴 정도의 폭이 비교적 좁은 천이 붙어 있다. 이 부분을 후르수투트(Хурстут)라고 하는데 보통 가로 줄무늬이며 아래 옷자락에는 여러 색깔의 무늬나 천으로 장식되어 있

이조레츠 여성의 전통의상[14)]

다. 후르수투트를 입은 모습을 보자면, 오른쪽 어깨에는 끈이 걸쳐 있지만, 왼쪽 어깨는 드러나 있고 왼쪽 옆구리는 천으로 가려져 있다. 그 다음 왼쪽 어깨 끈을 걸친다. 이 어깨끈에는 몸의 3/4를 가릴 정도의 넓은 천이 아래로 이어진다. 이 천을 아누아라고 한다. 아누아는 반드시 검은색이나 파란색이어야 한다. 평상시에는 아무런 장식 없이 다니지만, 축제나 잔치에는 아누아에 구슬이나 실크, 흰색 유리구슬 등을 매달아 장식한다. 천을 가릴 정도로 많이 장식하기 때문에 치마가 무거워지는 경우도 있다. 여기에 폴레(Полле)라는 앞치마를 두른다. 모직이나 실크로 만드는 폴레는 구슬이나 조개껍질 등으로 화려하게 장식한다.

여성의 모자 역시 동부와 서부에 따라 나눠지는데, 동부 여성들은 머리 뒤에서 옷의 가장자리까지 내려오는 긴 수건과 비슷한 사파노(Саппано)를 쓰며, 서부 이조레츠 여성들은 모자의 양끝이 뿔처럼 생긴 러시아의 소로카(Сорока)를 쓴다.

여성 신발로는 가죽 한 장으로 발을 감싸 끈으로 묶는 포르시니(Поршни)와 가죽 여러 조각을 바느질해 만든 울리기(Улиги)가 있다.

· 전통음식

이조레츠인들은 발효시켜 신 맛이 나는 호밀 빵, 보리나 호밀, 귀리로 만든 죽, 순무, 감자(19세기 후반 이후) 등을 자주 먹었다. 이들은 농업과 함께 어업에 종사해 왔기 때문에, 이들의 식탁에는 청어, 황어 등 다양한 생선도 자주 올랐다. 이들은 술도 직접 담가 먹었으며, 산유, 트보록 같은 유제품도 즐겼다. 전통적인 이조레츠 음식 중에는 전통 의례와 밀접한 관련이 있는 음식들이 많다. 대표적인 음식은 다음과 같다.

이조레츠인들이 오래 전부터 먹었던 음식으로는 리스티레이뱌(Ристилейбя)라는 호밀 빵을 들 수 있다. 이 빵은 '십자가의 빵'이라는 뜻으로, 대제계기(금식기) 중간에 준비하여 부활절에 먹는 음식이다. 리스티레이뱌는 지름이 20cm 되는 빵으로 반죽 가운데에 십자 모양을 내어 굽는다. 이 빵은 부활절에 다 먹지 않고 일부를 5월 6일(구력 4월 23일)에 경축하는 유르기(Юрги, 유리의 날)까지 남겨 두기도 한다. 그렇기 때문에 리스티레이뱌는 '유리의 빵'이라고도 불린다. 유르기는 중요한 이조레츠 축제 중 하나로, 가축을 그해 처음으로 들판으로 보내는 의식을 치른다. 만약 유르기가 되어도 그해 봄이 늦게 찾아와 날씨가 추우면, 소를 한 시간 정도만 들로 내보낸다. 가축이 방목지에서 집으로 돌아오면 가축의 건강을 기원하며 남겨놓은 리스티레이뱌를 가축에게 먹인다.

키우루레이뱌(Киурулейбя) 빵은 루가 강 하류 지역에 거주하는 이조레츠인과 핀인이 봄축제에 먹는 음식이다. 3월 말에 열리는 이 축제는 이름 자체가 '키우루레이뱌'로, '종달새의 날'이라는 뜻이다. 이조레츠인들은 이날 들판에 나가 새들에게 모이를 준다. 북서 지역의 민족은 이 축제가 열리는 날 땅이 열린다고 믿었다. 이날 대지는 오랫동안 덮어 있었던 눈에서 깨어나며, 뱀, 개구리, 벌레가 땅에서 나오고 벌과 곰이 동면에서 깨어나며 새가 날기 시작한다. 이 축제는 정교가 들어오면서 정교의 성모영보 대축일과 결합됐다. 이날이 되면 이조레츠 여성들은 호밀가루에 효모와 기름기가 적은 버터를 넣고 크지 않은 빵을 굽는다. 이 빵에는 12가지의 재료가 들어가야 한다. 일반 물 대신 성수를 써야 하고, 밀가루, 소금, 재 찌꺼기 등을 재료로 사용한다. 만약 빵의 지름이 10-15cm면 키우루레이뱌라고 부르며, 그것보다 작고 더 얇다면 키우루카쿠(Кирукакку, 종달새의 빵)라고 부른다. 이 빵에도 무늬가 들어간다. 집마다 무늬 모양이 다른데, 일반적으로 단순한 십자 모양을 넣기도 해 앞서 봤던 리스티레이뱌와 비슷한 모양을 띤다. 흔치는 않지만 반죽 가운데를 위로 살짝 잡아 당겨 굽는 경우도 있다. 이런 경우, 빵 위에 '새의 부리' 모양이 완성된다. 키우루레이뱌는 집안의 성소에 보관했다가, 종달새가 처음 날아오르는 날 들판으로 가져간다. 이조레츠인들은 빵을 잘게 조각내어 돌 위에 뿌려 놓는다. 이조레츠인들은 새들이 이 빵을 먹고 힘을 내서 아름답게 지저귀고, 그 소리에 눈이 녹아 대지가 깨어난다고 믿었다. 가끔씩 키우루레이뱌를 세 조각으로 나눈 후, 신에게 바치는 의미로 한 조각을 잘게 쪼개 바람에 날려 보낸다. 두 번째 조각은 땅에 뿌리는데, 땅이 곡식을 잘 키우도록 부탁하는 것이다. 세 번째 조각은 종달새를 위해 돌 위에 뿌려 놓는다. 20세기 들어서 이 축제는 아이들을 위한 축제로 변했다. 이른 아침 엄마들은 작은 새 모양의 빵을 굽고, 아이들은 그것을 가지고 나가 노래로 새를 불러 모이를 준다. 그러나 풍년을 기원하는 축제의 의미는 바뀌지 않았다.

이조레츠 결혼식에 준비하는 여러 가지 빵15)

사툴라(Сатула)는 이조레츠의 전통 축제인 라리(Лаари)에 먹는 빵이다. 라리는 말 축제로 8월 중순에 열린다. 사툴라는 '안장'을 뜻한다. 호밀가루로 만든 반죽에 십자 모양을 그려 넣고, 반죽 가운데 달걀을 넣어 굽는다. 빵이 달걀처럼 매끈하고 둥근 모양이 되도록 말 등에 대고 문지른다. 빵은 말에게 주고, 그 안의 달걀은 말을 돌본 사람이 먹는다. 라리에는 말을 부리지 않고 쉬게 한다.

11월 중순에 있는 나스토시야 축제(성 아나스타샤의 날)에는 람마즈레이뱌(Ламмазлейбя)라는 빵을 굽는다. 이조레츠 여성들은 양들을 잘 돌보고 키워야 하는데, 성 나스토시야는 양의 수호자로 이 축제는 여성들을 위한 축제이다. 나스토시야 축제에는 이날을 위해 특별히 키운 양을 잡아 큼직큼직하게 썰어 음식을 준비한다. 양을 위해 특별한 빵을 만드는데, 그것이 람마즈레이뱌이다. 사툴라와 비슷하지만, 안에 달걀이 들어가지 않는다.

결혼식 음식도 빼놓을 수 없다. 러시아의 거의 모든 민족이 결혼식에 크고 둥근 빵인 카라바이(Карабай)를 준비하듯이, 이조레츠인들도 역시 마찬가지로 이조레츠식 카라바이인 쿠펠리레이뱌(Куппээлилейбя)를 준비한다. 쿠펠리레이뱌는 지름 30-40cm가 되는 크고 둥근 빵이다. 일반적인 호밀 빵과는 달리, 쿠펠리레이뱌에는 둥그런 무늬나 작은 웅덩이 같은 것이 여러 개 만들어져 있다. 둥근 무늬는 반죽 위에 컵이나 술잔의 밑받침 등을 사용해 만들고, 손가락을 반죽 위에 눌러 작은 웅덩이 모양을 만든다. 가끔씩 카바라이의 맨 위에 동전을 눌러 담아 굽기도 한다. 구은 다음에 동전을 빼고 나면 그 자리가 움푹 파이는데, 그곳에 달걀을 놓거나 소금종지 그릇을 놓기도 한다. 많은 학자들이 이조레츠 카라바이의 움푹 파인 무늬가 여성의 출산이나 다산과 관련되어 있다고 분석한다. 이러한 무늬는 카라바이 외에도 결혼식에 혼수품을 담는 궤에서도 찾아볼 수 있다.

예비 신부는 카라바이를 만드는 과정에 참여하는데, 이로써 아가씨가 기혼 여성의 그룹에 합류한다는 것을 상징한다. 즉, 카라바이를 만드는 것은 단순히 음식을 준비하는 것이 아니라, 여성의 사회적 신분 변화를 의미하는 하나의 의식인 셈이다. 세 명의 여성들이 카라바이를 만드는데, 독특한 것은 이 여성들이 아들을 첫 번째 자식으로 두고 있어야 한다는 것이다. 카라바이 반죽을 만들고 있을 때 예비 신부도 합류한다. 이때 모인 여성들은 야한 농담 같은 것을 나눈다. 완성된 반죽을 벽난로 안으로 넣을 때, 기혼 여성들은 난로 안으로 반죽을 넣는 삽을 모두 잡고 있어야 한다.

신부의 부모는 신혼부부가 신부의 집을 떠나기 전에 식사를 마련하고, 쿠펠리레이뱌로 축복해 준다. 신혼부부가 신랑의 집에 도착하면 신랑의 부모 역시 쿠펠리레이뱌로 환영해 준다. 결혼식이 끝나면 결혼식에 참석한 모든 사람들이 이 빵을 나눠 먹는다.

· 전통 주거양식

이조레츠인들은 호숫가, 강가, 또는 언덕에 집을 지어 사는 것을 좋아했다. 이조레츠인들은 마을을 구성할 때 계획 없이 짓는 것이 아니라, 넓은 거리를 가운데 두고 양 가에 집을 지었다.

이조레츠 전통가옥의 기본 모양은 러시아 북서 지방에서 흔히 볼 수 있는 통나무 이즈바와 별다를 바 없다. 이조레츠 가옥에는 굴뚝이 따로 없으며, 지붕은 짚으로 덮는다. 지붕의 윗부분에는 지붕이 강한 바닷바람에 날아가지 않게 장대를 얹는다. 지붕의 끝부분에는 새머리를 조각하여 장식하는데, 이것을 하라카트(Харакат)라고 한다.

바닷가에 사는 이조레츠인들은 발트 해에서 불어오는 춥고 강한 바람을 피하기 위해 창을 작게 만드는데, 창문 주변에 다양한 무늬를 파서 장식한다. 창문턱의 위와 아래 부분은 붉은색이나 하늘색 또는 파란색, 옥색이나 초록색, 노란색 또는 흰색으로 칠해준다. 통나무 가옥이 시간이 지남에 따라 검은색으로 바뀌는데, 이와 같은 환한 색상은 집 전체의 색과 대비되며 집 외관을 더욱 아름답게 만든다.

이조레츠 집 내부는 단순하다. 집 내부의 중심은 벽난로이다. 벽난로 옆에는 매우 두꺼운 나무판으로 만든 침대가 붙어 있다. 난로 아래 받침에는 구멍을 장식처럼 여러 개 뚫어 놓는다. 이것은 굴뚝이 따로 없는 이조레츠 전통가옥에서 불을 피울 때 나오는 연기를 배출하기 위함이다. 난로 주변도 칼로 파서 여러 가지 무늬를 새긴다.

이조레츠 전통가옥 안에 있는 가구는 단출한 편이다. 온가족이 모여 앉아 식사하는 큰 테이블, 테이블 옆과 뒤편에 있는 긴 의자, 식기를 놓는 찬장, 요람, 나무로 만든 소파 침대가 전부이다. 이러한 가구는 집안의 가장이 전나무, 소나무, 월귤나무 등을 도끼로 직접 잘라 만들거나, 장인에게 맡긴다. 이중 소파 침대는 다른 민족에게서 볼 수 없는 독특한 요소이다. 소파 침대는 낮에는 의자였다가 밤에는 소파의 앉는

이조레츠 가옥의 모습[16)]

부분을 치워 두 명이 누울만한 넓은 침상이 된다. 이조레츠인의 가구 중에는 옷장이 따로 없다. 이조레츠인들은 모든 옷이나 직물 등은 큰 나무통인 '푸이네'(Пуйне)에 담아둔다.

푸이네의 모습17)

이조레츠인이 사는 지역에는 돌이 많기 때문에 돌로 만든 건축물(집, 보조건물 등)이 많다. 특히 루가 강 하류 지방의 사람들은 크고 둥근 돌과 석회를 섞어 건축자재로 사용했다. 돌로 만든 가옥들은 대부분 크기가 커서 마치 요새를 보는 듯한 인상을 주기도 한다. 석조 가옥은 목조 가옥에서는 볼 수 없는 아름다움을 지닌다. 이조레츠인들은 초록색, 붉은색, 회색 등 다양한 색깔의 돌을 골라서 자재로 사용했으며, 여기에 흰색의 석회, 반짝이면서도 어두운 화강암 조각까지 더해지면서 아름다운 가옥이 완성된다.

이조레츠 농가에는 사람들이 생활하는 주거공간 외에도 경제활동과 관련된 공간이 여러 개 있다. 이조레츠인들은 땅을 갈고 강가나 바닷가에서 고기를 낚았기 때문에, 농기구나 낚시 도구 등을 보관하는 창고가 있다. 집주인은 자신의 물건들, 예를 들면 농기구, 생활도구, 작은 배 등에 자신의 소유임을 나타내는 표시를 한다. 오늘날의 사인처럼 각 농가의 주인은 자신만의 표식을 가지고 있으며, 한 마을에 똑같은 표식이 있어서는 안 된다. 자식들은 아버지의 표식을 물려받지 않고 자신의 새로운 표식을 고안해 낸다. 이러한 표식은 오래 전부터 공식 서류의 사인처럼 사용되어 오기도 했다.

· 토속신앙

이조레츠 사회에서는 나무를 숭상하는 관습이 오랫동안 남아 있었다. 특히 이들은 오래 전부터 소나무를 숭상해 왔으며, 각 마을마다 성스러운 소나무가 있다. 이조레츠인-보통 나이 많은 여성들-은 성스러운 소나무에 음식을 바친다. 이들은 나무에 틈이 생겨 속이 비어있는 곳을 찾아 그곳에 달걀을 놓고, 빵이나 과자를 잘게 부서서 나무 주변에 뿌린다. 그후 나무에 손을 대고 절을 하고 기도한다. 정교의 영향으로 나무에 절을 하고 십자가를 그리기도 한다. 제에 올리는 음식은 다양하다. 어떤 사람들은 집에서 만든 술이나 와인, 또는 차를 가지고 가서, 나무에 절을 하고 술을 땅에 뿌린 후 가족의 안녕과 건강을 기원한다. 이조레츠 여성들은 집안일이 잘 안 풀리거나 집안의 누군가가 아프면, 혹은 제삿날이 됐으나 묘지까지 갈 여유가 없을 때 성스러운 나무를 찾아 제를 올린다. 마을 사람들이 함께 모시는 나무가 있으며, 개인이나 한 가족이 섬기는 나무(코디푸우 Кодипуу)도 있다.

이조레츠인들은 새도 숭상한다. 이들이 나무 중에서 특히 소나무를 성스럽게 여겼다면, 새 중에서는 종달새와 제비를 신성한 새로 생각했다. 이조레츠 신화에 따르면 이 세상은 새(제비)의 알에서 탄생했다. 이조레츠 민담 중에는 황금알을 갖다 주는 제비 이야기도 있다. 이조레츠 전통음식에서 이미 언급했듯이, 종달새 역시 특별한 의미를 갖는다. 이조레츠인들은 종달새가 처음 둥지를 만들기 시작할 때 '종달새의 날'을 즐긴다. 이조레츠 여성들은 가을에 날아가는 백조의 울음소리가 들리면 집에서 나와 함께 모여 새에 대한 노래를 불러 환송한다. 만약 새를 이렇게 환송하지 않으면 그 새들이 다시는 돌아오지 않는다고 믿었다.

이조레츠인들은 땅의 정령, 물의 정령 등 여러 영혼과 정령의 존재를 믿었다. 이러한 영혼을 '할티아즈'(Халтиаз)라고 하는데, 이조레츠인들은 할티아즈가 사람과 가까이 살수록 착한 할티아즈라고 믿었다. 인간과 가장 멀리 떨어져 있는 영혼은 아주 위험하며, 행여 그러한 영혼을 만나게 되면 불행이나 죽음이 찾아온다고 믿었다.

할티아즈는 집 내부에도 있다. 예를 들면, 집의 정령, 화덕 정령, 집주인 수호요정, 목욕탕 정령, 헛간의 정령 등이 있다. 집의 정령인 코디할티아즈(Кодихалтиаз) 또는 마아할티아즈(Маахалтиаз)는 집 안, 특히 벽난로 아래에 살며 집안을 돌본다. 만약 집이 불에 타버리는 일이 발생하면 코디할티아즈는 슬퍼하며 우는데, 이 조용한 울음소리는 모든 사람에게 들린다. 코디할티아즈를 본 적이 있다는 사람들의 이야기(대부분 민담)에 따르면 코디할티아즈는 작은 고양이나 뱀, 또는 두꺼비의 모습을 한다. 또는 작은 체구의 인간이나 아이들을 데리고 있는 여자였다는 이야기도 전해 내려온다. 코디할티아즈는 욕설을 참지 못한다. 그렇기 때문에 집안에서 누가 욕을 하면 코디할티아즈는 그 집을 떠나는데, 코디할티아즈가 집을 떠나면 집안의 상황이 안 좋아진다. 코디할티아즈는 벽난로 아래에 살기 때문에 신랑의 집으로 들어온 새색시는 자신이 직접 수를 놓은 허리띠를 난로에 있는 불안으로 던져야 한다. 코디할티아즈에게 바치는 선물인 셈이다. 허리띠 대신 돈을 던지기도 한다. 또한 제물의 의미로 죽은 동물의 피를 벽난로의 입구에 바르는 관습도 있다.

금발의 아름다운 민족, 보디인

명 칭	보디(Водь(단수형), Водь, Вожане(복수형))
인구수	64명
민족구분	핀-위그르계
종 교	러시아 정교
주요 거주지	레닌그라드 주의 서쪽

보디인은 러시아 레닌그라드 주의 북서쪽에 살고 있는 핀-위그르계 민족이다. 고대 러시아인, 정확히는 노브고로드인은 11세기부터 14세기까지 노브고로드의 볼호프 강(р. Волхов)과 발트 해가 수원지인 루가 강(р. Луга) 사이에 거주하는 비슬라브계 민족을 보디인, 혹은 보잔인(Вожане)이라고 지칭했다. 보디인은 스스로를 '바댜'(Ваддя), '바디얄라이제트'(Вадьялайзет)라고 불렀다.

모든 민족의 기원이 그렇듯이, 보디인의 기원 역시 확실치 않으며 이에 대한 많은 학자들의 논쟁이 존재해 왔다. 어떤 학자들은 보디어가 에스토니아어의 한 방언인 점을 들어 보디인을 고대 에스토니아인의 후손이라고 보는 반면, 다른 학자들은 보디인을 독립적인 고대 민족이라고 주장한다.

사실상 보디인을 다른 발트-핀 민족들과 구별하기는 굉장히 힘들다. 보디인을 포함한 모든 발트-핀 민족들이 동발트형 인종에 속해 있기 때문이다. 그렇지만 보디인이 가지고 있는 가장 뚜렷한 인종학적인 특징으로는 머리카락의 색을 들 수 있다. 세계에서 가장 밝은 머리색을 가진 민족이 보디인이라고 해도 과언이 아닐 만큼 보디인은 굉장히 밝은 머리색을 가지고 있다. 보디인의 약 80% 정도가 눈처럼 하얗거나 아주 환한 금발이다. 어릴 때는 머리색이 더 밝은데, 나이가 들면서 머리색이 조금씩 어두워진다고 한다. 보디인을 연구해 왔던 학자들은 보디인의 외모가 유독 뛰어나다고 입을 모아 이야기했다. 18세기 러시아 학자 표도르 투만스키(Федор Туманский)는 보디 여성들이 아름답고 유쾌한 눈매와 크고 푸른 눈을 가지고 있다고 묘사했으며, 핀란드 역사학자인 포르탄(Портан)은 보디 여성들이 러시아나 핀란드 여성에 비해 훨씬 아름답다고 이야기했다. 이것은 보디인을 관찰해 온 사람들의 주관적인 의견에 불과하지만, 많은 사람들이 보디인의 아름다움을 인정한 것만은 분명한 듯하다.

언어의 경우 이웃 민족들과 언어학적 뿌리를 함께 한다. 보디어는 에스토니아어처럼 발트-핀 언어 중 남부 그룹에 속해 있다. 보디어는 에스토니아어의 북동 방언과 가까우면서, 일부 방언에서는 이조레츠어의 흔적도 많이 발견할 수 있다.

보디인은 발트 해 연안에 사는 민족 중 가장 규모가 작다. 2002년 러시아연방 인구조사에 의하면, 러시아 보디인의 수는 73명이었고, 2010년에는 그 수가 더 줄어들어 64명으로 나타났다. 이들은 주로 러시아 북서 지역의 레닌그라드 주에 거주하는데, 그중에서도 발트 해와 가까운 서쪽 가장자리에 위치한 킨키셉(Кингисепп) 지역의 니즈니에 루지치 마을(д. Нижние Лужицы)에 거주하고 있다.

보디 소년소녀들[18)]

· 역사문화적 특징

보디인은 노브고로드 공국의 땅에서도 가장 북서 끄트머리 지역에 살았다. 러시아 사료에서 보디인의 역사나 기원에 대한 서술은 거의 찾아보기 힘들다. 고대 노브고로드와의 전투 정도만 언급되어 있을 뿐이다. 노브고로드 공국은 주변 지역, 즉, 러시아 북서부의 비슬라브계 종족들을 정복하고 그들에게 조공을 요구했는데, 1069년 보디인은 폴로츠크 공작과 손을 잡고 노브고로드에 저항한 바 있다.

그렇지만 13세기 보디인은 노브고로드 공국의 속민이 된다. 노브고로드 연대기는 "1240-1241년 독일인이 보디인과 추디인을 공격하여 조공을 요구했으며, 코포리에 마을(Копорье погост)은 파괴됐다"라고 서술하고 있다. 코포리에는 보디인이 밀집하여 거주했던 촌락이다. 독일인의 공격에 대응하고자 그 유명한 알렉산드르 넵스키는 이곳에 요새를 만들었으며, 이후 이곳은 보디인의 군사-행정 중심지가 된다.

러시아인들은 보디인의 지역을 '보드스카야 제믈랴'(보디 땅, Водская земля)라고 불렀으며, 14세기 초반 러시아 사료에서 이 명칭이 처음 등장한다. 보드스카야 제믈랴는 오늘날 러시아 북서부에서도 서쪽 끝을 가리킨다. 북쪽으로는 핀란드만과 면하고 있는 지역으로 지금은 레닌그라드 주에 속해 있다. 리보니아에서는 노브고로드의 북서부 모든 지역을 와틀란드(Watland)라고 불렀다. 여기서 보디인을 지칭했던 다른 말인 '바틀란데츠'(Ватландец)가 생겨났다.

14세기 후반부터 보디인이 거주하는 지역에도 '얌'(Ям)이라고 불렸던 요새도시와 수도원이 세워졌다. '얌'이라는 요새도시는 1384년 노브고로드 귀족인 이반 표도로비치(Иван Фёдорович)가 세운 것으로, 1703년부터 1922년까지 '얌부르크'(Ямбург)라는 이름으로 불렸다. 이후 발트 삼국 중 에스토니아 출신 사회주의 혁명가인 빅토르 킨기셉(Виктор

Кингисепп)의 이름을 따라 '킨기셉'으로 다시 바뀌었으며, 오늘날까지 유지되고 있다.

1478년 노브고로드 공국이 모스크바 공국(이반 3세 시기)에 복속되면서, 보디인의 거주 지역을 포함한 노브고로드의 땅이 모스크바 공국으로 편입된다. 당시 행정체계에 따라 노브고로드 땅은 '퍄티나'(Пятина)라는 행정구역으로 나뉘게 됐고, 보드스카야 제믈랴 역시 '보드스카야 퍄티나'(Водская пятина)로 명칭이 바뀌게 된다. 그러나 이때 보드스카야 퍄티냐는 본래의 보디인 영토를 벗어나 카렐리야 땅까지 포함한 것이었다. 1617년 러시아 북서부가 스웨덴으로 잠시 넘어가면서 '보디 땅'이라는 명칭은 사라지고, '인게르만란디야'(Ингерманландия)라는 이름으로 불리기도 했다. 인게르만란디야, 또는 인게리야는 12-18세기까지 북유럽 국가에서 나르바 강까지 이어지는 서쪽의 보디 땅과 라도가 호수까지 이어지는 동쪽의 이조라 땅(이조레츠인)을 통틀어 일컫는 말이었다.

보디인은 이웃 발트 국가들로부터 가톨릭을 받아들이고 그 문화에 동화될 수 있었지만, 정교도가 되었다. 모스크바 공국으로의 편입 후 보디인의 거주지는 점차 경제적으로 성장하게 됐고, 인구 역시 증가하게 됐다. 이 지역의 경제성장은 무엇보다도 풍부한 광석 덕분이었다. 이로 인해 이 지역에는 뛰어난 기술을 가진 대장장이들이 많이 모이게 되었으며, 질 좋은 철제 상품들을 생산해 냈다. 그러나 이러한 성장도 16세기 말부터 위기를 맞이하게 되며 보디인이 거주하는 지역 반경도 좁아졌다. 이는 인구수에도 영향을 미쳤는데, 1847년의 한 조사에 의하면 당시 보디인의 수는 5,148명이었다. 1913년 경 보디인의 수는 천 명 이내로 줄어들었으며, 1927년 무렵에는 오백 명 남짓할 정도로 인구수가 대폭 감소했다. 그 수는 오늘날 100명 이하로 줄어들면서, 보디인은 소멸 위기에 놓여 있다.

· 전통의복

보디인의 남성 전통의상은 이웃 핀 계열 민족이나 러시아인의 의복과 유사하다. 겨울에는 모피외투를, 여름에는 아마로 만든 겉옷을, 가을에는 나사천으로 만든 카프탄을 입는다. 이웃 민족과 다른 점은 남성 모자에서 찾을 수 있다. 보디 남성의 모자는 윗부분이 붉은 천으로 되어 있고, 가장자리는 모피로 장식되어 있다.

보디 여성 의상의 가장 큰 특징은 다양한 금속 장식이다. 방울과 둥글게 오린 여러 장식들로 복잡하게 얽힌 체인을 옷핀으로 상의에 꽂아 장식하며, 작은 금속판, 동으로 만든 구슬들을 옷에 매달아 놓는다. 가끔씩 그 장식이 너무 많아 옷의 가슴 부분을 다 가리기도 한다. 사실 이러한 장식은 과거 발트 연안의 동부와 핀란드에서 흔히 볼 수 있었던 것이었지만, 그 지역에서는 19세기 이전에 이미 대부분 사라졌던 반면, 보디인 의상에서는 19세기까지도 이런 요소가 많이 남아 있었다. 즉 보디인의 전통의상은 핀 민족 의상의 원형을 오랫동안 보존하고 있었다고 할 수 있다.

보디 여성 의상은 옷에 따라 여성의 연령을 가늠해 볼 수 있다. 보디 여성 의상은 소녀, 젊은 여성, 중년 여성, 그리고 할머니, 이렇게 네 개의 그룹으로 나눌 수 있다. 미혼과 기혼의 구분이 아닌, 연령별로 자세하게 의복을 구분하는 것은 이웃 민족에서도 볼 수 없는 보디인만의 특징이다. 나이에 상관없이 보디 여성들은 거친 아마천으로 만든 긴 셔츠에 청색 나사천으로 만든 앞치마를 두른다. 앞치마는 약 35cm 정도의 길이이며, 가장자리에는 조가비나 동전, 우리나라의 엽전같이 생긴 주조물을 실에 달아 장식한다. 같은 길이의 붉은 천으로 가장자리를 장식하기도 하는데, 이것을 코스테나(Kostenna)라고 한다. 보디 여성들은 반지, 팔찌 등 다양한 장신구를 좋아했는데, 독특하게도 크고 동그란 은귀걸이를 거위 깃털과 함께 장식하여 귀에 건다.

전통의상을 입은 보디 여성들[19)]

소녀와 젊은 여성들이 입는 옷은 색상이 좀 더 화려하다. 나사천과 소모사(양모의 한 종류)로 만든 다양한 색상의 옷을 입었으며, 여기에 동이나 주석 등 다양한 금속으로 장식한다. 앞서 보았듯이, 이러한 장식품의 수는 꽤 많아 여성이 움직일 때마다 다양한 소리를 낸다. 보디 여성들은 '퍄야시에'(Пяясиэ)라고 하는 둥근 모자를 쓴다. 미혼 여성의 퍄야시에는 구슬, 금속판, 그리고 하얀색 자패(조개의 한 종류)로 장식된다. 이때, 자패는 나쁜 영혼으로부터 여성을 보호하는 부적의 역할을 한다고 믿었다.

기혼 중년 여성들은 결혼하고 2년이 지나면 미혼 여성들이 쓰는 흰색의 퍄야시에를 노란색의 구슬로 장식한 붉은 나사천 모자로 바꿔 쓴다. 다른 세부적인 요소는 젊은 여성의 옷과 동일하나, 청색 앞치마와 짧은 상의 외투는 구슬, 돌, 방울로 장식하지 않는다. 노인의 옷에는 아무런 장식이 없다. 노년층의 보디 여성들은 장신구 역시 간단한 귀걸이와 십자가가 달린 구슬 목걸이 외에는 하지 않는다. 이들은 린넨으로 만든 흰색 모자인 '파이카스'(Пайкас)를 쓰는데, 파이카스 위에 하얀색의 덮개로 씌워 묶는 방식으로 착용한다. 노년 여성들의 치마 역시 단순한 흰색 천으로, 여기에 허리띠를 하기도 한다. 그러나 나이가 어린 여성들이 하는 앞치마는 하지 않는다.

여성들은 결혼 전까지 머리카락을 자르지 않을 뿐만 아니라, 러시아 여성들처럼 머리를 땋지 않고 늘어뜨린다. 결혼 후에는 머리를 자르고 길고 하얀 스카프나 손수건으로 머리를 가린다. 이것을 '쿠카'(Kukka)라고 한다.

보디 여성들은 긴 양말을 신는 대신 붉은 나사천을 네다섯 번 다리에 감는다. 여기에 역시 붉은 나사천으로 만든 쿠르푸세트(Kurpuset)라는 신발을 신는다. 이 신발은 복사뼈를 감쌀 정도로 올라오는 반장화 형태이다.

· 전통음식

주변의 숲과 강, 바다는 보디인의 식생활에 큰 영향을 미쳤다. 보디인은 별다른 기술 없이 음식을 조리하여 재료 본연의 맛을 느낄 수 있도록 한다.

가장 오래된 음식은 빵, 수프, 죽이며, 19세기 중반부터는 감자가 보디인의 식탁에서 중요한 자리를 차지하게 됐다. 호밀 빵은 발효하여 러시아식 난로에서 굽는다. 한 번 구울 때마다 일주일동안 충분히 먹을 수 있는 양을 한꺼번에 굽는다. 카라바이는 둥글거나 타원형이고, 4-4.8kg까지 나갈 정도로 크다. 집안에 있는 곡물이 떨어지면 밀가루를 아끼기 위해 이기거나 잘게 자른 백목질(나무껍질 바로 밑의 하얗고 연한 부분)을 밀가루에 더해 요리한다. 호밀은 빵뿐만 아니라, 다양한 요리에 사용된다. 보디인들은 여러 종류의 파이를 구웠는데, 반죽 안에 속(양배추, 트보록, 생선, 버섯, 감자 등)을 넣은 파이인 피라가드(Пиирагад)와 반죽 위에 여러 가지 재료를 얹은 바트루시카트(Ватрушкат)가 있다. 니즈니에 루지치 마을에서는 신선한 양배추와 청어가 두 겹으로 들어간 독특한 파이를 만든다. 이 파이는 다른 지역의 보디인들은 만들지 않는다.

빵이나 파이 외에도 호밀로 얇고 넓은 빵인 차멜-카코(Чаммэль-какко)를 굽는다. 차멜-카코는 난로 안에서 굽는 것이 아니라, 팬에서 굽는다. 호밀로 만든 빵으로는 '십자가 빵'이라고도 하는 십자가 모양이 들어간 리시레이퍄(Риссилейпя) 또는 리스티카코(Ристикакко)도 있다. 어떤 지방에서는 달걀을 사용하기도 하고, 어떤 지방에서는 사용하지 않는다. 보디인들은 이 빵이 뭔가 신비한 힘을 가지고 있다고 생각했기 때문에, 이 빵을 바로 먹지 않고 '위기의' 상황까지 보관해 둔다. 여기서 위급한 상황은 '성 유리의 날'에 맞춰 가축을 처음 들판으로 내보내는 날이거나, 첫 개간, 혹은 멀고 험한 길을 떠나기 전을 뜻한다.

결혼식에 쓰이는 둥근 빵인 '쿠르시'(Курси) 역시 호밀 반죽으로 만든다. 또한 금식기에 먹는 빵인 세멘카코(Сээменкакко)는 호밀에 대마 기름을 넣어서 굽거나, 호밀 반죽에 빻은 대마 씨를 넣어서 만든다. 귀리와 엿기름을 섞어 만든 젤리와 같은 쿠라가(Курага)에도 호밀이 사용된다. 쿠라가는 두 종류가 있는데, 산열매가 들어간 쿠라가는 마리카시(Марикаш), 산열매가 없는 쿠라가는 먀흐챠(Мяхчя)라 부른다. 그렇지만 보디인들이 호밀로 만든 음식만 먹었던 것은 아니다. 보리, 귀리 등으로 다양한 빵과 죽을 끓여 먹었다.

보디인들이 식사할 때 집안의 가장이나 가장 나이가 많은 남성이 빵을 잘라 가족에게 나눠 준다면, 수프는 여자가 나눠 준다. 신선한 양배추와 발효시켜 시큼한 양배추로 러시아의 시와 같은 '로카'(Рокка)라는 수프를 끓여 먹는다. 보디인들은 생선을 넣은 칼라수피(Каласуппи)도 자주 끓여 먹는다. 보디인들은 생선을 많이 먹는 편인데, 생선을 건조하거나 염장하여 먹고, 물이나 우유에 삶거나 쪄서 먹기도 한다.

반면, 육류는 자주 먹지 않는 편이다. 고기는 일요일이나 잔치, 또는 힘든 노동을 앞두고 먹는다. 보디인이 고기를 저장하는 방법은 독특하다. 가을에 고기를 나무통에 넣어 소금을 쳐서 보관하여, 봄에 그 고기를 꺼내 긴 장대에 꽂아 지붕 아래에서 말린다. 말린 고기는 다시 깨끗한 나무통에 넣어 보관한다. 잔치 때에는 돼지나 소의 다리나 머리고기를 삶아 일종의 묵편인 스튜덴(Стюудень)을 만든다. 에스토니아인이나 핀인과 달리 보디인들은 소시지를 만들 때 동물의 피를 사용하지 않는다. 보디인들은 동물 창자에 보리죽과 소금을 친 살로를 넣어 소시지를 만든다.

보디인들은 유제품을 좋아하는데, 신선한 우유는 아이들만 마시며, 어른들은 산유를 마신다. 보디인들은 집에서 트보록과 치즈, 버터를 직접 만들어 먹는다.

보디인들은 차를 재배했는데, 이 차는 이들의 주요 거주지 이름을 따서 '카포리 차'(Капорский чай)라고 불렸다. 제정 러시아 시기에는 비싼 중국차 대신 카포리 차가 러시아 서부에서 큰 인기를 얻게 되었고, 덴마크와 영국까지 수출하게 됐다. 보디인들은 이반-차(Иван-чай)라고 하는 품종에서 찻잎을 따서 가볍게 말린다. 이때 태양 아래서 찻잎을 말리는 것이 아니라, 바람이 잘 통하는 다락방 같은 곳에서 말린다. 24시간 정도 이렇게 말린 찻잎은 완전히 건조되지 않고 습기가 남아있는데, 이것을 손바닥 사이에 놓고 어두운 색이 날 때까지 비빈다. 이것을 항아리나 무쇠그릇에 넣은 후 젖은 수건으로 덮어 둔 후 반나절동안 따뜻한 곳에 둔다. 그 후 찻잎을 잘라 오븐에서 말린다. 그러면 부드럽고 과일향이 살짝 나는 차가 완성된다.

잔치나 축제에는 술(일루트 Ылут)을 즐긴다. 술은 오래 전부터 고대 의식에 동반되어 왔다. 보디인들은 보리, 귀리, 또는 호밀을 2주 동안 발아시킨 후, 오븐 안에서 말리고 나서 뜨거운 물을 부어 오븐 위에 둔다. 여기에 호프, 효모(누룩)를 놓고 발효시킨다. 이후에 여과하여 술을 만들고, 남은 찌꺼기로는 크바스인 타리(Таари)를 만든다. 보디인들은 타리를 풀베기나 수확할 때 새참처럼 가지고 나간다.

· 전통 주거양식

보디인 마을은 보통 호수나 강을 끼고 있는 언덕에 지어진다. 집은 크고 둥근 돌이나 석회 평판 등을 기반으로 삼고 그 위에 만들어진다. 보디인들이 살았던 지역에는 돌이 많았기 때문에 주변에서 쉽게 구할 수 있는 크고 둥근 돌을 가옥이나 가축우리를 만드는 데 활용했다. 러시아의 다른 지역에서 나무를 주요 건축자재로 사용했던 것과 비교해 볼 때 매우 독특한 점이라 할 수 있겠다. 이와 같은 다양한 색깔의 돌, 화강암 조각과 석회를 섞어 골조와 벽을 만들며, 붉은 벽돌로는 창문이나 현관을 에워싸고 짚으로는 지붕을 덮는다. 다양한 색상과 각기 다른 재질의 재료를 사용했기 때문에 보디인의 집은 그림과 같은 아름다운 모습을 띤다.

보디인의 전통 가옥은 '리가'(Рига)라고 한다. 여기서 방을 뜻하는 '리히'(Рихи)라는 보디 단어가 나왔다. 네 면의 지붕과 크지 않은 삼각형 모양의 박공이 특징이다. 사람들이 거주하는 공간과 곡물 건조장, 동물우리가 한 지붕 아래 위치한다. 집 외벽에는 장미, 꽃봉오리, 나뭇잎, 꽃병 등 다양한 모양과 무늬를 새겨 넣거나 그려 넣는다.

집 내부는 손님을 위한 공간과 가족을 위한 공간으로 나눠볼 수 있다. 현관 옆의 공간은 소위 손님을 '선정'하는 곳으로, 그곳을 지나 집안의 내부로 들어가기 위해서는 집주인의 허락을 받아야 한다. 별로 중요하지 않은 손님들은 그 공간에서 머물며, 친인척이나 중요한 인물(보통 남자들)은 입구와 맞은 편 안쪽으로 모신다.

리가 안에서 가족들이 모여 식사하는 큰 테이블은 상황에 따라 놓이는 위치가 달라진다. 평상시나 장례식, 제사가 있을 경우 테이블은 집 벽을 따라 세워져 있는 긴 벤치(나무침상)의 끝에 위치한다. 반면 결혼식 때는 제일 안쪽에 있는 벤치 앞에 놓는다. 남성들이 이 식탁에 앉아 식사를 하며, 여성들은 난로(화덕) 근처에서 밥을 먹는다. 밥 먹는 순서도 정해져 있는데, 남자가 먼저 식사를 하고 그 다음에는 여성, 마지막에는 아이들이 식사를 한다. 가끔씩 아이들이 바닥에 앉아 식사를 하기도 하는데, 이때 반드시 식탁보를 깔아준다. 보디인에게서 식탁보는 중요한 의식적인 의미를 갖는다. 식탁보 또는 깔개는 살아있는 사람들의 세계와 망자들이 사는 지하 세계를 나누는 역할을 하는 것으로, 식탁보 없이 식사하는 것은 금지되어 있다. 식탁보 없이 식사를 하게 되면 망자의 세계에 머물던 질병들이 살아있는 사람에게 옮겨 온다고 믿었다. 축제나 잔치 때 쓰는 식탁보는 반드시 붉은색 자수로 장식해야 한다. 붉은색이 식탁보의 마법적인 힘을 더 강하게 한다고 믿었기 때문이다.

리가에도 러시아 이즈바에서 볼 수 있는 성소가 있다. 성소의 위치도 러시아 이즈바와 유사하다. 난로에서 대각선 방향 구석에 있는 '유말란누르크'(Юмаланурк 또는 유말란누르카 Юмаланурка)는 '신의 구석'(Божий угол), '신의 장소'라는 뜻이다. 유말라누르크에는 '콜로'(Коло)라는 특별한 벽장이 있는데, 그 안에 이콘을 보관하며 부활절 계란, 삼위일체의 날에 쓰는 자작나무 가지 등을 둔다. 만약 제사 때 어떤 특별한 이유로 집 주인이 묘지에 가지 못할 경우, 제사 음식을 '콜로'에 두기도 한다. 즉, 콜로는 성물을 보관하는 또 다른 성스러운 장소인 셈이다.

· 전통의례

보디인의 결혼식과 장례 의식은 일반적인 유럽 관습과 다르다. 고대 보디인들은 이른 나이에 결혼했다. 남성의 경우 15세에, 여성의 경우는 14세에 결혼하는 것이 일반적이었다. 보디인의 혼례 중 흥미로운 것은 결혼이 성사되기까지 부모의 동의나 개입이 필요치 않다는 것이다. 일반적으로 러시아인이나 다른 민족의 경우, 결혼 당사자의 의견이나 사랑보다는 양가 부모의 합의가 중요하다는 점을 상기해 볼 때 보디인의 결혼 풍습은 독특하다고 할 수 있다.

젊은 보디 남성은 신부로 맞이하고 싶은 여성을 5주에서 반년까지 자신의 집에 둔다. 그 기간 동안 그 여성을 사랑하게 되면 이들은 약혼을 하며, 아닌 경우 아가씨를 집으로 보내버린다. 이러한 일종의 '시험적 결혼'은 과거 유럽의 일부 민족에게서도 볼 수 있는 관습이었다.

청년은 결혼을 하고 싶으면 쿰(Кум, 성직자)에게 가서 마음에 두고 있는 여자와 결혼을 해도 될지 물어본다. 만약 긍정적인 답을 받을 경우, 자신의 부모나 미래의 장인, 장모에게 알리지 않고 직접 여성에게 청혼한다. 다른 민족에게서 결혼 전 중매쟁이의 역할이 중요한 데 반해, 보디인들은 결혼 당사자들 간의 합의가 먼저였으며, 예비 신랑과 신부가 결혼하기로 결정을 한 후에야 부모에게 알린다.

그렇다고 보디인 사회에서 중매쟁이가 없는 것은 아니었다. 보통 신랑의 가까운 친인척이 중매쟁이 역할을 한다. 중매쟁이는 신부를 위해 귀걸이, 허리띠, 돈, 장인에게는 손수건, 장모에게는 할머니들이 쓰는 모자, 손님들에게는 담배를 신랑에게서 받아 전달한다. 이로써 약혼이 성사되는데, 자신의 딸이 약혼한 사실을 알게 되면, 어머니는 집안에 소동을 피우며 장래의 사위가 딸의 머리를 자를 때까지 딸의 땋은 머리를 붙잡고 놓지 않는다. 예비 신랑이 머리를 자르면, 신부의 어머니가 그 머리카락을 신랑에게 주고 결혼을 허락한다.

이후 신랑의 집으로 돌아오면, 신랑의 여자형제 또는 미혼 여성이 신부를 맞이한다. 이 여성은 신부를 집안으로 들이고는 문의 오른편에 서게 하고, 자신은 왼편에 선다. 신혼부부는 해가 질 때까지 계속 서로에게 인사를 해야 한다. 이는 많은 에너지를 요하는데, 신부가 지쳐 기절하면 집안의 여자들은 신부를 들고 침실에 누인다. 이후 남편이 들어와 침대를 '사는' 행위를 한다. 이것은 마치 우리나라 함 문화와 비슷한데, 남편이 신부가 누워있는 침대를 차지하기 위해서는 신부를 침실까지 들고 온 집안의 여성들에게 작은 선물을 주어야 한다.

이후 신혼부부는 손님들과 합류하여 백파이프 연주에 맞춰 춤을 춘다. 신혼부부가 포도주 잔을 채워 쟁반 위에 놓은 후, 그것을 들고 손님들 사이를 오가며 술을 권한다. 손님들은 신혼부부가 권하는 술을 다 마시고 쟁반에 돈을 놓는다. 손님이 술을 끝까지 다 비우지 않고 돈을 놓지 않으면, 그 사람은 피로연을 떠날 수 없다. 피로연은 보통 이틀간 계속되며, 손님이 떠날 때는 신부에게 루바하와 닭을 선물한다.

출산의 경우, 일반적으로 목욕탕에서 이뤄진다. 신생아를 위해 샤만을 불러 아이의 이름을 짓는다. 그 후에야 교회에 가서 세례를 받는다. 보디 토속신앙이 정교와 결합된 것이다. 쿰은 아이에게 십자가를 선물하며 아이의 부모에게서 바지를 선물받는다. 아이의 아버지는 대모에게 빨간 장화를 선물하며, 대모에게는 돈을 선물한다. 만약 아이가 첫째라면, 아이의 엄마는 시아버지에게 바지를, 시어머니에게는 장화를 선물한다.

장례의 경우, 자연과 함께 하는 보디인의 관습을 알 수 있다. 고대 민족들이 그러하듯이, 보디인들도 주변에서 흔히 볼 수 있는 자연을 성스러운 대상으로 봤다. 보디인은 나무(특히 참나무)와 샘을 숭배했다. 장례식 후 고인은 성스러운 숲인 콜라미스토(Kolamisto)에 묻는다. 무덤에는 큰 돌을 세우고, 미리 준비해 간 음식(보드카, 버터, 메밀로 만든 빵, 파이, 양배추 절임 등)을 올리며, 약 30분간 만가를 부른다. 집으로 돌아올 때에는 남은 음식을 가져와 돈과 함께 장례를 치르는 데 도와준 성직자에게 선물한다.

툰드라의 사람들, 사미인

명 칭	사미(Саамы(단·복수형))
인구수	1,771명
민족구분	사모예드계
종 교	러시아 정교
주요 거주지	콜라 반도

사미인은 노르웨이, 스웨덴, 핀란드와 같은 북유럽 국가와 러시아 북서부에 살고 있다. 이들은 라프인(Lapps)이라는 영어 이름으로도 널리 알려져 있다. 유럽 최북단 지역을 일컫는 라플란드(Lapland)는 이 민족 이름에서 유래했다. 그러나 라프인을 부르는 명칭은 다양하다. 러시아인들은 이들을 사미인이라고 부르는 반면, 북유럽에서는 사프미(Sapmi)라고도 부른다. 노르웨이에서는 핀 민족과 별다른 구분 없이 이들을 '핀'(Finn)이라고 부르기도 한다. 사미인은 스스로를 사미(Sami), 사메(Saame), 사브메(Sabme)로 불렀다. 러시아에는 사미인이라는 명칭 외에도 라플란드에서 유래한 라플란데츠(Лапландцы), 로파리(Лопари)라는 이름이 있다. 중세 러시아 사료에서는 사미인을 '로피'(Лопь)라고 지칭했다.

이들은 본래 현재 거주하고 있는 지역보다 남쪽에 살고 있었으나, 발트 해 인근에 거주하는 핀 계열의 민족들, 예를 들면 에스토니아인, 핀인, 카렐인 등에 의해 북쪽으로 밀려나게 됐다. 일부 그룹은 카렐리야 공화국 중부에, 이후 일부는 콜라 반도로 이주하여 살게 됐다.

2002년 러시아연방 인구조사 결과에 의하면 총 1,991명의 사미인이, 2010년에는 1,771명의 사미인이 러시아에 살고 있는 것으로 나타났다. 이들은 무르만스크 주에 주로 거주한다. 콜라 반도의 로보제로 마을(село Ловозеро)이 이들의 중심지라고 할 수 있다. 이 마을에는 순록을 사육하는 코미인(코미-이제메츠인)들도 거주하고 있다.

19세기 사미인 가족의 모습[20]

· 역사문화적 특징

최근 유전자 연구 결과에 따르면 사미인들은 빙하기 때 대서양 해안가에 살던 사람들의 후예로, 현재 스페인 서부에 살고 있는 바스크인, 바바리아인 등과 비슷한 DNA를 가지고 있는 것으로 밝혀졌다. 최초 사미인의 흔적이 발견된 곳은 라도가 호수 인근으로, 이곳에는 10세기부터 13세기 초반까지의 유적이 남아있다.

인종학적으로 사미인은 사모예드 계열로, 작은 키, 다리 길이에 비해 긴 몸, 어두운 색깔의 머리카락과 눈을 갖고 있다. 그리고 넙적한 얼굴과 넓은 이마, 상대적으로 작은 눈, 낮은 코뼈, 움푹 들어간 콧등이 특징이다.

사미인과 러시아인이 처음 교류한 것은 12세기경이다. 15세기 콜라 반도는 모스크바 공국의 땅이 됐고, 러시아인들이 콜라 반도로 이주하면서 러시아 정교도 같이 들어왔다. 16세기부터 사미인을 대상으로 집중적인 정교 전도가 시작됐으며, 지역의 토지 일부는 정교 수도원과 교회의 소유로 넘어가게 됐다.

이와 더불어 사미인에 대한 러시아화도 진행되었다. 그것은 무엇보다 러시아어 교육을 중심으로 이뤄졌다. 이들의 언어는 우랄어족의 핀-위그르 그룹에 속한다. 사미어는 크게 서부(노르웨이, 스웨덴)와 동부(핀란드, 러시아)로 나눌 수 있으며, 지역마다 언어의 차이가 큰 편이다. 러시아어 교육으로 사미인들 사이에서 러시아어를 구사하는 사람의 수가 점차 증가하게 됐다.

· 전통 경제활동

이들은 이웃 민족들, 예를 들면 러시아인, 북유럽 민족들, 네네츠인, 코미인과는 다른 삶과 문화를 영유하고 있다. 사미 전통문화는 열악한 자연환경과 혹독한 기후에 최적으로 적응한 결과라고 할 수 있다. 사미인의 경제활동은 지역에 따라 조금씩 다르게 나타나지만, 주로 순록사육, 사냥, 어업이다. 특히 순록을 빼고 사미인의 문화를 이야기하는 것은 불가능하다. 그만큼 이들의 삶은 순록과 밀접하게 연관되어 있다. 순록으로부터 고기, 모피와 가죽을 얻는 것은 물론이고, 순록의 힘줄로는 끊어질 염려가 없는 질긴 실을, 순록의 뼈와 뿔로는 각종 생활에 필요한 도구나 세간을 만든다.

러시아에는 순록을 사육하는 여러 민족이 있으나, 각기 순록사육 방법과 문화 등이 다르다. 몇 천 마리의 순록을 한 번에 무리를 지어 사육하는 코미-이제메츠인과는 달리, 사미인은 50마리 이내의 순록을 사육한다. 여름에는 순록을 방목지에 풀어 순록이 자유롭게 이동할 수 있게 한다. 그러나 순록을 잃어버리는 일을 방지하기 위해 울타리를 치거나 방목지의 경계 부분에 모닥불을 피워 순록이 뿔뿔이 흩어지지 않게 한다. 순록방목지, 또는 사냥터나 조업지는 시이드(Сийд)라고 하는 사미인 마을공동체가 소유한다.

사미인들은 지속적으로 유목을 다니기 때문에 겨울과 여름에 머무는 곳이 별도로 있다. 사미 순록사육자들은 겨울에는 마을에 머물며 생활하다가, 여름에는 바닷가나 강 연안, 또는 호수 근처로 유목을 위해 이동한다.

사미인들은 유목을 떠날 때 가족의 모든 재산을 순록에 싣는다. 아기를 눕힌 요람 역시 순록 위 안장에 매달아 놓는다. 아이들은 순록 위에 앉아 이동한다. 이처럼 사미인의 아이들은 어릴 때부터 순록과 가깝게 지낸다. 사미인들은 아이가 태어나거나 세례를 받을 때 순록을 선물한다. 사미인들이 겨울에 이용하는 이동수단은 보트처럼 생긴 독특한 썰매인 케레자(Кережа)이다. 순록에 케레자를 이어 순록이 끌도록 한다.

이들은 순록사육뿐만 아니라, 야생 동물을 사냥하기도 했다. 유목을 하는 동안 북부나 해안가에 머물면서 흰곰, 바다표범, 야생순록 등을 사냥한다. 유목에서 돌아오는 겨울에는 숲에서 담비, 수달, 여우, 다람쥐 등을 사냥한다.

· 전통의복

사미인의 의복은 긴 시간에 걸쳐 형성됐으며 오랫동안 전통적인 특징을 보존해 왔다. 그러나 이들의 주요 거주지로 러시아인, 코미인이 이주해 정착하면서, 이들의 영향을 받게 되었다. 사미인의 의상은 점점 북러시아 의상과 비슷하게 변했으며, 코미인의 영향으로 말리차를 입게 됐다. 말리차는 모자가 달린 일체형의 옷으로 단추나 훅이 없고, 머리를 넣어 입는 형태이다. 말리차는 러시아 서부의 순록사육 민족들, 예를 들면 네네츠인, 코미인, 한티인, 만시인에게서도 볼 수 있는 전형

사미인의 의복[21)]

적인 순록사육자의 겨울 의복이다.

사미 의복의 주재료는 모피이다. 대부분 순록의 모피와 가죽으로 옷과 신발을 만들지만, 부분적으로는 그들이 키우는 개의 모피, 특히 흰색 부분을 사용하기도 한다. 계절 의복은 크게 여름과 겨울로 나눌 수 있으며, 각 의복은 일상복과 축제(명절) 의상으로 나눌 수 있다. 일상복과 축제 의상은 사용되는 옷감이나 모양에 있어 크게 차이가 난다. 사미인의 전통의상은 거주 지역별로도 차이를 보이는데, 머리 장식, 신발, 색의 조화, 무늬 등이 다르다. 북유럽에 거주하는 사미인의 의상이 러시아 사미인의 의상보다 더 화려하며, 색상도 다양한 편이다.

겨울철 기본 의상은 페첵(Печек)으로 한 살 된 어린 순록의 가죽으로 만든 옷이며, 남녀 모두 입는다. 페첵의 특징은 머리를 넣는 부분 외에는 절개가 들어간 부분이 없고 어떠한 장식도 없다는 것이다. 페첵의 팔 부분은 넓어서 활동이 편하지만, 소매의 끝은 바람이 들어오는 것을 최소화하기 위해 좁다. 페첵은 무릎 아래까지 올 정도로 길지만, 허리띠로 길이를 조절할 수 있다. 페첵에는 아무런 장식이 없지만, 여성용 페첵에는 목 부분에 붉은색 장식이 있다. 붉은 나사천을 삼각형 모양으로 잘라서 옷깃에 꿰매어 장식한다. 러시아식의 긴 소매가 달린 면 셔츠도 있다. 셔츠는 밝은 색 줄무늬이며, 꽃 모양 자수가 놓여 있다.

겨울에 페체을 입는다면, 여름철 남녀 의상의 기본은 '유빠'(Юпа)이다. 유럽(노르웨이, 핀란드) 사미인의 겉옷은 보통 검은색이나 파란색이지만, 나사천으로 만들어진 러시아 사미인의 '유빠'(Юпа)는 흰색(여성)과 회색(남성)이다. 유빠는 다양한 색상의 천 조각과 구슬로 장식된다. 특히 유빠의 옷깃과 가슴 절개선, 옷자락은 털실로 두껍게 꼰 끈으로 장식되어 있다. 사미인들은 무릎 아래까지 내려오는 조끼도 입었다. 이 조끼 위에 허리띠를 한다.

사미인의 전통신발은 독특한 모양과 재질로 눈길을 끈다. 순록을 타고 이동할 때 신는 신발은 야리(Яры) 또는 이예리(Иерь)라고 하는 목이 긴 장화이다. 야리는 순록모피로 만드는데, 장화의 목 부분은 순록 가죽에서도 가장 단단한 부분, 예를 들면, 순록 다리의 끝에서 잘라낸 가죽으로 만든다. 사미인들은 야리를 신기 전에 야리 안에 잘 말린 풀을 넣고, 역시 순록 모피로 만든 긴 양말을 신는다. 야리와 함께 사미인의 대표적인 신발은 칸기(Каньги)이다. 칸기는 야리처럼 신발 끝이 뾰족하면서 위로 살짝 올라갔지만, 야리보다 폭이 좁고 길이가 짧다. 칸기는 복사뼈 위로 끈을 감싸 둘러 묶는다.

사미 전통축제의상[22)]

사미인의 모자는 그 모양으로 성별과 나이, 가족관계를 유추해 볼 수 있을 정도로 다양하다. 기혼 여성의 모자는 털로 짠 원추형의 칼팍(Калфак)이다. 고깔모자처럼 생긴 칼팍의 몸통은 비버나 순록, 여우의 모피로 줄무늬를 만들어 장식하며 테두리를 붉은색 나사천으로 감싼다. 귀를 덮는 부

순록모피로 만든 깔개와 자루[23)]

분도 붉은색 나사천으로 되어 있다. 반면 미혼 여성의 모자는 모피 모자로, 초록색이나 파란색 나사천 또는 면 플란넬로 모자의 겉이 감싸져 있다. 미혼 여성의 모자는 다양한 색깔의 구슬과 여러 색깔을 띤 모피를 이용해 장식되는 것이 특징이다. 남성의 모자는 어린 순록의 모피로 만들며 검은색이나 초록색, 파란색 나사천으로 테두리를 장식한다.

· 전통음식

사미인들의 주식은 순록에서 얻는다. 신선한 야채를 구하기 힘든 툰드라 지역에서 괴혈병을 예방하기 위해 비타민이 충분한 순록 피를 자주 마신다. 순록 고기는 도살 직후 날것으로도 먹지만, 햇볕에 말리거나 굽거나 삶아 먹는다. 순록 이외에도 사냥을 하여 잡은 자고새(들꿩의 일종), 들토끼, 야생 닭도 먹는다. 특히 사미인은 자고새로 수프를 자주 만들어 먹으며, 가끔 구워 먹기도 한다. 겨울동안 한 가족이 먹는 자고새의 양은 평균 50-65kg정도 된다.

여름과 가을의 주식은 생선이다. 콜라 반도의 사미인들은 호수에서 잡을 수 있는 민물생선을 주로 먹는다. 그 중에서도 창꼬치(꼬치고기의 일종), 흰 연어, 농어 등을 자주 먹는다. 또한 러시아 상인이나 노르웨이 상인에게서 연어를 사 먹기도 한다. 생선도 순록고기와 같은 방법으로 굽거나 삶거나 햇볕에 말려 먹는다. 사미인들은 생선을 야외에서 구워 먹는 것을 좋아한다. 먼저 생선의 내장을 발라낸 후 깨끗이 씻어서 큼직큼직하게 썬다. 생선에 소금을 친 후 긴 막내에 꽂는다. 이렇게 완성된 생선꼬치는 사람이 직접 들지 않고, 철판 위에 놓거나, 모닥불 옆에 세로로 꽂아 굽는다. 생선을 말리는 방법은 손질한 생선 조각을 베자(Вежа, 여름용 가옥)나 투파(Тупа, 겨울용 가옥)의 외벽에 매달아 놓는 것이다. 사미 가옥에는 생선을 매달아 놓는 벽이 따로 있다.

생선에 소금을 치거나 반죽 속에 생선을 넣는 민족들이 많지만, 사미인들은 염장을 자주 하지 않는 편이며, 빵의 속으로 생선을 사용하는 경우도 드물다. 사미식 염장은 생선의 내장을 발라내서 씻은 다음, 생선 속에 소금을 뿌려 나무통에 보관해 두는 방식이다. 19세기 말에서 20세기 초 사미인들은 일정 기간 땅에 파묻어 삭힌 생선을 즐기기도 했다.

생선을 즐기는 다른 방법은 수프로 만들어 먹는 것이다. 사미인들은 생선과 국물을 같이 먹지 않고, 처음에는 생선 조각을 씹어 먹다가 나중에 국물을 마시는 방식으로 수프를 즐긴다.

19세기 말부터 20세기 초 호밀이 사미인 사이에서 확산되기 시작했다. 사미인들은 러시아인에게 호밀가루를 사서 레표시카를 구워 먹었다. 사미인들은 주거 환경상 곡물이 부족했기 때문에 소나무의 백목질을 음식으로 사용했다. 이것은 소나무 겉껍질 바로 밑에 있는 연한 부분으로, 사미인들은 이것을 불 위에서 건조시킨 다음 빻아 호밀 가루와 섞어서 죽과 같은 음식에 사용했다. 또한 월귤나무 열매, 들쭉나무 열매, 산딸기 등과 같은 산열매를 따서 말리거나, 콤포트처럼 담가 먹기도 하고, 수프와 같은 음식에 양념으로 사용하기도 했다.

사미인이 즐겨 마시는 음료는 차(茶)로, 하루에도 몇 번씩 마신다. 예전에는 파를 잘게 썰어 넣은 차를 마시는 것을 좋아했다. 돈이 없는 사미인들은 차를 사 마실 수 없어, 차 대용으로 자작나무에 기생하는 차가버섯을 채취해 말린 다음 물에 우려 차처럼 마셨다. 이러한 차가버섯 차를 '무르-차이'(Мур-чай, 나무-차)라고 부른다.

사미인의 주방도구는 나무로 만든 식기와 철로 만든 솥이다. 철이나 동으로 만든 솥은 모닥불 위에 매달아 놓고 수프나 차를 끓였다. 20세기 초에서야 주전자가 등장했다. 사미인들은 자작나무 껍질로 식탁보나 매트, 바구니, 국자, 소금 종지 등을 만들어 사용했다. 사미인의 가정집에는 주머니나 자루 같은 것이 많은데, 사미인들은 여기에 밀가루, 소금, 설탕 같은 것을 보관했고, 길을 나설 때 음식을 담아 운반했다. 이러한 원형 또는 타원형의 주머니는 보통 순록 이마에서 잘라낸 모피나 바다표범 가죽으로 만든다. 순록 가죽으로 만든 끈이나 순록 뿔로 꺽쇠 모양을 만들어 주머니의 지퍼를 대신했다.

소비에트 시기의 도래와 함께 사미인 식단에도 많지는 않지만, 채소, 양파, 감자가 등장하기 시작했다. 오늘날 사미인 식탁에는 일반적인 러시아 음식들이 올라오고 있다. 젖소, 염소 등을 키우면서 사미인 식단에 우유가 등장했으며, 채소 섭취량도 증가했다.

· 전통 주거양식

사미인들의 가옥 중 가장 오래된 형태는 베자(Вежа)이다. 이것은 장대로 틀을 만들어 세운 원추형의 임시 가옥으로 그 위를 나무껍질이나 떼(잔디)로 덮는다. 베자는 여름 유목 시 사용하는 가옥으로 숲이 없는 평지에 짓는다. 베자는 거센 바람에 잘 견디는 장점이 있다. 성인 남성이 새로운 베자를 만드는 데는 4-7일 정도 소요된다. 베자 안에는 식기를 놓은 선반 정도만 있고, 침상이나 다른 가구는 없다. 잘 사는 가족의 경우 낮은 나무 판자를 침상 대용으로 놓기도 한다. 베자 내부는 아이와 어른이 자는 곳이 두 개의 나무로 구분되어 있다. 베자 가운데는 아궁이가 있다. 땅을 파고 그 주위를 돌로 둘러싸는 방식으로 아궁이를 만들기도 한다. 아궁이 위에는 나무 고리나 철 체인을 매달아 솥을 걸어 놓을 수 있게 한다. 베자 윗부분에 구멍을 만들어 아궁이에서 나오는 연기가 빠져 나갈 수 있게 하지만, 비가 오거나 아주 추운 겨울에는 모피나 타르칠한 방수포로 이곳을 덮는다.

베자 외에 쿠박사(Кувакса) 또는 카바스(Кавас)라는 가벼운 이동가옥이 있다. 쿠박사는 여름 유목지에서 겨울 거주지로, 또는 마을에서 여름 유목지로 이동할 때 이동 시간이 길어질 경우 사용하는 텐트와 같은 것이다. 쿠박사는 베자처럼 원추형의 모양이며 장대로 틀을 만들지만, 겉에는 거친 아마천이나 방수포를 덮는다. 내부 바닥에는 침엽수 가지나 자작나무 껍질, 순록 모피를 깔아 생활할 수 있게 한다. 순록치기나 어부들이 쿠박사를 자주 이용한다.

또 다른 전통가옥으로는 투파(Тупа) 또는 페르트(Пэрт, 피르트 Пырт)가 있다. 투파는 17세기 무렵 무르만스크에 거주하는 러시아인들의 가옥에서 차용된 것이다. 투파는 작은 통나무나 두꺼운 판자로 만든 직각 형태의 가옥이다. 투파는 크기가 크지 않다. 높이는 약 2.5m, 면적

사미 이동천막의 내부 모습[24)]

은 3㎡ 정도 된다. 원추형의 이동천막과는 달리 투파는 편편한 지붕이 특징이다. 앞서 보았던 베자 안에 별다른 가구가 없다면, 투파 안에는 침상, 탁자가 있다. 그리고 바닥에 구덩이를 파서 아궁이를 만드는 베자와는 달리, 투파 안에는 조금 더 현대적인 타키(Такь)가 있으며, 천장의 구멍을 통해 지붕으로 연기가 나간다. 투파 현관에서 왼쪽 구석에는 편편한 돌이나 벽돌로 만든 난로를 볼 수 있다. 바닥에는 순록 가죽이나 두꺼운 천을 깔고 집 외관은 나무껍질이나 잔디로 덮는다. 투파와 맞배지붕으로 된 러시아식 이즈바가 확산되면서 베자는 점점 설 자리를 잃게 됐다.

· 토속신앙 및 의례

정교를 받아들이기 전, 사미인들은 자연을 신격화하여 숭배했다. 그중에 독특한 것은 야생순록을 공경하는 관습이다. 모든 민족은 시조 신화를 가지고 있는데, 사미인은 순록으로 변하는 인간인 먄다세(Мяндаше)를 조상으로 삼고 있다. 먄다세는 후손들에게 사냥을 가르치고 활과 화살을 선사했다.

사미인이 숭배했던 많은 신 중에 이들의 생업을 수호하는 신은 특별하다. 특히 순록 무리를 관장하는 로우트-호직(Лоут-хозик, '순록의 주인'이라는 의미)은 사미인들의 무한한 존경을 받는 신이다. 순록을 방목한 후 순록이 무사히 다 돌아오면 로우트-호직에게 감사의 제를 지낸다. 어업의 신은 악크루바(Аккрува)이다. 사냥의 정령은 검고 꼬리가 달린 메츠-

호진(Мец-хозин)이다. 메츠-호진은 '숲의 주인'이라는 뜻으로, 숲에서 불경스러운 행동을 하면, 메츠-호진이 분노하여 그 사람을 깊은 숲속으로 이끌어 길을 잃게 한다.

신과 인간의 중계자인 노이드(Нойд, 샤만)도 존재한다. 이들은 다양한 의식을 주도하고 사람의 병을 고치고, 미래를 예견하며 사라진 순록들을 찾는 것을 돕는 등 사미인의 일상생활에서 중요한 역할을 한다. 사미인은 노이드가 인간세계와 천상을 잇는 존재로, 하늘에서는 새의 모습으로, 땅에서는 순록, 바다에서는 물고기의 모습을 하고 있다고 믿었다. 노이드가 제를 지낼 때 사용하는 필수 도구는 '마법의 북'이라고 하는 손북이다. 둥글거나 타원형인 손북은 순록 가죽으로 테두리를 감싸 손으로 잡을 수 있게 해 놓은 북이다. 북을 감싸고 있는 순록 가죽에는 세 개의 세상이나 영적인 그림, 신을 형상한 그림 등이 그려져 있다.

사미인의 토속신앙에서 또 하나 흥미로운 것은 성스러운 돌에 절을 하는 관습이다. 사미인들은 특정한 돌이나 바위를 세이드(Сейд)라고 하여 가족의 성물처럼 여긴다. 세이드는 하나의 큰 바위가 될 수 있고, 돌무더기가 될 수도 있다. 작은 돌 위에 서 있는 둥근 돌이 될 수도 있다. 그렇다고 모든 바위나 돌무덤을 세이드로 여기는 것은 아니다. 세이드는 물 근처, 유목지나 사냥터 같은 생업과 관련된 장소에 있어야 한다. 사미인에게서 내려오는 전설 중에는 어느 비범한 능력을 가진 노이드가 산으로 떠나버리더니 돌로 변했다는 이야기가 있다. 사미인들은 어부가 낚시하러 떠날 때 자기 영혼의 일부를 세이드에 두고 가야 한다고 믿었다. 어부가 물에 빠지더라도 세이드가 어부의 영혼을 보호한다고 생각했기 때문이다. 지금도 백해에 있는 쿠조프 군도(Кузовские острова)에는 약 800개의 돌로 된 세이드가 있다.

사미인들은 세계가 세 개의 세상으로 나뉘진다고 믿었다. 아래 세상은 죽은 사람의 영혼이 사는 곳으로, 땅속 깊숙이 존재하고 있다. 하지만 죽은 사람의 영혼이 모두 그곳으로 가는 것은 아니다. 사미인은 오로라가 무고한 희생자의 피라고 생각했으며, 남에게 억울하게 죽음을 당한 사람들의 영혼이 오로라의 일부가 된다고 생각했다. 땅 위에 있는 중간 세상은 사람과 짐승이 사는 곳이다. 그리고 위 세상은 모든 신들의 공간이라고 생각했다.

사미인이 섬기는 성스러운 돌[25)]

샤머니즘, 애니미즘과 함께 사미인의 토속신앙에서 빼놓을 수 없는 것이 토테미즘이다. 사미인은 곰과 순록을 숭배했다. 특히 사미인들은 갈색곰을 존경하면서도 두려워했다. 동부 사미인은 곰을 토템으로 삼았으며, 스스로를 곰의 자식이라고 생각했다.

사미인들은 러시아의 영향으로 정교를 받아들였지만, 정교가 사미인의 생활 깊숙이 스며들기까지는 오랜 시간을 필요로 했다. 사미인들은 소위 '러시아 신'에게 예배를 드리면서 샤머니즘적인 의식도 올렸다. 이들은 이전과 마찬가지로 세이드에 제를 지냈다. 이들은 집 근처의 나무에 정교 교회에서 가져 온 이콘을 걸었는데, 이것 역시 사미인의 토속신앙과 결합된 것이다.

사미인들은 러시아 혁명 전까지 전통적인 삶의 방식을 고수해 왔다. 그러나 1920년대 소비에트 정부의 경제발전 계획에 따라 무르만스크주 일대가 개발되면서 사미인들은 거주지를 옮기거나 산업시설의 노동자가 되어야 했다. 이로 인해 현재 소수만이 전통적 삶을 이어오고 있다. 사미어 구사인구의 수도 줄어들고 있다. 20세기 초까지만 하더라도 다른 민족과 결혼하는 일이 거의 없었지만, 점차 타민족과의 결혼이 증가하고 있다.

1980년대 말 소련 전역에 있는 많은 민족들이 자신의 전통문화와 민족정체성에 대해 열렬히 고민하기 시작했다. 사미인들도 마찬가지였다. 소련 붕괴 이후 사미인의 주요 거주지인 무르만스크 주 정부와 러시아 연방 정부는 사미 문화 보전을 위한 지원을 해 주고 있다. 무르만스크의 로보제로 마을에는 사미민족문화센터가 설립되었고, 지역 방송국에서는 사미인을 위한 라디오 프로그램을 제작하여 방송하고 있다. 다양한 국가(대부분 북유럽 국가)에 살고 있는 사미인과의 교류가 시작됐고, 노르웨이에는 '사미인 연맹'의 본부가 설립됐다. 러시아 사미인 역시 이 연맹에 가입되어 있다.

5장

볼가-우랄 지역의 핀-위그르 민족

이 장에서는 볼가 강 유역과 우랄 산맥의 서남부 지역에 사는 민족 중 핀-위그르계 민족에 대해 살펴본다. 여기에 해당하는 민족 중 마리예츠인(마리인), 모르드바인, 우드무르트인은 각각 민족공화국을 이루고 있으며, 베세르먀닌인은 민족영토가 없는 소수민족이다.

볼가-우랄 지역 핀-위그르 민족의 주요 거주지

나무와 숲을 숭배하는 사람들, 마리예츠인

명 칭 마리예츠
(Мариец (단수형), Марийцы(단·복수형))

인구수 547,650명

민족구분 핀-위그르계

종 교 러시아 정교

주요 거주지 마리 엘 공화국

· 마리예츠인의 어원

마리예츠인이 자민족을 부르는 명칭은 마리예츠어로 '사람', '남자'를 뜻하는 '마리'(Марий 또는 Мары), '마레'(Маре) 등이었다. 마리예츠인이 처음 역사서에서 등장한 것은 10세기경이다. 하자르족의 연대기에서 마리예츠인은 하자르족에게 조공을 바치던 '체레미스'(Церемис)라는 민족으로 언급되어 있다. 이로부터 러시아인들도 마리예츠인을 '체레미스'(Черемисы)라고 불렀으며, 이 명칭은 혁명 전까지 러시아에서 마리예츠인을 지칭하는 공식적인 이름이었다.

2010년 기준 러시아연방에 살고 있는 마리예츠인은 547,650명으로 집계됐다. 마리예츠인의 대부분은 예로부터 거주해왔던 민족영토인 마리 엘 공화국(Республика Марий Эл)에 거주하고 있다. 마리 엘 공화국은 러시아의 남서부에 위치해 있으며, 볼가연방관구에 속한다. 마리 엘 공화국과 이웃하고 있는 타타르스탄, 우드무르트 공화국, 바시코르토스탄 공화국, 키로프 주, 스베르들롭스크 주, 페름 주 등에도 마리예츠인이 거주하고 있다.

· 역사문화적 특징

고고학자들은 초기 철기시대 러시아 핀-위그르계 민족인 코미인, 우드무르트인, 마리예츠인의 먼 조상이 볼가 강과 카마 강(р. Кама) 유역에 거주했던 것으로 보고 있다. 이 중 10세기 초반 볼가 강과 베틀루가 강(р. Ветлуга) 사이로 이주해 자리 잡은 그룹이 마리예츠인이다. 마리예츠인은 크게 세 그룹으로 나눌 수 있다. 첫 번째 그룹은 마리 엘 공화국 서쪽에 거주하는 산악 지대 마리예츠인(Горные марийцы)이다. 두 번째 그룹은 볼가 강과 뱌트카 강(р. Вятка) 사이에 거주하는 초원 지대 마리예츠인(Луговые марийцы)으로, 마리예츠인의 대부분이 이 그룹에 속한다. 마지막 그룹은 16-18세기 바시키리야(현재 바시코르토스탄 공화국)와 우랄 산맥 근처로 이주해 거주하고 있는 동부 마리예츠인(Восточные марийцы)이다. 산지 마리예츠인은 나머지 두 그룹과 언어문화적으로 차이를 보인다. 인류학적으로 볼 때, 마리예츠인들은 전형적인 핀-위그르 민족의 특징과 함께 몽골인종적인 요소도 많이 가지고 있다.

몽골-타타르가 러시아 남부로 진출했을 때부터 마리예츠인은 킵차크 한국(금장 한국(汗國))과 이후 카잔 한국의 일원이었다. 모스크바 공국이 카잔 한국을 정복한 후에 마리예츠인의 땅도 러시아에 복속됐다. 그러나 마리예츠인은 한국의 편에 서서 꽤 오랫동안 저항했으며, 러시아로의 편입도 순탄치 않았다. 1552-1557년, 1571-1574년, 그리고 1583-1585년, '체레미스 전쟁'(Черемисская война)이라 불릴 정도로 대규모 봉기가 잇달아 일어났다. 마리예츠인의 봉기는 민족 독립투쟁이었을 뿐 아니라 봉건주의에 반대하는 농민반란의 성격도 가지고 있었다. 러시아 정부는 이들의 땅을 동부로의 영토 확장 거점으로 삼고 집중적인 식민지화를 진행했는데, 마리예츠인들은 이에 대항하여 크고 작은 봉기를 일으켰고 이때 크림 한국의 도움을 받기도 했다. 마리예츠인들은 자신들의 땅에 대한 러시아 정부의 통제뿐만 아니라, 정교로의 개종에 대해서도 강하게 저항했다. 러시아 정부는 마리예츠인이 숭배하는 사당을 폭파하는 등 강제적인 수단으로 마리예츠인의 기독교화를 진행시켰으며, 이는 마리예츠인이 푸가초프의 난에 대거 참여하는 계기가 되기도 했다. 마리예츠인의 반러시아 운동은 상당한 조직력을 가지고 있었으며, 볼가 강 유역과 우랄 산맥에 살던 민족들도 이 반란에 합류했다.

길고 긴 저항에도 불구하고 이들의 땅은 러시아의 일부가 되었다. 마리예츠인의 영토는 1920년 10월 러시아사회주의연방공화국의 마리 자치주(Марийская автономная область)로, 1936년에는 마리 자치공화국(Марийская АССР)으로, 1991년 소련 붕괴 후에는 공화국으로 그 지위가 바뀌었다.

러시아로 복속되기 전까지만 하더라도 마리예츠인은 볼가 강 유역에 이주해 온 튀르크계 민족(볼가 불가르인, 타타르인, 추바시인)의 영향을 많이 받아 왔으며, 그 흔적들은 오늘날까지 남아있다. 마리예츠인의 민족영토인 '마리 엘 공화국'이라는 이름에서도 그 예를 찾아볼 수 있다. '엘'은 타타르어로 '민족', '땅', '제국'이라는 뜻이다. 즉, '마리 엘'은 '(마리) 사람들의 땅'이라는 뜻이다. 이웃 민족들의 영향은 마리예츠인의 이름에서도 나타난다. 과거 마리예츠인의 이름 중에는 볼가 불가르식이나 타타르식, 혹은 아랍식의 이름을 자주 찾아볼 수 있었다. 마리 땅이 러시아에 편입된 후 이들의 문화는 러시아 문화의 영향을 받게 됐다. 즉, 마리 문화는 러시아인을 비롯한 다양한 민족의 문화요소가 뒤섞인 복합적인 문화라고 할 수 있다.

· 전통의복

마리예츠 남성의 전통의상은 러시아 루바하와 유사한 일자 모양의 긴 셔츠인 투비르(Тувыр)와 욜라시(Йолаш)라 불리는 바지로 구성된다. 허리띠나 '솔릭'(Солык)이라고 하는 수건이나 천으로 허리 부분을 묶는다. 남성 의상은 비교적 단색으로 구성되어 있지만, 자수 등으로 화려하게 장식되어 있는 게 특징이다. 마리 남성들은 좁은 테두리의 양털 모자를 쓰며, 사냥을 하거나 고기를 잡으러 나갈 때에는 모기를 피하기 위해 망을 두른 '나코마르닉'(Накомарник)이라는 특수한 모자를 쓴다. 이들은 계절에 따라, 용도에 따라 짚신, 가죽신, 펠트 장화를 신으며, 강가나 소택지에서 일할 경우에는 신발 아래에 나무 받침대를 붙였다.

마리예츠 전통의상[1]

마리예츠 여성의 전통의상은 기본적으로 투비르와 치마, 그리고 그 위에 덧입는 앞치마로 구성된다. 여성 의상은 화려한 장신구가 특징이다. 여성들은 각양각색의 구슬과 조개껍질, 동전, 금은박 등으로 만든 장신구를 허리, 가슴, 목, 귀 등에 매거나 걸어 늘어뜨린다. 마리 여성들은 반지와 팔찌 등도 즐겨 착용한다.

여성 모자는 다양한데, 기혼 여성들은 시막시(Шымакш), 소로카(Сорока), 샤르판(Шарпан)을 쓴다. 시막시는 원추형의 모자로 뒷부분에

마리예츠 전통의상[2)]

넓고 평평한 판이 있는 것이 특징이다. 소로카는 러시아인에게서 차용된 것으로 뿔 모양의 모자이며, 샤르판은 반원 형태의 앞차양이 달린 머릿수건을 말한다. 시막시와 소로카 위에는 다시 화려한 색상의 머릿수건(스카프)를 두르기도 한다.

· 전통음식

마리예츠인이 즐겨 먹는 음식으로는 작은 경단을 넣은 수프, 고기나 트보록 등 여러 가지 속을 넣은 빵, 블린, 레표시카, 다양한 유제품으로 만든 과자 등을 들 수 있다. 마리예츠인의 음식 중 독특한 것은 말고기로 속을 넣어 햇볕에 말린 콜바사(Колбаса)이다. 콜바사는 고기와 고기의 피, 다양한 곡물을 돼지내장에 같이 넣어 삶은 음식으로, 우리나라의 순대와 비슷하다. 마리예츠인들은 말고기 외에도 다른 고기를 사용하여 콜바사를 만든다. 전통 음료로는 꿀로 만든 술과 버터를 만들고 남은 파흐타(Пахта)를 들 수 있다.

마리예츠 음식에서 흥미로운 것은 3단짜리 블린인 코만 멜나(Коман Мелна)이다. 마리예츠 여성들은 세 개의 두꺼운 블린을 구워 삼층으로 쌓아올린다. 블린은 크지 않은 일반 후라이팬 정도의 크기에, 2mm 정도 되는 두께로 만드는데, 층마다 각기 다른 재료로 굽는다. 첫 번째로 놓을 블린은 호밀이나 밀가루에 달걀과 소금을 넣어 굽는다. 두 번째 블린은 귀리나 체질하고 남은 거친 곡물가루에 우유와 스메타나를 넣어 굽는다. 구운 블린은 붉은색을 띨 때까지 약한 불이 있는 곳에 둔다. 그 후에 귀리 가루에 신 우유나 발효시킨 산유, 케피르(Кефир, 발효우유) 등을 섞어 걸죽해진 크림을 발라준다. 그 다음 다시 약한 불 위에 놓는다. 이때 세 번째 블린을 굽는데, 세 번째 블린은 귀리가루로 만든다. 굽기 전에 반죽을 스메타나에 8-10시간 정도 담가 둔다. 세 번째 블린을 구은 후 버터나 녹인 버터를 발라 올린다. 마리예층 여성들은 이렇게 완성된 코만 멜나를 통째로 내놓거나 먹기 좋게 조각으로 잘라서 내놓는다.

마리예츠인 블린과 다양한 빵3)

코만 멜나4)

마리예츠 음식에서 볼 수 있는 또 하나의 특징은 마리예츠인이 다양한 식재료를 사용한다는 것이다. 마리예츠인은 다람쥐, 매, 부엉이, 고슴도치, 살모사, 율모기(뱀의 한 종류, 꽃뱀과 유사)의 고기로 음식을 만들어 먹으며, 말린 생선과 삼씨를 가루로 만들어 요리에 이용했다. 그렇지만 야생거위, 비둘기, 백조, 학 사냥(일부 지역)은 전통적으로 금지되어 있기 때문에 이 새들은 요리 재료로 사용되지 않는다.

· 전통 주거양식

마리예츠인의 전통가옥은 사각형의 통나무 구조물로, 지붕은 두 개의 경사면으로 이뤄진다. 전통가옥은 주거용과 헛간 및 창고를 모두 포함한다. 집 내부의 중심은 러시아식 벽난로이며, 부엌은 칸막이 등으로 구분된다. 현관을 따라 옆 벽면에는 침대를 겸용하는 긴 의자들이 놓여 있으며, 입구의 반대쪽 구석에는 가족들이 식사할 수 있는 식탁과 이콘을 놓을 수 있는 선반, 찬장이 있다. 마리예츠 여성들은 창문 위를 자수가 놓인 수건으로 장식한다. 카마 강 유역의 동부 마리예츠

마리 전통가옥의 모습[5)]

인은 타타르인에게서 영향을 받아 현관 벽 옆에 넓은 판자침상을 놓고 커튼 같은 긴 천을 사용하여 부엌과 나머지 공간을 구분한다.

마리예츠인의 가옥 구조에는 '쿠도'(Кудо)라고 불리는 여름용 부엌이 포함된다. 쿠도는 일반 전통가옥과 같은 통나무 구조물로, 굴뚝이 따로 없는 것이 특징이다. 마리예츠인은 러시아인이나 우크라이나인처럼 바닥에 진흙을 바르거나 나무를 대지 않고 흙바닥 그대로 두는데, 이는 집안에 화덕을 만들어 두기 위해서이다. 마리예츠인은 유목민족들이 사용하는 이동식 텐트처럼 쿠도의 가운데에 구덩이를 파 화덕을 만들어 놓는다. 화덕 위에는 항시 음식이 담긴 솥이나 큰 냄비를 걸어둔다. 불을 땔 때 생기는 연기는 천장의 구멍을 통해서 나간다. 쿠도에도 역시 헛간, 마차 차고, 가축우리가 딸려 있다. 또 하나 독특한 것은 이층으로 된 창고인데, 이층에는 발코니가 있다.

· 토속신앙

18~19세기에 집중적으로 이뤄진 정교화로 오늘날 마리예츠인 대부분은 러시아 정교도이지만, 실생활에서는 '마를라 베라' 또는 '마리 유민 이율라'(Марла вера, Марий Юмын йӱла, 마리 신앙)라는 독특한 신앙체계가 여전히 존재하고 있다. 이는 마리예츠인의 토속신앙과 정교가 합쳐진 것이다.

마리예츠인의 토속신앙은 나무와 숲과 밀접하게 관련돼 있다. 이는 조상으로부터 전해 내려오는 인류창조 신화에서 비롯됐다. 고대 마리예츠인이 섬겼던 많은 신 가운데 최고 신은 '쿠구 유모'(Кугу Юмо, 쿠구는 '위대한'이라는 뜻이고 유모는 '신'이라는 뜻임)이다. 마리예츠인은 쿠구 유모와 그의 동생인 이인(Йын)이 오리의 모습으로 함께 세상을 창조했다고 믿었다. 어느 날 유모는 자신의 딸 '유민뉴디르'(Юмынӱдыр)를 땅으로 내

신성한 숲에서 제를 지내는 모습[6)]

려 보냈다. 유민뉴디르는 아버지의 명으로 땅에 내려와 가축을 키우고 있었는데, 깨끗한 물이 솟아나는 샘 근처에서 아름다운 청년 '마리'를 만나게 된다. 이들은 곧 사랑에 빠졌지만, 신과 인간이라는 신분 차이는 이들의 사랑을 허락하지 않았다. 유민뉴디르는 마리에게 자신을 납치하라고 제안했다. 이 사실을 안 유모는 격노하여 흉년과 기아와 죽음을 지상으로 내려 보냈다. 그러나 3년 후 딸 부부가 아들을 낳고 유모를 찾아오자 유모는 이들을 용서해 주었다. 이들 사이에서 태어난 아들이 바로 마리에츠인의 시조이다. 그런데 유모의 남동생 케레메트(Кереметъ, 또는 인(Йын))가 마리에 대한 시기심에 눈이 멀어 마리의 몸을 갈기갈기 찢어 땅에 내팽겨 쳤는데, 마리의 찢겨진 몸이 떨어진 곳에서 자작나무와 참나무가 자라났다.

마리예츠인이 나무와 숲을 숭배하게 된 이유도 바로 이 신화에서 비롯됐다. 마리예츠인은 참나무와 자작나무, 보리수를 성스러운 나무로 생각하며, 나무에 손을 대고 기도하면 자신의 기도와 염원이 나무를 타고 올라가 하늘에 닿을 것이라고 믿는다. 마리예츠인은 자신들이 숭배하는 나무뿐만 아니라, 가족이 숭배하는 일종의 '가족 나무'도 가지고 있다. 고대 씨족공동체의 잔재라고 볼 수 있는 '테베'(Тeвe)로 불리는 마을공동체가 함께 숭배하는 나무도 있다. 이러한 성스러운 숲은 거의 모든 마리예츠 마을에서 찾아 볼 수 있다. 마리예츠인은 파종과 수확 후에 성스러운 숲을 찾아 음식을 올리고 기도한다. 이때 바치는 음식은 보통 가축으로 다리와 내장은 나무와 숲에 바치고, 나머지 부분은 기도에 참여한 사람들이 나눠 먹는다.

마리예츠인의 옛 관습 중에는 조상숭배 의식도 찾아볼 수 있다. 마리예츠인은 죽은 사람을 땅에 묻기 전에 겨울 옷-겨울 모자와 벙어리장갑까지-을 입혔으며, 시신을 무덤까지 옮길 때에는 썰매를 사용했다. 이때 계절은 중요하지 않다. 여름이어도 겨울옷을 입히고 썰매를 사용해 시신을 운반했다. 그리고 고인이 살아 있을 때 모아둔 손발톱과 들장미 가지, 두꺼운 아마포 조각을 고인과 함께 땅에 묻는다. 마리예츠인은 죽은 사람들이 이 세상에서 저승으로 넘어갈 때 산을 넘어야 한다고 믿었는데, 손발톱을 같이 묻는 이유는 바위를 잡고 산을 넘어야 할 때 필요하기 때문이다. 들장미 가지를 같이 묻는 이유는 죽은 이들의 왕국으로 들어가는 문을 지키고 있는 뱀과 개를 쫓아낼 수 있도록 하기 위한 것이고, 아마포 천은 심연을 지나 저승으로 갈 때 그것을 다리로 이용할 수 있게 하기 위함이다.

· 오늘날 부활하는 토속신앙

1980년대 말 소련 내 수많은 민족이 자신의 역사와 전통문화에 관심을 기울이기 시작했다. 마리예츠인도 예외는 아니었다. 18-19세기에 집중적으로 이뤄진 정교화로 오늘날 대부분의 마리예츠인은 러시아 정교 신자이다. 그렇지만 일상생활 속에는 여전히 전통신앙 체계가 깊이 뿌리내리고 있다.

마리 전통신앙을 추종하는 단체들도 무수히 생겨났다. 마리 민족종교연합을 자처하는 '오시마리-치마리'(Ошмари-чимари)라는 단체는 마리-엘 공화국 수도인 요시카르-올라(Йошкар-Ола)의 숲에서 대규모 제를 올리기도 했으며, 19세기에서 20세기 초반까지 활발하게 활동했던 '쿠구 소르타'(Кугу Сорта, 큰 초)라는 종파도 활동을 재개했다.

토속신앙을 기반으로 한 단체가 생겨나면서, 마리 전통신앙은 나름의 규율과 체계를 구축하게 됐다. 신자들은 하루에 세 번 기도를 해야 하고, 일 년에 한 번 이상은 단체 기도나 가족 기도에 참여해야 한다. 그리고 평생 적어도 일곱 번은 신성한 숲에 가서 제물을 바치며 기도를 해야 한다. 신자들은 도둑질과 살인, 절도를 해서는 안 되며, 욕을 하거나 침을 뱉거나 싸워서도 안 된다. 나쁜 것을 생각하거나 원해서도 안 된다. 신성한 숲에 기도를 드리러 가기 일주일 전에는 음주나 흡연을 해서도 안 되고, 반드시 정결한 몸으로 제에 참석해야 한다. 제가 끝난 후에도 일주일 동안은 깨끗한 정신과 몸을 유지하여야 한다.

최근 숲에서 열리는 제례에 참가하는 사람들이 지속적으로 늘고 있다. 순수 마리예츠인(치마리, Чимари)뿐만 아니라, 다른 신앙을 가진 사람들도 이 제례에 참여하고 있다.

이처럼 오늘날 마리예츠인 사회에서는 러시아 정교에서 마리의 전통신앙으로 옮겨 가는 경향이 증가하는 등 토속신앙의 부활이 눈에 띈

신성한 숲으로 지정된 "하얀 자작나무" 숲[7)]

다. 2011년 한 통계에 따르면, 마리-엘 공화국 인구의 15% 이상이 전통신앙을 따른다고 답했다. 정교도이면서도 마리 전통신앙에 대해 호감을 가지고 있는 마리예츠인은 대대로 전해 내려온 전통종교를 '이교'로 치부하는 것을 거부한다.

러시아 전역에서 마리 전통종교 단체는 100여 개에 이를 정도로 마리예츠인의 전통종교는 성장하고 있다. 마리-엘 공화국에서도 정부 차원에서 오백여 곳의 숲을 공식적인 '신성한 숲'으로 지정하고 있다. 마리 전통신앙은 더 이상 미개하거나 비문명적인 민간신앙이 아닌, 마리예츠인의 민족정체성을 강화하고 마리예츠인의 과거와 현재를 보여주는 중요한 문화요소로 자리매김하고 있다.

러시아 제1의 핀-위그르 민족, 모르드바인

명 칭	모르드바(Мордва (단·복수형))
인구수	744,237명
민족구분	핀-위그르계
종 교	러시아 정교
주요 거주지	모르도비야 공화국

· 에르쟈인 + 목샤인 = 모르드바인

러시아에는 약 2백7십만 명의 핀-위그르 민족이 살고 있는데, 그 중 수적으로 가장 많은 인구수를 가진 민족이 바로 모르드바인이다. 2010년 러시아 인구조사 결과에 따르면 러시아에 거주하는 모르드바인은 총 744,237명이다. 러시아를 구성하는 다른 민족과 비교해보면, 이는 러시아인, 타타르인, 우크라이나인, 바시키르인, 추바시인, 체첸인, 아르메니아인, 아바르츠인(Аварцы) 다음으로 많은 수라고 할 수 있다.

'모르드바'라는 민족명은 '사람', '남성'을 뜻하는 '마르드'(Мард) 혹은 '모르드'(Морд)라는 이란-스키타이어에서 기원한 것으로 추측된다. 6세기 고트족 역사학자의 한 책에서 모르드바인은 '모르덴스'(Морденс)라는 이름으로 소개됐으며, 10세기 비잔틴 제국의 사료에서는 모르드바인의 나라를 '모르디아'(Mordia)라고 소개됐다. 러시아의 경우 '원초연대기'를 비롯하여 11-13세기에 집필된 여러 문헌에서 모르드바인이 자주 나온다.

흥미로운 것은 '모르드바'라는 민족은 사실 한 민족이 아니라, 에르쟈(Эрзя)라는 민족과 목샤(Мокша)라는 민족을 통합하여 부르는 명칭이라는 것이다. 두 개의 다른 민족을 통칭하는 민족명은 역사적으로 많은 혼동을 낳기도 했다. 12세기 어떤 사료에서는 모르드바인이 루시의 여러 공국들과 전쟁을 하는 등 적대적인 관계였다고 언급된 반면, 어떤 사료에서는 모르드바 공국이 루시 공국들과 연맹을 이루며 협력관계를 유지했다고 서술됐다. 이러한 상반된 저술은 모두 에르쟈인과 목샤인을 구별하지 않은 채 모르드바인이라고 통칭했다는 점에서 비롯됐다. 정확한 사실을 짚고 넘어가자면, 에르쟈 공후인 푸르가스(Пургас)는 러시아 공후로부터 자신의 도시인 오브란 오시(Обран ош, 현재 니즈니 노브고로드)를 지키기 위해 불가르 한과 연합했지만, 목샤 공후인 푸레시(Пуреш)는 오히려 푸르가스와 전쟁을 벌이며 루시 공후와 손을 잡았다. 단일 명칭으로 인해 발생하는 이러한 혼동을 피하기 위해 제정 러시아 시기에는 '모르드바-목샤'(Мордва-мокша), '모르드바-에르쟈'(Мордва-эрзя)라는 민족명을 사용하여 이들을 구분했다.

혁명 이후 1928년 7월 소연방 인민위원회는 모르드바인이 전통적으로 살던 지역(볼가 강과 벨라야 강(р. Белая) 사이)에 '에르쟈노-목샤 자치구'(Эрзяно-Мокшанский округ)를 건설하려 했으나, 최종적으로 이 자치구의 이름은 '모르드바 자치구'(Мордовский округ)로 확정됐다. 이에 따라 논쟁이 많았던 민족명은 '모르드바인'으로 공식 단일화됐다. 오랫동안 한 민족으로 인식되었기 때문에 목샤, 에르쟈라는 개별적인 민족 이름보다는 모르드바인으로 더 널리 알려지게 되었다.

핀-위그르 민족 중 볼가-페름 소그룹에 속하는 두 민족은 공통점만큼이나 차이점도 많이 가지고 있다. 우선 이 두 민족은 인류학적으로 구별이 가능하다. 대부분의 에르쟈인이 밝은 색의 곱실거리는 머리카락, 회색빛의 눈동자를 가지고 있다면, 목샤인은 피부나 머리 색깔이 어두운 편이며, 좀 더 가는 얼굴형을 가지고 있다. 두 민족 간의 차이는 언어학적인 면에서도 볼 수 있다. 언어학자들은 10세기 중반 하나의 언어(우랄어족 핀-위그르어의 핀-볼가 그룹)에서 목샤어와 에르자어가 나뉘었다고 본다. 에르자어에는 러시아어에서 차용된 요소가 많은 반면, 목샤어는 튀르크어(주로 타타르어, 추바시어)의 영향을 많이 받았다. 주요 거주지 역시 다르다. 에르자인은 주로 모르도비야 공화국 동부인 수라 강(р. Сура) 유역에, 목샤인은 공화국의 중심을 가로지르는 동명의 목샤 강(р. Мокша) 유역과 공화국의 서부 지역에 살고 있다. 에르자인이 전체 모르드바 민족의 2/3를 차지하고 있다. 모르드바인은 공화국 외에도 인근의 펜자 주, 울랴놉스크 주, 니제고로드 주, 사마라 주, 오렌부르크 주, 타타르스탄과 바시코르토스탄 공화국에 거주하고 있다.

· 전통의복

모르드바인의 전통의상은 보통 흰색의 아마포나 대마포로 만들어진다. 남녀 모두 파나르(Панар)를 입고, 붉은색, 검은색 또는 남청색으로 자수를 넣어 파나르를 장식한다. 버드나무나 보리수나무 줄기를 짜서 신발을 만들어 신었으며, 각반으로 신발 주위를 싸맸다. 전통의상에서도 민족별로 다른 요소를 찾을 수 있다. 이러한 차이는 여성 의복의 외관뿐만 아니라, 의복을 착용하는 법, 혹은 만드는 법에서 나타난다. 에르자 여성의 파나르는 각각 가슴과 등, 양옆을 이루는 네 개의 천을 대서 만들어지는 반면, 목샤 여성들은 하나의 천을 가로로 접어 가슴과 등 부분을, 그리고 조금 짧은 천으로 양 옆구리를 가리는 식으로 파나르를 만든다. 에르자 여성들은 파나르 위에 슈시판(Шушпан)이라고 불리는 여러 무늬가 있는 긴 외투를 입는다. 이들은 유리구슬과 긴

모르드바 여성 의복 장식.
목에 걸어 가슴 부분을 장식한다.[8)]

모르드바 여성들의 다양한 장식품[9)]

모르드바 소로카 [10)]

술로 장식된 풀라야(Пулая)를 허리 뒤에 묶는 반면, 목샤 여성들은 이것을 착용하지 않고 띠 등으로 허리 부분을 매준다. 에르쟈 여성들은 앞모습이 반원형의 방패 모양과 비슷한 코코시니크(Кокошник)와 소로카를 머리에 쓰는데, 목샤 여성들은 두건처럼 수건이나 숄을 둘둘 감아올리기도 한다. 에르쟈 여성과 목샤 여성의 의상 모두 다른 핀-위그르 민족에 비해 장식이 많은 편이다. 특히 상의의 앞부분은 금속, 동전, 유리구슬, 조개껍질 등으로 화려하게 장식되어 있다. 이러한 의복의 특징은 1920-30년대까지 볼 수 있었다.

반면 모르드바 남성 의상은 러시아인이나 이웃 핀-위그르 민족의 전통 의상과 유사하다. 파나르와 바지(폰스크트, Понскт), 허리띠가 기본적인 구성이다.

· 전통음식

모르드바인들은 예로부터 농업에 종사해왔기 때문에 이들의 전통음식은 대부분 농산물로 만들어진다. 모

모르드바식 블린[11)]

르드바인은 밀이나 호밀로 만든 빵을 주로 먹는 데 반해, 보리나 귀리가루는 음식에 잘 사용하지 않는다. 전통음식 중 가장 일반적인 것은 고기 국물에 신선한 양배추를 넣어 만든 수프인 시와 다양한 곡물로 만든 죽과 감자이다. 죽은 일상생활과 명절 때 모두 즐겨 먹는 음식으로, 보통 물이나 우유, 혹은 버터로 끓여 만든다. 간이 안 된 둥근 밀가루 반죽을 밀어 넓적하게 늘린 다음, 조각으로 잘라 고기 국물에 넣어 만든 살마(Салма) 또한 모르드바인이 많이 먹는 음식 중 하나이다.

명절이 되면 모르드바인은 스메타나와 버터, 달걀 등을 섞은 반죽으로 넓적하고 얇은 빵을 만든다. 이 외에도 야채, 고기, 열매 등을 넣은 다양한 파이를 굽는다. 축제 때 빠질 수 없는 것이 모르드바식 블린이다. 보통 밀가루를 사용해 얇게 굽는 러시아 블린과는 다르게, 모르드바식 블린은 밀가루뿐만 아니라 수수가루, 메밀가루, 콩가루 등 여러 가지 곡분을 사용하여 두껍게 구워낸다. 감자전분으로는 주로 면을 만든다.

모르드바인은 육류 중에서도 돼지고기와 소고기를 선호한다. 반면, 양고기와 생선은 자주 먹지 않는 편이다. 이들은 러시아인처럼 유제품을 많이 섭취하는데, 우유와 양젖을 즐겨 마시며 다양한 요리에 사용한다. 모르드바 음식이 갖는 특징 중 하나는 양념이나 소스가 많이 사용되지 않는다는 것이다. 대신 겨울에 먹을 수 있도록 각종 야채를 절이거나 발효시킨 저장식품은 굉장히 다양한 편이다.

그 외 모르드바 민족은 호밀가루를 물에 넣어 끓인 후 난로에 넣어 은근하게 졸인 쿨라가(Кулага)를 즐겨 먹는다. 잼과 비슷한 쿨라가를 만들 때 더 좋은 맛과 향을 위해 각종 열매를 첨가하기도 한다. 전통 음료로는 꿀로 만든 술이나 호프로 만든 푸레(Пуре), 사탕무로 만든 포자(Поза) 등이 있다.

· 전통 주거양식

모르드바인의 전통가옥은 외형상 러시아 가옥과 유사하지만, 마당 한가운데 이즈바가 위치한다는 점, 이즈바에 굴뚝이 없다는 점에서 차이를 보인다. 옛 모르드바인은 가옥에 굴뚝을 만들지 않는 대신, 작은 구멍이나 창문을 통해 연기를 내보냈다. 이웃 민족들처럼 모르드바인 역시 나무를 사용하여 집을 지었으며, 특히 소나무를 선호했다. 그러나 이웃 민족인 마리예츠인이나 추바시인이 나무를 깎거나 조각을 새겨 가옥 내외부를 장식하는 것에 비해, 모르드바 가옥에서는 이러한 장식이 많지 않은 편이다.

전통적인 모르드바 가옥은 두 개, 혹은 세 개의 독립공간이 모여서 구성된다. 주거용(쿠드, Куд)과 세니(Сени, 현관과 같이 이즈바로 들어가는 폐쇄된 넓은 입구로 난방이 설치되지 않은 비주거용 공간)로 전체 가옥이 구성되기도 하며, 주거용, 세니, 헛간으로 이뤄지기도 한다. 가옥의 지붕은 보통 네 개의 경사면으로 이루어져 있다. 모르드바인은 짚으로 지붕 위를 덮는데, 화재 시 불이 빨리 번지는 것을 방지하기 위해서 때때로 진흙을 발라 놓기도 한다.

가옥 내부는 중부 러시아 가옥과 유사하다. 가옥 내부에는 집에서 가장 중요한 곳인 벽난로가 있으며, 벽을 따라 선반들이 설치되어 있어 각종 살림살이를 놓을 수 있다. 거의 모든 모르드바 전통가옥에는 목욕탕이 같이 있다. 목욕탕에는 돌로 쌓아 만든 난로와 나뭇가지 등으로 칸막이처럼 만들어 놓은 탈의실이 마련되어 있다.

모르드바인은 가옥 옆이나 맞은편에 반지하 형태의 지하실을 만들어 놓는다. 이 지하실은 보통 두 개의 별실로 구분되어 있는데, 화재에 대비하여 중요한 물건들(옷, 종자 등)을 보관하기도 하고, 더운 여름에는 여기서 잠을 자기도 한다.

· 가정의례 & 토속신앙

모르드바인의 가정의례는 기본적으로 출생, 결혼, 장례로 이뤄진다. 아이의 출생에 있어서 가장 중요한 역할은 어머니, 할머니, 대부 혹은 대모, 산파이다. 산파는 아이가 출생한 이후 첫 주 동안 산모와 함께 하며 아이를 축복하고 산모와 아이의 건강을 위해 철로 만든 소품이나 불, 물 등을 이용하여 여러 가지 수호의식을 행한다. 모르드바인은 아이의 출생뿐만 아니라, 아이의 첫 이가 나는 날, 첫걸음을 떼는 날, 그리고 머리를 처음 자르는 날도 함께 모여 축하한다.

모르드바 전통혼례의 특징은 신부에게 많은 것을 요구한다는 것이다. 결혼 전 신부는 보리수나무로 만든 큰 통에 지참금(혼수품)을 넣는 의식을 치른다. 결혼식 전 시어머니는 미래의 며느리에게 나무통을 선물하는데, 이때 나쁜 기운으로부터 보호하기 위해 이 통을 미리 불에 그슬려 놓는다. 지참금을 넣는 의식은 신부가 아닌 신부의 친척 중 기혼 여성이 행한다. 통의 바닥에는 은화를, 그 위에 카라바이이나 레표시카를 넣는다. 그 위에 짚신 한 켤레와 옷을 넣는다. 이때 신부는 그 옆에 앉아 손수건을 손에 들고 흐느껴 울어야 한다. 이러한 의식 내내 신부는 통곡해야 하는데, 모르드바인은 신부가 많이 울수록 결혼생활이 행복해진다고 믿었다.

모르드바 전통결혼식의 재현[12)]

신부 보쌈, 혹은 부모의 동의 없이 몰래 결혼을 하는 풍습인 사모호트키(Самохотки) 또는 소모크루트키(Сомокрутки)도 존재했다. 때때로 이러한 결혼은 부모의 묵인 아래 이루어지기도 하는데, 이는 결혼에 드는 큰 비용을 부모가 부담스러워하거나, 지불할 의사가 없기 때문이다. 이러한 풍습은 20세기 초까지 남아 있었다.

모르드바인은 사후 세계의 존재를 믿었으며, 죽음은 다른 세계로 건너가는 절차라고 믿었다. 또한 사후 세계는 이승처럼 사람들이 일하고 가정을 꾸리고 즐겁게 노는 곳이라고 생각했다.

옛 모르드바인은 수많은 신과 정령과 조상을 섬겨왔다. 이 중 일부분은 도모보이(Домовой, 집의 정령), 레시(Леший, 숲의 정령), 보댜노이(Водяной, 물의 정령) 등 러시아인이 믿었던 정령들과 통합되기도 했다. 뿐만 아니라 태양, 천둥, 번개, 석양, 바람 등 자연현상을 믿음의 대상으로 삼았다. 이러한 토속신앙은 20세기 중반까지도 러시아 정교와 공존했다.

에르쟈인과 목샤인은 별개의 독립된 민족이지만, 언어적, 민족적 근접성을 가지고 있으며 오랜 기간 한 영토에서 거주해 왔다. 이러한 환경은 비록 타민족이 붙인 이름이지만 '모르드바인'이라는 단일한 민족명을 탄생시켰으며, 모르드바인이라는 지역정체성, 그리고 국가정체성을 구축시켰다. 1980년대 말부터 민족의식이 급격히 성장하면서, 모르드바인이라는 단일 민족명을 계속 사용할지에 대한 문제가 수면 위로 떠올랐으며 개별 민족명으로 바꾸자는 움직임이 거세졌다. 이러한 논쟁에도 오늘날까지 모르드바 민족, 모르도비야 공화국은 굳건히 존재하고 있다. 이는 에르쟈인, 그리고 목샤인이 개별적인 민족정체성을 부각시키고 각자의 문화를 부흥시키려는 노력을 기울이면서도, 동시에 모르드바인으로 공존해 온 역사를 인정하고 '모르드바 문화'가 두 민족의 전통문화가 오랜 시간에 걸쳐 융합된 결과라는 점을 분명히 인식하고 있기 때문일 것이다.

펠멘(Пельмень)을 만든 사람들, 우드무르트인

명 칭	우드무르트 (Удмурт(단수형), Удмурты(복수형))
인구수	552,299명
민족구분	핀-위그르계
종 교	러시아 정교
주요 거주지	우드무르트 공화국(우드무르티야)

· 우드무르트인의 기원

러시아 볼가-우랄 근처에는 핀-위그르 민족들이 모여 살고 있다. 그 중 하나가 우드무르트인이다. '우드무르트'(Удмурт), 혹은 '우드모르트'(Удморт)라는 민족명은 '우드'(Уд)라는 이 민족의 고대 명칭과 '사람'을 뜻하는 '무르트'(-мурт)라는 말이 합쳐진 것이다. 이웃 민족인 마리예츠인들은 고대 '우드'인을 '오도'(Одо)라고 불렀으며, 러시아인들은 '보탸크'(Вотяк), 혹은 '오탸크'(Отяк), '보티'(Вотъ), '보틴'(Вотин) 또는 '오틴'(Отин)이라고 불렀다. 튀르크 계열의 민족들은 우드무르트인을 '아르'(Ар)라고도 불렀다. 우드무르트라는 민족명의 기원에 대해서는 많은 설이 있지만, 가장 많은 지지를 받고 있는 것은 '변경에 사는 사람', '변두리의 사람'이라는 뜻의 'ant(a)-mart(a)'라는 이란어에서 비롯됐다는 주장이다.

많은 학자들은 우드무르트인과 역시 핀-위그르 민족인 코미인의 조상이 동일하다고 본다. 실제로 우드무르트어는 코미어와 함께 핀-위그르어의 페름 그룹에 속한다. 철기 시대 카마 강 유역에 거주하던 사람들 중 남페름 그룹이 분리됐는데, 바로 이들이 우드무르트인의 직계 조상이다. 남페름 그룹이 7-8세기 볼가 중류 부근으로 이주하면서 우드무르트인의 전통적인 거주영토가 형성됐다.

우드무르트인은 역사문화적 특징에 따라 크게 북과 남으로 나눌 수 있으며, 이는 다시 지역별로 여러 그룹으로 나눌 수 있다. 쳅차 강(р. Чепца) 유역의 북부에는 '바트카'(Ватка)라는 그룹이, 킬메즈(р. Кильмезь)와 발라 강(р. Вала) 사이의 중서 지역에는 '칼메즈'(Калмез)라는 그룹이 있다. 바트카와 칼메즈는 방언, 생활방식에서 약간의 차이만 가지고 있을 뿐, 같은 문화를 공유하고 있다. 북우드무르트의 소그룹이자 볼가 불가르의 후손이라고 보이는 베세르먀닌(Бесермянин, Бесермяне) 그룹은 약 만 명 정도로, 우드무르트 민족에 속하는 하부그룹이면서도, 러시아 정부에 의해 별도의 공식 소수민족으로 인정받고 있다.

· 역사문화적 특징

10세기 우드무르트인(특히 남우드무르트인)은 볼가 불가르의 지배하에 있었다. 이들은 튀르크계 민족들(불가르인과 그들의 직계후손이라 할 수 있는 추바시인 등)과 자연스럽게 교류하였고, 이러한 역사문화적 교류는 적어도 14세기까지 계속됐다. 14세기경에는 킵차크 한국, 그 후에는 카잔 한국의 지배를 받으면서 불가르인과는 다른, 킵차크 그룹의 언어를 사용하는 튀르크인들(오늘날 볼가 유역 타타르인)과의 교류가 시작됐다. 이러한 접촉은 우드무르트 문화에 큰 영향을 미쳤는데, 특히 우드무르트어에서는 튀르크어에서 차용된 요소를 상당수 찾아볼 수 있다.

1469년 이반 3세의 카잔 원정에 대해 다룬 러시아 사료에서 처음 우드무르트인이 언급됐다. 당시 우드무르트 땅은 카잔 한국의 지배를 받고 있었다. 1489년 북우드무르트인들은 모스크바 공국에 편입되었으나, 우드무르트 남부는 여전히 카잔 한국의 영토였다. 모스크바 공국이 카잔 한국을 점령하면서, 1558년경 모든 우드무르트인이 모스크바 공국에 복속됐다고 할 수 있다. 이와 같은 역사적 배경으로 인해 북우드무르트인은 러시아의 영향을 좀 더 강하게 받았던 반면, 남우드무르트인은 다양한 튀르크계 민족의 영향을 받았다. 모스크바 공국에 복속된 이후 계속 러시아의 지배를 받았던 우드무르트인들은 토지 일부를 빼기거나 과도한 부역과 압제에 시달렸다. 많은 우드무르트인들이 정부의 억압에 반대하여 볼가 유역에서 스테판 라진이나 푸가초프가 이끌었던 반란에 참여했다.

1917년 사회주의 혁명 후, 1920년 우드무르트인의 지역에 자치주가 설립됐다. 그러나 처음에는 러시아인이 이들을 불렀던 민족명에 따라 보틴 자치주(Вотская автомная область)로 불렸으며, 1932년이 되어서야 우드무르트 자치주(Удмуртская автономная область)로 불리게 되었다. 2년 후인 1934년에는 자치주가 자치공화국(Удмуртская АССР)으로, 오늘날에는 우드무르트 공화국(Удмуртская Республика)으로 바뀌었다. 2010년 기준 러시아 내 우드무르트인은 약 552,000명으로 집계되었으며, 이 중 410,000명이 우드무르트 공화국(우드무르티야)에, 나머지는 인근 지역인 타타르스탄, 바시코르토스탄, 키로프 주, 페름 주, 스베르들롭스크 주 등에 거주하고 있다.

· 전통의복

우드무르트 전통의상은 크게 두 가지 형태로 구분된다. 하나는 북부 우드무르트인들의 의상으로 흰색, 빨간색, 검은색, 이렇게 세 가지 색깔이 기본이다. 오늘날 우드무르티야 공화국의 공식 문장과 국기 역시 이 세 가지 색으로 구성되어 있다. 반면 남우드무르트인의 의상 중 흰

우드무르트 공화국 국기와 국가문장[13]

색으로 만들어진 것은 보통 의식이나 의례 때 입는 것으로, 일상생활에서는 다양한 색깔과 화려한 장식이 더해진 옷을 입는다.

우드무르트 남성의 전통의상은 바지와 비스듬하게 목 부분이 트인 셔츠, 천이나 가죽으로 만든 허리띠, 펠트 모자, 양의 모피로 만든 모자 등으로 구성된다. 남성의 전통신발은 나무껍질로 만든 신이나 펠트천으로 만든 장화가 있다. 우드무르트 남성들은 부싯돌이나 다른 작은 물건들을 넣는 가죽가방을 들고 다닌다.

민족적 특성이 가장 잘 녹아 있는 여성 의상의 경우, 일자 모양의 긴 상의, 가운 타입의 길고 폭넓은 옷, 앞치마, 자작나무 껍질로 만든 긴 모자, 뜨개질한 긴 양말 등으로 구성된다. 겉옷은 조끼 모양의 재킷(남우드무르트 여성)이나 모피외투, 양털 외투를 입는다. 여성 신발로는 짚신, 펠트 장화, 목이 짧은 장화 등이 있다. 우드무르트 여성 의상은 이웃 민족인 마리예츠 여성의 전통의상처럼 화려한 장식이 특징이다. 이때 북부와 남부의 여성 의상은 조금씩 차이를 보인다. 북우드무르트 여성들은 은, 구슬, 유리알, 자

우드무르트 여성 의상[14]

수로 가슴 앞부분을 장식하는 반면, 남부 여성들은 많은 동전으로 장식한다. 일반적으로 우드무르트 여성들은 다양한 팔찌, 귀걸이, 목걸이 등을 착용하는 것을 좋아한다. 우드무르트 의상 중 흥미로운 것은 축제 때 신는 신발이다. 우드무르트인들은 구두에 작은 종들을 달아, 춤을 출 때마다 다양한 소리를 나게 한다.

· 전통음식

우드무르트인들은 전통적으로 농업, 어업, 사냥, 양봉 등을 생업으로 삼았으며, 이는 이들의 식단에 큰 영향을 미쳤다. 우드무르트인들이 일반적으로 먹는 음식은 수프, 유제품, 육류, 빵으로 구성된다. 수프는 그 종류가 다양한데, 면, 버섯, 곡물, 양배추, 생선, 무 등을 넣은 수프가 있다. 우드무르트인들은 말고기를 제외한 거의 모든 고기를 식용했다. 고기를 볕에 말리거나 훈제를 해서 먹기도 하지만, 삶는 조리방법을 선호했다. 이외 고기를 조린 국물을 굳혀 만든 쿠알레키야시(Куалекьясь), 고기의 피까지 넣어 만든 소시지인 비르티렘(Виртырем)을 즐겨 먹는다.

우드무르트 공화국의 수도 이젭스크(Ижевск)에 있는 "펠멘" 조각상[15)]

우드무르트 전통음식 중 하나는 펠멘(Пельмень)이다. 펠멘은 작은 만두와 유사한 대표적인 러시아 음식 중 하나인데, '펠멘'이라는 단어는 우드무르트어에서 기원했다. 펠멘은 '빵으로 만든

귀'(Хлебное ухо)라는 뜻의 우드무르트어 '펠냔'(Пельнян)에서 기원했다. 우드무르트어로 '펠'은 '귀'를, '냔'은 '빵'을 뜻한다. 펠멘의 모양이 마치 귀처럼 보인다는 데서 유래했다. 우드무르트인들이 펠멘을 처음 만들기 시작했고 이것이 러시아 전역으로 퍼져 나갔다. 우드무르트인은 펠멘이 자민족의 음식이었다는 점을 자랑스럽게 여기고 있다. 우드무르트 공화국의 수도 이젭스크(Ижевск)에는 펠멘 기념비까지 있을 정도이다.

펠멘과 함께 가장 오래된 우드무르트 음식으로는 '페레페치'(Перепечи)를 들 수 있다. 페레페치라는 독특한 이름은 '페레드 페치꼬이'(Перед Печкой), 즉 '난로 앞'이라는 뜻에서 나왔다는 설이 있다. 즉, 난로 안에 넣어서 강한 불로 익히는 것이 아니라, 뜨거운 불이 있는 난로 앞에서도 충분히 요리가 가능하다는 의미이다. 타르트와 유사한 페레페치는 반죽 위에 고기나 야채 등을 올려 구워낸다. 펠멘이 모든 러시아인이 먹는 음식이 되어버려 오히려 우드무르트 전통음식으로서의 의미를 잃어버렸다면, 페레페치는 진정한 우드무르트 전통음식으로 남게 되었다.

펠멘과 페레페치, 이 두 음식은 그 역사가 오래된 만큼 우드무르트 명절이나 축제 때 항상 준비해 왔다. 또 다른 명절 음식으로는 생선 파

'세계 펠멘의 날' 행사[16)]

이, 버섯이나 산열매, 채소 등으로 속을 넣은 파이 등을 들 수 있다.

페레페치[17]

전통 음료로는 붉은 무를 발효해서 만든 크바스와 각종 산열매로 만든 음료인 모르스(Морс), '수르'(Сур, 술, 코미어, 마리어 등 다른 핀-위그르 민족어에서도 '수르'는 술을 의미한다), 꿀로 만든 술인 무수르(Мусур), 시큼하게 발효된 우유로 만든 아리얀(Арьян) 등이 있다.

· 전통 주거양식

옛 우드무르트인들은 강가를 따라 고리 형태로 집을 지으며 마을(구르트, Гурт)을 구성했다. 코르카(Корка)는 맞배지붕에 통나무로 만들어진 우드무르트 전통가옥이다. 러시아 이즈바와 같이 못을 사용하지 않고 통나무에 홈을 파서 쌓아올리며, 틈 사이사이에는 이끼나 삼 또는 아마 지푸라기를 채워 넣는다. 우드무르트 전통가옥의 독특한 구조 중 하나는 가옥을 구성하는 건물(주거공간, 헛간, 창고 등) 사이에 배치되어 있는 복도이다. 그렇기 때문에 다른 건물로 이동할 때 밖으로 나갈 필요가 없다. 집 외부에는 별도의 장식을 하지 않는다. 현관문이나 문턱 부분에 세로 홈을 파거나 꺾쇠 모양 등을 새겨 멋을 낸 정도이다.

가옥 내부의 중심부는 벽난로이다. 우드무르트 가옥의 벽난로는 구르(Гур)이다. 구르 겉에는 점토가 발라져 있으며, 안에는 아궁이가 설치되어 있다. 북우드무르트인의 아궁이 위에는 보통 솥이 걸려 있으며, 남우드무르트인들은 타타르인들처럼 진흙이 발린 솥을 놓아둔다. 집 안에는 벽을 따라 긴 의자와 침상이 놓여 있으며, 자수가 놓인 수건이나 직물로 만들어진 장식으로 꾸며진다.

주거공간과 함께 가족들이 쓰는 물품을 보관하는 창고, 그리고 여름용 가옥인 쿠알라(Куала)가 전체적으로 "П"자 형태를 이루며 하나의 우드무르트 전통가옥을 구성한다. 특히 이층으로 구성된 창고는 '케노시'(Кеносы)라고 불리는데, 이는 여성들의 장소로, 그 집에 며느리(켄, Кен)가 몇 명이냐에 따라 케노시의 수가 달라진다. 또 하나 중요한 곳이 쿠알라 또는 쿠아(Куа)이다. 우드무르트인들은 조상신을 섬겼는데, 쿠알라는 가족의 조상신, 혹은 수호신인 보르슈드(Воршуд, 행복을 낳다, 행복을 키우다라는 뜻)가 거주하는 곳이다. 우드무르트인들은 보르슈드를 오리나 백조, 또는 거위 등 동물(보통 새)의 모습으로 만들어, 이곳에 모셔두고 기도한다. 오늘날 쿠알라는 더운 여름에 사용하는 야외 가옥의 역할도 하고 있다.

· 가정의례 & 토속신앙

우드무르트인에게서 볼 수 있는 독특한 사회구조 중 하나는 '부스켈'(Бускель)이라는 이웃 공동체이다. 부스켈은 친인척 관계에 있는 몇 가구가 하나의 큰 마을이나 택지에 모여 사는 형태로, 공동의 재산과 토지, 곡식 창고, 목욕탕 등을 가지고 있으며, 상호협력을 목적으로 한다. '케네시'(Кенеш)라는 일종의 간부회가 부스켈을 이끈다. 부스켈에서 일부 가구가 떨어져 나가더라도 친인척끼리 같이 도우며 경제활동을 하는 공동체 요소는 그대로 유지된다. 우드무르트인의 가정의례 역시 친인척이 모두 모여 치르는 것이 일반적이다.

우드무르트인들은 앞서 언급했듯이 농사를 지으며 살아왔기 때문에, 이들의 축제는 농업과 밀접하게 관련되어 있다. 이러한 축제들은 크게 겨울-봄, 그리고 여름-가을 축제로 나눠볼 수 있다. 봄 축제는 겨우내 얼었던 강의 해빙과 쌓였던 눈과 얼음이 녹아 땅이 드러나는 것을 축하하는 것으로 시작된다. 봄 축제 중 가장 대표적인 것이 '아카야시카'(Акаяшка, 쟁기 축제)이다. 이는 파종의 시작을 알리는 축제로 온 마을, 혹은 몇 마을이 함께 모여 풍년을 기원한다. 동지에 열리는 '톨수르'(Толсур)에는 가면놀이를 하거나, 점을 치거나 악한 혼령을 떠나보내는 의식을 한다. 농사일이 끝난 후인 이때 결혼식이 많이 치러진다.

전통혼례는 여러 단계에 걸쳐서 진행된다. 먼저 신랑의 집에서 결혼을 축하하는 잔치가 열리고, 그 다음에는 신부 부모의 집에서 다시 한 번 잔치가 열린다. 두 차례의 성대한 파티 후 신혼부부는 남편의 집에서 생활하게 된다. 결혼식에는 반드시 노르스름하게 구운 거위를 준비해야 하며, 신혼부부가 첫날밤을 치르기 전 죽을 먹는다. 이는 신혼부부의 다산을 기원하는 우드무르트 관습이다.

우드무르트인들의 고대 세계관은 여타 핀-위그르 민족들과 유사하다. 우드무르트인들은 우주가 선한 세계와 악한 세계, 두 부분으로 나뉘어 있으며 세상은 천상, 중간세계, 지상으로 나뉘어 있다고 믿었다.

우드무르트 여름축제인 '게르베르'(Гербер)를 즐기는 모습[18]

고대 우드무르트인들은 유일신이 아닌, 많은 신과 정령을 믿었다. 그 중 가장 높은 신은 하늘의 신인 인마르(Инмар)이며, 땅의 신 칼디신(Калдысин), 어머니 태양신인 슌디-뭄미(Шунды-муммы) 등 약 40개의 다양한 신이 있다. 인마르의 라이벌이자 악한 혼령은 케레메티(Кереметь), 또는 샤이탄(Шайтан)이다. 이외 가정의 불을 지키는 신, 그리고 앞서 언급했던 가족 수호신인 보르슈드 등이 있다.

우드무르트인들은 숲과 함께 살아갔는데, 주변 환경은 이들의 토속신앙에 영향을 미쳤다. 같은 핀-위그르 민족이자 이웃 민족인 마리에츠인처럼 우드무르트인들도 성스러운 숲을 두고 있었으며, 자작나무, 전나무, 소나무, 오리나무 등 일부 나무를 신성한 나무로 여겼다. 성스러운 숲과 나무에 예배를 드릴 때는 '타바니'(Табани)라고 하는 두꺼운 블린을 만들어 바친다.

앞서 보았듯이, 우드무르트인의 문화는 러시아인과 튀르크 민족, 그리고 같은 핀-위그르 민족의 영향을 동시에 받았다고 할 수 있다. 오랜 시간 동안 러시아의 영향을 받던 탓에 대부분의 우드무르트인은 러시아 정교를 믿지만, 오늘날 토속신앙을 지키는 사람들도 있으며, 타타르스탄, 바시코르토스탄과 접한 지역에 사는 사람들은 이슬람의 영향을 받았다. 종교뿐만 아니라, 의식주와 같은 문화 곳곳에서 이러한 주변 민족의 문화요소를 찾아볼 수 있다.

핀-위그르 민족인가, 튀르크 민족인가? 베세르먀닌인

명 칭	베세르먀닌 (Бесермянин(단수형), Бесермяне(복수형))
인구수	2,101명
민족구분	핀-위그르계
종 교	러시아 정교
주요 거주지	우드무르트 공화국(우드무르티야)

베세르먀닌인은 러시아 공식 소수민족 중 하나이다. 1926년 소련 인구조사 결과 소비에트 영토에는 만 명 남짓 되는 베세르먀닌인이 거주하는 것으로 나타났다. 그러나 역사적으로 베세르먀닌인의 지위에 대한 국가의 결정은 여러 차례 바뀌었다. 1930년대까지 베세르먀닌인은 독립적인 민족으로 인정받았지만, 이후 우드무르트인의 하부 그룹으로 취급됐다. 이들의 전통적인 주거지가 우드무르트 공화국 안에 있으며 긴 시간 우드무르트인과 함께 살면서 역사문화적 특징을 공유하고 있었기 때문이다.

1990년 베세르먀닌인 협회가 조직되었고, 이들은 다시 독립적인 민족으로 인정받기 위한 활동을 펼쳤다. 1992년 우드무르트 공화국 상원회의에서 "베세르먀닌 민족의 역사적 이름 복원"에 대한 법이 제정되며, 이들은 우드무르트인과 다른 별개의 민족으로 인정받을 수 있었다. 베세르먀닌인이 우드무르트인의 일부가 아닌, 독자적인 민족으로 인정받을 수 있었던 데는 우선 인종적인 분류가 분명치 않다는 점에

베세르마닌인[19)]

있다. 공식적으로 베세르먀닌인은 우드무르트인처럼 핀-위그르 민족이지만, 튀르크계 민족들이 가지고 있는 특징을 가지고 있다. 이들의 언어는 우드무르트어의 방언으로 여길 만큼 우드무르트어와 유사하지만, 발음이나 어휘에서는 튀르크어와 유사한 점을 많이 찾을 수 있다.

베세르먀닌인은 현재 러시아 남부 볼가 강 유역의 우드무르트 공화국 북서쪽(쳅차 강)에 주로 거주하고 있다. 1926년 10,034명으로 집계된 베세르먀닌인은 2002년 3,122명, 2010년 러시아연방 인구조사에 의하면 2,101명으로, 인구가 점점 감소하고 있다.

· 베세르먀닌인의 기원

베세르먀닌인은 스스로를 '베세르만'(Бесерман)이라 불렀는데, 이 말은 본래 '무슬림'을 뜻하는 말이다. 베세르만이라는 단어 자체가 고대 루시부터 회교도, 또는 이교도를 뜻하는 러시아어인 바수르마닌(Басурманин)과 유사하다. 13-15세기 러시아 연대기에서는 카마 강 하류와 볼가 강 유역에서 사는 이 민족을 베세르먀닌으로 불렀다. 그렇지만 17세기 어떤 사료에서는 이들을 추바시인으로 지칭했다.

베세르마닌인의 기원에 대해서는 여러 학설이 존재한다. 어떤 학자들은 볼가 불가르 왕국에 살던 남우드무르트인 일부가 이슬람을 받아들였으며, 이로써 이들은 우드무르트 민족과는 다른 민족이라고 자각하기 시작했고 '무슬림'이라는 뜻의 '베세르만'이라는 이름으로 불렸다고 주장한다. 다른 학자들은 고대 불가르가 몽골-타타르에 의해 붕괴된 이후, 우드무르트 지역, 그중에서도 북서부의 쳅차 강으로 이주한 일부 불가르인의 후손이 베세르마닌인이라고 보고 있다. 우드무르트 민족의 일부가 이슬람을 받아들였다는 첫 번째 학설과 달리, 두 번째 주장은 본래 무슬림이던 고대 불가르 인구 일부가 우드무르트 민족 영토로 이주했다는 것이다. 즉, 우드무르트화된 튀르크 민족이냐, 아니면 튀르크화된 우드무르트인이냐는 점에 논쟁의 핵심이 있다. 이러한 논쟁은 여전히 진행 중이다.

학설은 엇갈리지만, 애초 '베세르마닌인'은 '무슬림'을 의미한다는 것은 일치한다. 볼가 강 유역에는 우드무르트인, 마리예츠인과 같은 핀-위그르 민족과 함께 추바시인, 바시키르인처럼 튀르크계 민족들도 있다는 것을 상기해본다면, 이와 같은 민족 기원에 대한 논쟁이나 이들 간의 종교문화적 교류는 쉽게 이해할 수 있다. 실제로 베세르마닌인의 탄생에는 추바시와 같은 튀르크 그룹이 일조했을 것이라고 보는 학자들도 있다. 이처럼 베세르마닌은 우드무르트 민족과 튀르크 민족의 영향을 모두 받았다는 것을 유추해 볼 수 있다.

애초에 베세르마닌이라는 명칭은 무슬림을 뜻하는 것이었지만, 이들이 오늘날에도 무슬림이라는 것은 아니다. 이들은 18세기 정교를 받아들였고, 오늘날에도 정교는 이들의 종교로 남아 있다. 이들의 종교 역사는 여러 종교의 복잡한 상호작용으로 점철된다. 베세르마닌의 삶에는 정교 신앙과 더불어 토속신앙, 그리고 이슬람 요소도 공존하고 있다.

· 전통의복

베세르먀닌인은 밝고 화사한 색깔의 의상을 좋아한다. 그 중에서도 붉은 계통의 옷을 많이 입는다. 겨울 의상에는 체크무늬가 많이 사용되며, 여름 의상에는 줄무늬가 많다. 베세르먀닌 의복에서는 다양한 무늬를 볼 수 있는데, 여기에는 베세르먀닌인의 세계관이 녹아있다. 이러한 무늬들은 민족의 기원을 상징하거나 나쁜 기운으로부터 수호하는 부적의 의미를 갖고 있다.

전통 여성 의상은 면으로 만든 일자 모양의 셔츠인 데렘(Дерем)이 기본이다. 데렘의 가슴 부분은 자수, 끈, 주름 등으로 장식되어 있다. 자수 역시 붉은색, 파란색, 오렌지색이 대부분이며, 부분적으로 초록색, 노란색이 사용된다. 베세르먀닌 여성 의복의 특징은 가슴 장식에 있다. 화려한 색상의 자수나 끈뿐만 아니라, 조개껍질, 동전, 산호, 유리구슬 등으로 목 아래부터 가슴 부분 전체를 장식한다. 데렘의 테두리 부분은 검은색으로 장식한다. 베세르먀닌 여성은 복사뼈까지 내려오는 폭이 넓은 바지도 입는다. 폭은 넉넉하고 발목 부분은 좁게 되어 있는 이러한 바지는 인근의 튀르크계 민족에게서 흔히 볼 수 있다. 겉옷으로는 가운처럼 헐렁하고 긴 옷을 입는다.

미혼 여성들은 끝이 뾰족하게 생긴 크지 않은 모자를 쓴다. 이 모자에도 동전, 조개껍질, 유리구슬 등으로 장식되어 있다. 기혼 여성들은 얇은 흰색 천으로 만든 머릿수건을 두르거나, 동전이나 구슬로 장식되어 있는 투구와 유사하게 생긴 모자를 쓴다.

축제가 되면 베세르먀닌 여성들은 치마 위에 지빈(Зыбын)이라고 하는 것을 덧입는데, 지빈은 밝은 황갈색의 앞치마로 가슴 부분과 가장자리 부분에 화려하게 장식되어 있다. 여기에 여러 장식이 되어 있는 머릿수건이나 타타르식 모자인 카시파(Кашпа)를 쓴다.

베세르먀닌 여성의 전통의상과 모자[20)]

남성 의상의 기본은 데렘과 긴 바지로, 우드무르트 남성이나 러시아 남성 의상과 유사하다. 다만 여름 축제가 되면 소매 부분과 가슴 부분에 자수로 장식된 데렘과 화려한 허리띠를 착용한다.

· 전통음식

베세르먀닌인의 전통경제활동은 농업으로, 이들은 호밀, 보리, 귀리, 삼, 그리고 당근, 양배추, 순무와 같은 채소를 길렀다. 삼과 아마에서는 기름을 추출하기도 했다. 또한 축산업도 발달했다. 반면 사냥이나 어업이 이들의 생활에서 차지하는 부분은 적었다. 이는 이들의 식생활에 중요한 영향을 미쳤다.

베세르먀닌인의 식단은 계절에 따라 다르다. 봄과 여름에는 곡물과 다양한 유제품, 달걀, 야채, 식용가능한 산나물, 열매, 버섯 등이 식탁에 자주 올라온다. 겨울에는 고기, 껍질을 벗겨낸 곡물, 채소 등을 주로 먹는다. 베세르먀닌인은 다양한 종류의 고기를 먹는데, 과거 이슬람 전통으로 돼지고기를 먹는 것은 터부시돼왔다.

수프로는 고기 수프, 탈곡한 곡물과 야채, 그리고 발효한 호밀 반죽으로 작게 만든 경단을 넣은 수프가 있다. 여러 수프 중 푸시티옌 시드(Пуштыен шид)는 휘저은 달걀을 넣은 수프로, 베세르먀닌 가정에서 자주 먹는 가장 대중적이면서도 대표적인 베세르먀닌 음식이라고 할 수 있다. 이러한 수프는 평상시뿐만 아니라 축제 때에도 먹는다. 푸시티옌 시드에 달걀이 들어간 것처럼 베세르먀닌 음식에는 달걀이 자주 사용된다. 오믈렛과 비슷한 플로시카(Плошка) 역시 유명하다. 플로시카는 도자기 찻잔에 달걀을 풀어 넣어 오븐에서 구운 음식이다.

대표적인 전통음식으로 죽을 빼놓을 수 없다. 죽은 본래 제례용 음식이었다. 인기 있는 죽으로는 고기 국물에 보리가루, 정맥, 수수 등 다양한 곡물을 섞어서 끓인 것이다. 우유에 달걀을 넣어 만든 죽도 자주 즐긴다. 콩, 밀가루, 보리 등으로 우리나라의 묵과 같은 키살(Кисаль, 러시아의 키셀)을 만들어 먹는다.

베세르먀닌인은 '냔'(Нянь)이라고 불리는 빵과 반죽 위에 트보록, 붉은 무, 당근, 달걀, 고기, 생선, 감자, 열매 등 다양한 재료를 얹은 파이인 샨가와 페레페치, 타반(Табнь)이라고 불리는 얇고 넓은 빵을 즐긴다. 이 중에서 페레페치는 우드무르트인들도 즐겨 먹는데, 베세르먀닌인들은 페레페치를 잔치 음식이라고 여겼다. 페레페치는 호밀로 반죽을 만들고 그 위에 삶아서 간 고기, 양배추나 신 양배추, 버섯, 파 등을 얹어 구워낸다.

베세르먀닌 음식은 대부분 우드무르트 음식과 비슷하지만, 그중에는 우드무르트인은 전혀 먹지 않고 튀르크 민족에게서는 찾아볼 수 있는 음식도 있다. 대표적인 것이 말고기로 만든 소시지인 쿠를로이(Курлой)다.

쿠를로이[21]

베세르먀닌인 식단에서 중요한 위치를 차지하는 것은 우유이다. 베세르먀닌인은 신선한 우유를 끓여서 마시고, 우유를 발효시켜 만든 스메타나, 트보록, 산유의 일종인 아리얀을 먹는다. 아리얀은 튀르크 민족들이 신 우유에 찬물을 섞어 마시는 아이란(Айран)과 같다. 산열매 역시 베세르먀닌인 식단에서 빼놓을 수 없다. 금방 딴 산열매뿐만 아니라, 말린 산열매도 즐긴다.

전통 음료로는 러시아의 크바스와 같이 보리로 만든 음료인 슈카시(Сюкась), 수르(Сур, 술)가 있다. 가정집에서는 가벼운 도수인 브라가와 도수가 꽤 높은 쿠미시카(Кумышка)를 직접 만들어 마신다.

· 전통 주거양식

모든 민족이 그렇듯이, 베세르먀닌인도 강이나 샘, 시냇물 근처에 집을 짓는다. 베세르먀닌 전통가옥을 짓는 자재는 주로 침엽수이다. 이들의 전통가옥은 러시아 이즈바와 유사하다. 보통 일층 건물로 네 개나 다섯 개의 벽으로 구분된다. 도끼 등으로 잘라 대충 모양을 다듬은 나무로 집 내부의 벽을 만든다.

집 안의 성스러운 장소는 난로로, 베세르먀닌인은 본래 점토를 발라 만들었으나 20세기에 들어서는 벽돌로 만들기 시작했다. 집 내부

안쪽에는 판자 침대를 놓는데, 집 내부 면적의 1/3 정도를 차지한다. 벽을 따라서 크고 넓은 긴 의자를 두는데, 그 위로는 선반이 걸려 있다. 일반적으로 입구의 반대쪽 구석을 상석이라고 보는데, 베세르먀닌 가옥의 상석에는 다리가 크고 묵직한 탁자와 등 부분에 조각이 새겨진 의자를 두었다. 이 자리는 가장이나 중요한 손님을 위한 자리라고 할 수 있다.

베세르먀닌 가옥의 내부 모습22)

베세르먀닌인에게는 가족이나 혈통, 가문과 관련된 수많은 의식들이 있는데, 이 중에서도 조상(씨족) 자체를 의미하는 '보르슈드'와 보르슈드의 성스러운 물건을 모시는 관습은 특별하다. 베세르먀닌인은 보르슈드를 가족의 수호자인자 하나의 신으로 보며, 성물을 쿠알라(Куала)라고 부르는 곳에 보관한다. 이것은 우드무르트인의 풍습과 굉장히 비슷하다. 우드무르트인 역시 조상신인 보르슈드를 섬겼으며, 쿠알라에 보르슈드가 거주한다고 믿었다.

· 토속신앙 & 가정의례

베세르먀닌인의 고대 관습 중 주목할 것은 성스러운 숲과 나무에 대한 제(祭)이다. 이것은 볼가-우랄 인근의 여러 민족들, 특히 핀-위그르 민족에게서 공통적으로 찾아볼 수 있는 특징이다. 이웃 민족들처럼 베세르먀닌인 사이에서도 하늘과 사람의 중개자 역할을 하는 샤만이 있으며, 이 사람은 성스러운 숲에서 하는 제를 인도하고 진행한다.

이와 같은 관습이 우드무르트인과 같은 핀-위그르 민족의 영향에서 비롯됐다면, 이슬람 특유의 풍습도 존재했다. 베세르먄인인은 매년 기도를 하기 위해 마을에 성직자(회교승)인 물라(Мулла)를 초청한다. 특히 장례식에는 물라가 반드시 있어야 한다. 물라의 역할은 베세르먄인인의 생활에서 다방면으로 중요한 역할을 수행한다. 예를 들면, 베세르먄인인이 봄이 돼서 가축을 들판으로 내보낼 때 물라는 밀가루나 곡식을 들판에 가져가 뿌린다.

베세르먄인인의 전통적인 가정의례나 축제는 모든 동네 사람들이 참여하는 것이 특징이다. 베세르먄닌 사회에서 주축이 되는 것은 한 마을 사람들로 구성된 이웃 공동체이다. 우리나라의 품앗이나 두레처럼 베세르먄인인 사회에서도 '베메'(Вэмэ)라고 하는 이웃 또는 친인척이 모여 상부상조하는 풍습이 있었다. 이것은 1930년대까지 유지됐다. 베세르먄인인 가정의례에서도 이러한 공동체 의식을 찾아볼 수 있다.

먼저 출산 의례를 살펴보자면, 한 생명의 탄생을 위한 조심스러움과 외부에 대한 경계심이 동반되는 것이 특징이다. 우선 여성이 임신을 하게 되면, 주위 사람들에게 자신의 임신 사실을 숨긴다. 이것은 나쁜 기운으로부터 아이를 보호하는 의미를 가지고 있을 뿐만 아니라, 나이가 많은 주변 사람들에 대한 예의이기도 했다. 여성들은 임신 기간 동안 부적의 의미로 바늘, 핀, 금속으로 만든 제품, 염소나 개의 털을 몸에 지닌다.

출산은 목욕탕에서 이루어진다. 출산을 돕기 위해 산파(보통 할머니)가 자리를 함께 하며, 산파는 아이를 받아 신생아의 몸을 씻기며 탯줄, 태반과 관련된 의례를 진행한다. 태반의 보관도 중요한 의미를 갖고 있다. 남아의 태반은 축사의 말 우리 근처에 보관하며, 여아의 태반은 수예 도구와 함께 보관한다. 태반은 한 인간을 보호하는 부적이라고 여겼기 때문에, 꼼꼼하게 잘 씻은 후 흰 천으로 감싼 후에 낡은 짚신 안에 넣는다. 그 위를 작은 판자로 가린 후 땅에 파묻는다. 태반을 앞에 두고 절을 올리고 버터를 가져다 둔다. 버터는 베세르먀닌인의 전통의례에서 중요한 역할을 한다. 베세르먀닌인은 버터를 제례용 음식으로 여겼으며, 전통의례에 참여한 친인척과 지인들은 버터를 나눠 먹는다.

친인척과 지인들이 신생아를 만나러 오는 것도 하나의 의례로 볼 수 있다. 아이가 태어난 날 베세르먀닌인이 최고의 신으로 여겼던 인마르(Инмар)와 조상들에게 아이의 건강과 행복을 기원하는 특별한 기도를 올린다. 아이가 앞으로 풍요롭게 잘 살기를 기원하는 의미로 버터가 담긴 항아리 안, 또는 그 옆에 동전을 두고, 갓난 아기의 손바닥에도 동전을 쥐어준다. 오늘날에는 대부분 병원에서 출산하기 때문에 병원에서 여성이 집으로 돌아온 후 이러한 의식을 행한다.

혼례 역시 흥미로운 베세르먀닌 전통 의례라고 할 수 있다. 결혼을 성사시키는 방법은 두 가지가 있다. 하나는 신부 보쌈이다. 결혼식 전 혼사가 오갈 때 예비 신랑은 신부를 훔쳐 창고나 헛간에 숨겨 놓는다. 그러면 부모는 딸이 이미 약혼했다고 생각하고 이제는 더 이상 자신의 딸이 아니라고 여긴다. 이후 본격적인 결혼식이 진행된다. 그러나 이것은 신랑이나 신부의 집이 가난한 경우 일어난다. 왜냐하면 신랑이 신부 측에 돈을 지불해야 하기 때문이다.

베세르먀닌인의 전통 혼례에 있어서 신부를 훔치는 것보다 일반적인 것은 중매쟁이를 통한 것이다. 중매쟁이들은 신랑과 신부의 가족을 소개해 주는 것뿐만 아니라, 결혼 과정에서 일어나는 모든 의례들을 이행하는 역할을 한다. 결혼 전에는 중매쟁이를 통해 약혼, 칼림(Калым, 신랑 측이 신부 측에게 주는 돈)의 액수, 신랑과 신부 집에서 열릴 피로연, 결혼식 후 방문 계획 등에 대해 양가가 합의한다. 합의에 다다르면 신부의 부모는 탁자에 식탁보를 깔고 카라바이를 준비한다. 그리고 식사를 마련하며, 중매가 성사됐음을 증명하는 의미로 중매쟁이들에게 수건, 손수건, 루바하 등을 선물한다.

이로부터 며칠, 또는 몇 주가 지난 후 신랑의 친인척들은 신부의 집을 방문하여 칼림을 지불하고 결혼식 날짜를 정한다. 이후 신부의 부모는 곧 사돈이 될 집을 찾아가 집안을 둘러보고 장래의 사돈으로부터 선물을 받는다. 이 선물은 신부의 부모가 중매쟁이들에게 줬던 선물과 비슷한 수준이어야 한다. 이렇게 결혼 전 상호 방문이 끝나면 본격적인 결혼 준비가 시작된다. 선물 준비, 친인척에게 결혼 공지 등이 이에 해당하며, 결혼식이 다가와서는 목욕탕을 데우고 데비치닉(Девичник)을 지낸다. 데비치닉은 결혼식 전날 밤 신부 집에서 열리는 잔치를 말한다.

신랑과 신부의 집에서 행하는 결혼식은 베세르먀닌인 결혼식의 정점이라고 할 수 있다. 먼저 신부의 집으로 신랑 일행이 온다. 신랑은 아침 일찍 신부의 집으로 떠나는데, 신부의 집에 도착하면 칼림을 지불한다. 신부의 가족은 신랑 일행을 빵과 끓여 녹인 버터로 맞이한다. 러시아인들이 빵과 소금으로 신혼부부의 행복을 축복하는 것과는 조금 다르다고 할 수 있다. 모인 사람들은 푸짐한 잔칫상을 여러 차례 즐긴다. 첫 번째와 마지막 잔칫상은 신부의 부모가 직접 차리며, 나머지는 친인척이 담당한다.

신부의 집에서 실컷 잔치를 즐기고 나서, 신랑의 집으로 향한다. 신부 측은 신랑의 집으로 가기 전 궤와 침구를 산다. 그후 모든 가족은 긴 의자에 앉고, 신혼부부는 무릎을 바닥에 대고 서서 가족의 발을 보고 절을 하며 축복을 받는다. 이 후 신혼부부는 신부의 가족과 집에 안녕을 고하고 신랑의 집으로 이동한다.

신랑의 집에서도 역시 신혼부부를 빵과 버터로 맞이한다. 집안에 들어온 다음 신부를 쿠션이나 이불 위에 앉히는데 이것은 신부가 행복하고 풍요롭게 살라는 의미이다. 본격적인 잔치는 친인척과 신부 측 손님이 도착하는 그 다음날 이뤄진다. 잔치는 혼수품을 확인하고 신부가 신랑의 친인척에게 선물하는 것으로 시작된다. 신랑의 집에서 이뤄지는 의례 중 중요한 것은 그 동네의 샘에 가서 예를 갖추고 물을 떠 오는 것이다. 신부는 샘물의 물로 얼굴과 손, 신발을 씻는다. 신부는 그 샘가에 빵과 동전을 둔 후 물을 떠 집으로 돌아온다. 신부는 레표시카를 굽고, 시어머니는 손수건이나 앞치마를 며느리에게 선물한다. 그 후 신부가 바닥을 쓸면, 손님들은 동전을 던진다. 나중에 신부가 이 동전들을 주워 모으는데, 이는 신부에게 주는 일종의 선물인 셈이다. 결혼식이 이렇게 끝나면 양가가 서로를 방문하여 음식을 즐기고 선물을 교환한다.

베세르먀닌인의 장례는 이들 사이에서 깊이 뿌리박혀 있는 조상 숭배 의식, 그리고 사후 세계에 대한 믿음과 밀접한 관련이 있다. 베세르먀닌인은 살아있는 사람이 사는 '이쪽 세상'과 죽은 사람들이 사는 '저쪽 세상' 또는 '북쪽 끝'이 있다고 믿었다. 한 동네 사람들, 또는 친인척들은 공동묘지인 '샤이'(Шай)를 대지가 높고 해가 잘 드는 곳에 마련한다.

베세르먀닌인은 마지막 숨과 함께 사람의 영혼이 육체에서 나간다고 생각하기 때문에 죽음이 다가오면 벽난로의 공기가 드나드는 구멍을 열어 영혼이 밖으로 자유롭게 나갈 수 있도록 하며, 망자의 머리맡에는 영혼이 목욕할 수 있도록 물이 담긴 받침 접시를 놓는다. 죽음의 순간이 다가오면 관과 시신에 수의를 입히는 소렴을 준비한다. 한국에서처럼 나이든 사람들은 미리 자신의 수의를 준비하는데, 이때 수의란 상하의, 털양말, 모자 또는 머리쓰개, 벙어리장갑 등 완벽한 한 벌을 말한다. 이때 신발은 편안한 것으로 고르는데, 이는 저쪽 세계로 가는 먼

길을 망자가 잘 걸을 수 있도록 함이다. 정교의 영향으로 망자의 목에 십자가를 걸어둔다. 그리고 관에 망자의 개인적인 물건도 같이 넣는다.

장례는 망자가 세상을 떠난 다음 날, 혹은 세 번째 날 시작한다. 한 동네 사람들이 정오쯤 장례식에 찾아 오는데, 장례식 상을 위해 각자 음식이나 빵 같은 것을 가져온다. 이 전통은 이웃 공동체의 상호협력을 뜻하는 것이다. 이때 가져온 음식은 이미 세상을 떠난 모든 사람들을 위한 것이라 생각한다. 베세르먀닌인은 장례식에 빈손으로 오면 세상을 떠난 사람들이 섭섭해 하며, 저쪽 세상에 가서도 굶주린 채로 있게 된다고 믿었다. 망자의 가족과 가까운 친인척들은 음식을 묘지에도 가져간다.

장례식에 참석한 사람들은 망자와 인사를 하고 관을 한 바퀴 돈다. 망자의 가족들은 손님들에게 실 뭉치를 나눠줬는데, 오늘날 이것은 손수건으로 바뀌었다. 실을 줬던 이유는 실이 곧 길을 뜻하는 것이며, 그 길을 따라 망자가 저쪽 세상에 간다고 믿었기 때문이다. 무덤을 사야 된다는 의미에서 관이 들어가는 자리에 동전을 던진 후 관을 넣는다. 관은 긴 수건으로 싸서 무덤 안으로 내려놓고 그 천을 자른 후, 무덤을 파고 관을 옮겼던 사람들에게 나눠준다. 관이 무덤 안에 들어가면, 사람들은 흙 한 줌씩을 무덤 안으로 뿌려 넣는다.

무덤에서 바로 첫 번째 제사 음식을 차린다. 음식의 일부는 다른 친인척의 무덤에도 두고 온다. 장례식에서 돌아오면 식탁을 다시 차린다. 이때 보통 고기 수프와 고기 육수에 끓여낸 보리죽을 준비한다. 망자를 위해 별도의 상을 마련하거나, 성소 아래에 음식을 따로 준비한다. 음식을 먹기 전 망자와 모든 조상들을 식탁으로 초대하는 의식을 치르고, 저쪽 세상에서 망자가 행복하게 살기를 기원한다. 음식을 먹으며 장례식은 끝을 맺는다.

6장

볼가-우랄 지역의 튀르크 민족

이 장에서는 볼가 강 유역과 우랄 산맥의 서남부 지역에 사는 튀르크계 민족에 대해 살펴본다. 타타르인, 바시키르인, 추바시인은 각각 타타르스탄, 바시코르토스탄 공화국, 추바시 공화국의 명목민족이다. 반면, 나가이바크인은 러시아 정부가 지정한 공식 소수민족이며, 별도의 민족영토를 가지고 있지 않다.

볼가-우랄 지역 튀르크 민족의 주요 거주지

러시아에서 두 번째로 큰 민족, 타타르인

명 칭	타타르(Татар (단수형), Татары(복수형))
인구수	5,310,600명
민족구분	튀르크계
종 교	이슬람(수니파)
주요 거주지	타타르스탄 공화국

러시아 역사에서 자주 등장하는 민족 중 하나는 타타르인이다. 타타르인은 러시아에서 러시아인 다음으로 인구수가 많다. 2010년 인구조사 결과, 타타르인은 총 5,310,600명으로, 러시아 전체 인구의 약 4%를 차지한다. 타타르인은 러시아연방에서 민족공화국을 가진 21개 민족 중 하나이며, 러시아의 대표적인 이슬람 민족이기도 하다. 세계적으로 유명한 타타르인으로는 테니스 세계랭킹 1위를 차지했던 마라트 사핀을 들 수 있다. 한국에는 잘 알려지지 않았지만, 1970년대 소련과 유럽에서 열린 유수의 체조대회와 세계선수권대회, 그리고 올림픽에서 수차례 우승을 거두며 루마니아의 체조요정 코마네치와 어깨를 나란히 했던 넬리 김은 사할린 출신의 한인과 타타르인 사이에서 태어났다.

· 타타르인의 기원

타타르인은 러시아의 대표적인 튀르크계 민족이다. 타타르라는 명칭은 6-9세기 중앙아시아와 시베리아 남쪽에서 유목하던 몽골계와 튀르크계 종족 사이에서 등장하여 점차 확산됐다. 13세기 칭기즈 칸이 영

타타르인[1)]

15-16세기 카잔 타타르 한(Khan)의 모습[2)]

토를 정복해 나가면서 여러 민족들이 킵차크 한국에 복속됐고, 이들은 타타르라는 이름으로 통칭됐다. 칭기즈 칸의 군대가 유럽을 위협하게 되자, 유럽에서는 그리스신화에서 지하세계, 지옥을 의미했던 타르타로스라는 이름과 혼동되어 칭키스 칸의 군대와 그 종족을 타타르로 부르게 됐다. 13-14세기 종족 간 교류를 통해 킵차크 한국의 튀크르계 종족과 몽골계 종족이 통합되었고, 이 과정에서 핀-위르그계 토착 종족들도 포함됐다. 킵차크 한국의 붕괴 이후 형성된 여러 한국(汗國), 예를 들면 카잔 한국, 크림 한국, 아스트라한 한국 등에서는 가장 상위계층을 타타르로 불렀다. 이후 이들 한국이 차례로 러시아에 병합되면서 이 지역 평민들도 타타르로 불리게 됐다. 타타르라는 명칭은 점차 확대되어 제정 러시아 시기만 하더라도, 아제르바이잔인이나 하카스인 등 거의 모든 튀르크계 민족들을 뚜렷한 구분 없이 타타르라고 불렀다.

· 타타르 민족의 형성 단계

타타르 민족기원에 대한 여러 가지 이론이 존재하고 있다. 그중 대표적인 것은 튀크르-타타르 이론, 불가르-타타르 이론, 타타르-몽골 이론이다. 오랫동안 두 번째 이론이 일반적으로 인정받다가, 오늘날에는 이 이론보다는 튀크르-타타르 이론이 학계의 지지를 받고 있다. 이 이론에 따르면, 타타르라는 민족은 다음과 같은 몇 단계에 거쳐 형성, 발전했다.

1) 6세기 중반 - 13세기 중반: 민족 형성의 초기 단계

볼가 불가르, 하자르 한국, 폴로베츠인 등 튀르크계 종족들이 타타르 민족의 형성에 중요한 역할을 했다. 특히 볼가 불가르는 이슬람적인 전통과 도시 문화, 10세기 이후 아랍 문자를 기반으로 한 문자를 발전시켰는데, 이는 추후 타타르 문화의 기반이 된다.

2) 13세기 중반 - 15세기 초반: 중세 타타르 민족-정치 공동체 형성

타타르인은 하나의 국가(킵차크 한국, 카잔 한국) 안에서 튀르크계 종족들의 다양한 전통을 통합시켰으며, 이를 기반으로 민족정치적 이데올로기, 문화, 공동체 의식 등을 만들어냈다. 이 시기 킵차크어를 기반으로 옛 타타르어가 만들어졌으며, 문어의 체계가 잡히면서 타타르어로 쓰여진 문학작품이 탄생했다. 이 단계는 킵차크 한국의 붕괴와 함께 종료됐으며, 이와 함께 카잔 타타르(Казанские татары), 미샤리(Мишари), 아스트라한 타타르(Астраханские татары), 시베리아 타타르(Сибирские татары) 등 각각의 지역정체성을 가진 새로운 타타르 그룹들이 형성됐다.

3) 러시아 구성원으로서의 타타르인

모스크바 공국의 세력이 강해지면서, 볼가 강, 우랄 산맥 인근과 시베리아가 러시아로 병합됐다. 이에 따라 다양한 지역에 거주하는 여러 타타르 그룹이 동일한 문화권에 놓이게 됐으며, 동시에 그들 간의 언어, 문화적 교류도 보다 용이해졌다.

· 지역별 타타르 공동체

러시아의 타타르인은 주요 거주 지역에 따라, 볼가-우랄 타타르, 시베리아 타타르, 아스트라한(카스피 해 부근) 타타르 등 여러 그룹으로 나눌 수 있다. 일부는 각 그룹간의 차이가 심해, 별개의 민족으로 간주되기도 한다. 가장 큰 그룹은 볼가-우랄 그룹으로 여기에는 카잔 타타르, 카시모프 타타르(Касимовские татары), 미샤리, 크랴셴(Кряшены)이 속해 있다.

2014년 우크라이나 땅이었던 크림 반도가 러시아로 넘어가면서 그곳의 크림 타타르가 세간의 주목을 끈 바 있다. 타타르라는 이름 때문에 몽골-타타르인의 하부 그룹으로 혼동될 수 있지만, 크림 타타르는 몽골-타타르가 러시아를 침입하기 훨씬 이전에 이미 유럽 동부에 살던 튀르크계와 캅카스계(코카서스) 종족들의 후손이라고 할 수 있다. 앞서 언급했듯이 타타르라는 이름이 오랫동안 분명한 구분 없이 통용되면서 생겨난 명칭이라고 할 수 있다. 타타르인은 중국에도 있는데, 현재 중국 서부의 신장위그르자치구에 주로 거주하고 있다. 1940년대 중반만 하더라도 만주 지역에도 타타르인들이 살고 있었으나, 이들은 2차 세계대전, 일제의 만주 침략 등으로 다른 국가들로 이주했다.

오늘날 러시아에 거주하는 타타르인의 약 36%가 자신의 영토인 타타르스탄 공화국에 거주하며, 인근의 바시코르토스탄 공화국, 울랴놉스크 주와 시베리아, 중앙아시아, 극동 지역까지 전역에 살고 있다.

· 러시아 타타르인의 중심지, 카잔

카잔 한국의 중심지이자, 오늘날 타타르스탄의 수도 카잔은 러시아 타타르인의 중심지이다. 카잔은 본래 볼가 불가르(Волжская Булгария)의 북쪽 국경을 수비하는 요새로 건설됐다. 1438년 카잔은 킵차크 한국에 의해 정복됐고, 카잔 한국의 수도로 성장했다. 모스크바 공국이 세력을 키우면서 카잔 한국은 여러 차례 모스크바의 공격을 받게 된다. 결국 1552년 폭군 이반이라고도 불렸던 이반 4세는 카잔을 정복하는데 성공한다. 러시아의 대표적인 상징물인 모스크바 붉은 광장의 성 바실리 사원이 이반 4세가 카잔 정복을 축하하기 위해 만들어졌다는 것은 널리 알려진 사실이다.

카잔이라는 이름의 기원에 대해서 여러 전설이 내려오고 있다. 모든 전설은 "솥"이라는 뜻의 '카잔'(Казан)이라는 고대 불가르 단어와 관련 있다.

카잔 상징인 질란타(Зиланта)[3)]

가장 널리 알려진 세 가지 전설을 소개하자면 다음과 같다. 볼가 불가르의 한(Khan)은 도시를 건설하기 전, 지혜로운 사람들을 불러 모아 조언을 구했다. 그 중 한 노인이 예언하길, "큰 솥에 물을 길어 수레에 올려놓고 그 아래로는 불을 때우시오. 그리고 말들이 그 수레를 전속력으로 끌도록 하시오. 솥이 펄펄 끓기 시작하는 곳에 도시를 지으시오." 한은 그 말을 듣고 그대로 시행했으며, 솥이 끓는 곳에 도시를 짓고, 카잔이라고 불렀다. 오늘날 카잔의 천년 광장에는 "끓는 솥"이라는 이름을 가진 분수가 있다.

두 번째 설은 몽골 제국의 침입과 관련 있다. 몽골 한(Khan)인 한티메르가 볼가 불가르의 수도 불가르를 포위하고 점령했다. 용맹스러운 남성들은 모두 죽음을 당했고 여성들은 포로로 잡히게 됐다. 그 중 지혜로운 노파인 투이비카는 살아남은 자들을 배에 태우고 어느 깊은 밤 볼가 강을 따라 도망쳤다. 투이비카는 부와 풍요로움의 상징이었던 큰 솥만 챙기고 길을 떠났다. 투이비카 일행은 마침내 한 기슭에 다다르게 된다. 그들은 아름다운 그 곳이 마음에 들어 새로운 도시를 만들기로 했다. 그렇지만 새로운 곳에 행복하게 오래 살려면 갖고 있는 것 중에 가장 값진 것을 내놓아야 했다. 투이비카는 결국 자신이 아끼던 솥을 내놓았고, 사람들은 땅 깊숙이 솥을 파묻고, 새 도시를 지어 '카잔'이라 불렀다.

또 다른 전설을 소개하자면 다음과 같다. 불가르 왕국의 마지막 한(Khan)인 가브둘라의 아들은 물을 뜨기 위해 동으로 만든 큰 솥을 강가로 가지고 갔다. 강기슭이 꽤 경사가 급한 탓에 무거운 솥을 들고 있던 왕자는 제대로 서있지 못하고, 그만 솥을 놓쳐 버렸다. 솥은 데굴데굴 굴러 강에 빠져버렸고, 물살이 빠른 강은 솥을 이내 삼켜 버렸다. 이후 이 강을 카잔-수(Казан-су, 솥-강) 또는 카잔카라 불렀다. 그리고 그

강가에 세워진 도시를 '카잔'이라 불렀다.

· 전통의상

타타르 전통문화는 러시아의 여타 민족과는 확연히 구분되는 특징을 갖고 있다. 우선 타타르 남녀 기본의 의상은 헐렁한 셔츠로, 남성의 경우 무릎까지, 여성의 셔츠는 발까지 가릴 정도로 길다. 남녀 모두 이 셔츠에 폭이 넓은 바지인 샤로바리(Шаровары)를 입고, 단추가 따로 없고 소매가 없는 조끼인 캄졸(Камзол)을 입는다. 여성은 바지 대신 에이프런이 달려 있고 가장자리에 넓은 주름이 잡힌 치마를 입기도 한다. 기본 의상 위에 깍지 단추를 채우는 헐렁한 윗도리나, 단색 또는 줄무늬의 길고 품이 넓은 겉옷을 입는다. 겨울에는 솜을 넣어 누빈 외투나 모피 코트를 입는다. 여행을 떠날 경우 허리띠가 달린 일자형의 털외투 또는 나사천으로 만든 비슷한 모양의 체크멘(Чекмень)을 입는다.

타타르 여성의 전통축제의상(칼팍 포함)[4]

타타르 전통의상을 입은 인형[5]

타타르 전통의복 중 눈길을 끄는 것은 모자이다. 타타르 남성은 납작한 원통형의 튜비테이카(Тюбитейка)를 쓴다. 겨울에는 이 위에 누빔 모자나 모피 모자를 쓰며, 여름에는 펠트 모자를 쓴다. 타타르 여성은 튜비테이카와 비슷하게 생긴 모자나 '칼팍'(Калфак)이라고 하는 벨벳으로 만든 원추형의 모자를 쓰거나 수건을 머리에 두른다. 타타르 여성들은 귀걸이, 팔찌 등으로 장식하는 것을 좋아하며, 상의의 앞부분뿐만 아니라 땋은 머리에도 은전으로 장식한다.

전통 신발은 부드러운 구두창을 댄 가죽신발 이치기(Ичиги)가 있다. 집밖에서는 이치기 위에 가죽 덧신을 신는다. 일을 할 때는 흰색 긴 양말에 짚신을 신는다.

· 전통음식

타타르 전통식단은 주로 고기와 유제품, 발효하여 신 맛이 나는 빵, 다양한 밀가루 제품으로 구성된다. 타타르인이 좋아하는 음식은 집에서 만든 면으로, 고기 국물에 돼지기름을 굳혀 만든 살로와 신 우유 등을 넣어 같이 끓인 것을 육수로 한다. 바우르삭(Баурсак)은 타타르인이 좋아하는 음식으로 밀가루 반죽을 동그랗게 만들어 살로나 기름에 튀긴 것이다. 바우르삭은 몽골인, 카자흐인, 키르기스인 등 중앙아시아 민족도 즐겨 먹는 음식이다. 타타르 음식 중 착착(Чак-чак)은 바우르삭과 같이 밀가루 반죽을 작게 떼어 튀긴 다음 견과류와 꿀을 섞어 굳힌 과자로, 다른 민족에게도 인기가 많다. 타타르인들은 밀가루 음식 외에도 콩, 밀, 보리 등 다양한 곡물로 만든 죽 역시 좋아한다.

무슬림인 타타르인은 돼지고기를 먹지 않는 대신, 양고기, 소고기를 즐긴다. 타타르인 중 미샤리 그룹에서는 말고기가 특히 인기가 많다. 대표적인 음식으로는 우리나라 순대와 같이, 고기와 곡물을 넣은 콜

착착[6]

바사인 투티르마(Тутырма)와 고기파이인 벨레시(Бэлеш)를 들 수 있다.

또한 타타르인들은 신 우유의 한 종류인 카틱(Катык), 스메타나, 코르트-치즈(Корт-сыр) 등 다양한 유제품을 즐긴다. 음료로는 차 외에 카틱과 신 우유에 물을 섞어 만든 아이란이 있으며, 꿀물과 과일로 만든 시르벳(Ширбэт)이 있다.

· 전통 거주양식

타타르 전통마을은 '아울'(Аул)이라고 하는데, 보통 강변을 따라 형성된다. 마을의 중심에는 이슬람 사원, 공동 곡식창고, 관청, 가게 등이 위치해 있다.

타타르 저택은 크게 두 부분으로 나눌 수 있다. 주거공간과 그 외 창고, 가축우리, 탈곡장, 곡물 건조장, 목욕탕, 텃밭 등으로 나눌 수 있다. 타타르 가옥인 이즈바는 러시아식처럼 통나무 양 끝에 홈을 파서 쌓아올리는 형태로 만들어진다. 통나무 외에도 점토, 벽돌, 돌, 짚 등이 재료로 이용되기도 한다. 타타르 가옥은 주거공간인 이즈바와 현관이 벽을 두고 붙어 있는 경우가 있는데, 이즈바-현관-이즈바 형태처럼 현관을 사이에 두고 다른 건물이 이어지는 경우도 있다. 지붕은 경사면이 두 개 또는 네 개이다. 타타르인들은 판자, 짚, 갈대 등으로 지붕을 이었으며, 때때로 점토를 바르기도 한다.

이즈바 내부는 북부 또는 중부 러시아 이즈바 형태와 비슷하다. 가옥에서 가장 중요한 벽난로(페치)는 방의 입구 옆에 위치하며, 벽을 따라 판자 침상이 놓여 있다. 가옥의 가운데에는 '투르'(Typ)라는 하는 신성한 장소가 있다. 거주공간은 커튼이나 칸막이로 남성과 여성 공간으로 나뉜다. 여성 공간은 부엌이며, 남성 공간은 응접실의 역할을 한다. 잠을 자는 공간은 커튼이나 휘장으로 구분된다. 각종 직물로 만든 수공예품이 집안을 꾸미는 데 쓰이며, 꽃무늬 등을 집 외관에 새겨 장식한다.

스텝 지역의 유목 전통을 간직하고 있는 아스트라한 타타르들은 여름 가옥으로 유르타(이동천막)를 사용한다.

· 토속신앙 및 관습

고대 타타르인들은 다양한 정령과 영혼을 믿었다. 물에는 수아나시(Суанасы), 숲에는 수랄레(Шурале), 땅에는 지르 아나시(Жир анасы), 집에는 오이 이야세(Ой иясе) 등 많은 수호신이 존재한다고 믿었다. 숲에는 수랄레 외에도 케레메티(Кереметь)라고 하는 나쁜 영혼이 살고 있다. 케레메티를 멀리하기 위해 숲에서 제를 올리기도 한다. 샤만과 같은 역할을 하는 이옘치(Йемчи)가 이러한 제를 주도한다.

가정의례 중 전통혼례를 소개하자면 다음과 같다. 전통혼례의 경우,

사반투이 모습[7)]

양가 부모의 동의가 중요하다. 반면, 예비신랑과 신부의 동의는 반드시 필요한 것은 아니다. 혼례에 앞서 양가 부모는 신랑 측이 내야하는 칼림(Калым)의 액수에 대해 합의해야 한다. 신랑 측은 칼림과 혼례 비용을 내야하는 부담 때문에 신부를 보쌈하기도 했다. 결혼식과 피로연은 신부의 집에서 이뤄진다. 결혼식이 끝나더라도 신부는 칼림이 다 지불될 때까지 부모의 집에서 머무는데, 첫 애가 태어날 때까지 그 기간이 늘어나는 경우도 이따금 일어났다.

오늘날 타타르 축제 문화는 이슬람과 밀접하게 관련 있지만, 이슬람 수용 전의 많은 축제와 의식은 대부분 농업주기와 연관되어 있다. 이 중 가장 큰 축제는 사반투이(Сабантуй)로, 여기서 '사반'은 쟁기, '투이'는 결혼 또는 축제를 뜻한다. 사반투이는 파종 전에 즐기던 봄축제로 오늘날까지 타타르인 사이에서 가장 성대한 축제이다. 타타르인들은 달리기, 뛰어넘기, 우리나라 씨름과 유사한 전통 스포츠인 케레시(Керэши), 경마 등에 참여하고, 죽을 나눠 먹으며 사반투이를 즐긴다.

타타르인은 러시아를 구성하는 주요 민족으로, 그들의 땅인 타타르스탄 역시 발전을 거듭하고 있다. 천년 이상의 역사를 지닌 카잔은 1979년 이래 인구 백만이 넘는 러시아의 대도시가 됐으며, 소련 붕괴 이후 글로벌 도시로 거듭나고 있다. 여기에는 오래 전부터 교통의 요지였던 타타르스탄의 자연지리적 요건이 한몫하고 있다. 러시아의 주요 가스관과 석유관이 타타르스탄 영토를 지나고 있는데다, 타타르스탄 영토 내에도 200여 곳의 석유매장지가 있어 이 지역을 향한 세계의 관심이 뜨거워지고 있다.

또한 2011년 유럽역도선수권대회를 개최한 이후 세계적인 스포츠 중심지로도 부상하고 있다. 이미 2013년에는 17회 하계유니버시아드 대회, 2014년에는 세계펜싱선수권대회가 열렸으며, 2015년 7월에는 세계수영선수권대회, 그리고 2017년에는 2018년 월드컵 대회를 앞두고 진행되는 컨페더레이션스컵 경기가 열리기로 되어 있다. 이와 더불어 타타르스탄은 백만 명 이상의 관광객이 찾는 새로운 글로벌 관광지로 부상하고 있다. 이러한 변화의 조류에 타타르인이 앞으로 어떻게 합류할 지 흥미롭다.

"우두머리 늑대", 바시키르인

명 칭	바시키르 (Башкир(단수형), Башкиры(복수형))
인구수	1,584,554명
민족구분	튀르크계
종 교	이슬람(수니파)
주요 거주지	바시코르토스탄 공화국(바시키리야)

바시키르인은 남서 우랄 지역의 튀르크계 민족이다. 바시키르인은 조상들이 살던 곳에서 민족공화국(바시코르토스탄 공화국)을 이루고 있다. 2010년 러시아연방 인구조사에 의하면 러시아의 바시키르인은 백 오십만 명 이상으로 나타났다. 1억 4천만 명 이상의 인구를 가진 러시아에서 바시키르인은 러시아인, 타타르인, 우크라이나인에 이어 네 번째로 인구가 많은 민족이다. 러시아에 거주하는 바시키르인 중 백만 명(1,172,287명) 이상이 바시코르토스탄 공화국에 거주하고 있다.

바시키르어는 알타이어족의 튀르크어군 중 서튀르크 그룹에 속한다. 혁명 후 바시키르어는 아랍 문자로 쓰였다가 1929년 라틴 문자로 바뀌게 됐다. 1939년부터는 다시 키릴 문자로 바뀌어 현재까지 이어지고 있다. 이들의 종교는 이웃 민족인 타타르인처럼 이슬람(수니파)이다. 바시키르인은 타타르인과 뚜렷한 구분이 불가능할 정도로 언어와 문화의 다양한 측면에서 매우 가깝다. 또한 타타르스탄과 면하고 있는 바시코르토스탄의 북서 지역에는 타타르인들이 많이 거주하고 있다.

· 민족의 기원

바시키르인에 대해서는 먼 옛날 고대 시기부터 여러 사료에서 언급되어 왔다. 그리스 역사가인 헤로도토스는 바시키르인의 조상을 '아리키페이'(Аррикипеи)라고 지칭하며, "그들은 독특한 언어를 구사했으며, 스키타이인처럼 옷을 입고 나무와 열매를 음식처럼 먹었다. 잘 익은 열매를 천에 싸서 짜면 검은 즙이 나오는데, 그들은 '아스히'(Асхи)라고 하는 이 즙을 우유에 섞어 마셨다. 짜서 남은 열매로는 빵을 만들어 먹었다"라고 서술한 바 있다. 여러 언어학자들은 여기서 '아스히'라는 단어에 주목했는데, '아스히'를 '신 맛의'라는 뜻을 가진 튀르크어 '아치'와 연결시키면서 바시키르인이 튀르크계 민족임을 주장했다. 또 다른 역사가는 바시키르인을 스키타이 종족의 일부로 보았다. 중국 사료에서는 '바슈킬리'라는 종족으로 언급되는데, 8-9세기 볼가 강 유역에 있는 훈족의 후손으로 묘사되고 있다. 그 외의 사료들은 바시키르인이 러시아 남부를 유목하던 튀르크계 기마민족의 후손이라고 서술하고 있다.

바시키르 가족[9)]

'바시키르'라는 오늘날의 민족 이름은 이들이 오래 전부터 스스로를

칭했던 '바시코르트'(Башкорт) 또는 '바시코르타르'(Башкорттар)에서 기원했다. 여기서 '바스'는 튀르크어로 '우두머리', '머리'를, '코르트'는 '늑대'를 의미하는 것이다. 즉 '바시코르트'라는 민족명은 '우두머리 늑대'라는 뜻으로, 이는 고대 바시키르인들이 늑대를 토템으로 삼았다는 것을 의미한다. 바시키르라는 명칭은 여러 종족들을 민족으로 통합시킨 지도자의 이름에서 유래했다는 설도 있다.

많은 학자들은 바시키르인이 8세기 말 볼가 강과 우랄 산맥 사이의 스텝 지역을 장악했던 튀르크계 종족(페체네그-오구시(위그르) 연맹 Печенежско-огузский союз)의 후손이라고 보고 있다. 당시 이 지역을 오가던 많은 유목민족들과의 오랜 교류와 혼인 등을 통해 바시키르라는 민족이 형성됐다고 볼 수 있다.

· 역사문화적 특징

바시키르 종족들은 9세기 우랄 산맥의 남부 지역에서 유목하고 있었다. 9-11세기 튀크르계 유목민족인 폴로베츠인(Половцы)들이 우랄 산맥 인근으로 영토를 확장하자 바시키르 종족의 일부는 북쪽으로 밀려났으며 일부는 폴로베츠인들과 섞이기 시작했다.

10-13세기 서쪽의 바시키르인들은 볼가 불가르의 구성원으로 들어가게 된다. 이 시기 볼가 불가르의 영향으로 바시키르인 사이에서 이슬람이 확산되기 시작했다. 14세기에는 이슬람이 바시키르인의 종교로 자리 잡게 된다. 13세기 초반 몽골인이 이 지역으로 영토를 확장하면서 바시키르인은 몽골인과 전쟁을 벌이기도 했다. 수많은 전쟁에서 몇 차례 승리를 거두기도 했던 바시키르인들은 한(Khan)의 군대에 복무하는 조건으로 자치 지역에 대한 권리를 부여받았다. 몽골인의 지배가 강화되면서 바시키르인들은 킵차크 한국의 속민이 됐다. 킵차크 한

국이 붕괴되면서 대부분의 바시키르인들은 카잔 한국의 구성원이 됐으며, 카잔 한국에 현물세를 바치고 군인으로서의 의무를 다해야 했다. 이후 카잔 한국 역시 모스크바 공국의 이반 4세에 의해 붕괴되자, 바시키르인들은 러시아 공민이 됐다. 그러나 모든 바시키르인들이 같은 시기에 러시아에 편입된 것은 아니었다. 1554년 서부 바시키르인을 시작으로, 1554-1557년에는 남부 바시키르인이 러시아의 지배하에 들어갔다. 1580년대 모스크바 공국이 시베리아 한을 정복한 후에서야 동부 바시키르인들도 러시아의 구성원이 됐다. 바시키르인들은 러시아 정부에 복종하고 세금을 내고 러시아 군대에서 복무해야 했지만, 한국 시기부터 지켜온 자신의 민족영토와 자치권, 종교를 유지할 수 있었다. 그 사이 16세기 노가이인(Ногайцы)들이 우랄 지역을 떠나 카스피 해 부근으로 남진하는 과정에서 그 일부가 바시키리야(Башкирия) 남부에 남아 바시키르인과 살아가게 됐다. 이들이 오늘날 남서 바시키르인의 조상이다.

그렇지만 바시키르인들이 순순히 러시아의 지배를 받아들인 것은 아니었다. 당시 볼가-우랄 지역의 모든 토착 민족들이 그러했듯이, 이들도 갖은 반란과 봉기를 일으켰다. 특히 일정한 자치권을 받았던 바시키르인들은 러시아 관리와 이주한 러시아인들에 의해 자신들의 특권이 제대로 보장되지 않자 러시아 정부에 저항의 뜻을 강하게 표했다. 특히 1645년, 1661-1664년, 1681-1684년, 1705-1711년, 1735-1740년, 1755년, 1773-1775년, 꽤 오랫동안 대규모 반란을 일으켰다.

이러한 저항에도 불구하고 러시아 공민이 된 이상 바시키르인들은 러시아 군에 소속되어 여러 전쟁에 참여해야 했다. 16세기 후반에는 리보니아 전쟁에, 17세기 후반에는 크림 원정, 아조프 원정, 18세기 초 스웨덴과 21년간 벌였던 북방전쟁, 그리고 유럽 열강들이 모두 참전했던 7년 전쟁, 1812년 나폴레옹 군대와 싸웠던 러시아 조국전쟁, 그 후 일어났던 터키와의 전투, 크림 전쟁 등에 참여했으며, 18세기 후반부터 바시키르 카자크 군대, 바시키르 기마연대 등이 조직되어 전장에서 활약했다.

사회주의 혁명의 성공으로 제정 러시아 시기가 막을 내리고 소비에트 정권이 들어서면서 바시키르 지역 소베트(의회)인 슈로(Шуро)가 조직됐다. 1917년 11월 슈로는 오렌부르크, 페름, 사마라, 우핌 현(Уфимский уезд, 우파)의 일부를 아우르는 바시쿠르디스탄 민족자치구(территориально-национальная автономия Башкурдистан)의 탄생을 선포했다. 1919년 3월에는 영토가 조금 더 확장되어 바시키르 소비에트 자치공화국(Автономная Башкирская Советская Республика)으로 변모했다.

소련 붕괴 후 1992년 2월 바시코르토스탄 공화국(Республика Башкортостан)으로 공식 이름이 바뀌었다. 그러나 전통적인 이름인 바시키리야도 같이 사용되고 있다.

· 전통의복

바시키르 전통의상은 나이에 따라, 그리고 구체적인 거주 지역에 따라 다양하게 나눌 수 있다. 젊은 사람들의 의상은 보다 밝고 환한 색상이 특징이다. 중장년층은 보통 검은색 위주의 옷을 입는다. 반(半)유목 생활을 했던 바시키르인들은 양털과 가죽, 또는 집에서 만든 옷감, 기타 동물의 모피, 펠트천 등으로 옷을 만들어 입었다. 바시키르 의상에서 빼놓을 수 없는 것이 전통 무늬로, 이것은 단순한 장식이 아니라 나쁜 기운으로부터 사람을 보호하는 부적의 역할을 한다.

바시키르 남녀 모두가 입는 의복은 튀크르계 민족에게서 흔히 볼 수 있는 폭이 넓고 끝이 좁은 바지인 샤로바리이다. 기본 의상인 긴 셔츠

위에는 조끼를 입는다. 소매가 없는 조끼인 '캄줄리'(Камзулы) 또는 '캄졸'에는 화려한 자수가 놓여 있다. 남성의 겉옷으로는 등에 주름이 있고 깍지 단추가 달려 있는 헐렁한 윗도리인 카자킨(Казакин), 체크멘(Чекмень), 단이 짧은 외투인 비시메트(Бишмэт)가 있다.

바시키르 남성들이 가죽, 털실, 천 등 다양한 재질로 만든 허리띠를 사용하는 반면, 여성들은 허리띠를 매지 않는다. 허리띠의 장식도 독특한데, 바시키르 남성들은 허리띠의 오른편에 직각 형태의 큰 가죽 자루를 매달고, 왼편에는 나무나 가죽으로 만든 칼집과 칼을 매단다.

남성 모자는 재질에 따라 종류가 다양하다. 모피 모자인 콜라크신(Колаксын), 흰 나사천으로 만들어 외투에 달린 큘류파라(Кюлюпара), 펠트 모자, 양털 모자, 그리고 타타르인의 전통모자와 같은 납작한 원통형의 튜베테이카가 있다.

여성 상의는 굉장히 화려하다고 할 수 있다. 여성 의상 중 중요한 것은 쿨덱(Кулдэк)이라고 하는 원피스이다. 쿨덱은 헐렁하지 않고 몸에 붙는 원피스로, 가장자리마다 주름이 아름답게 잡혀있으며, 자수가 놓여 있거나 천으로 만든 장식이 달려 있다. 쿨덱은 보통 하얗게 표백한 천으로 만들며, 치맛자락과 소매에 붉은색 끈이나 천으로 무늬를 만들어 장식한다. 이 원피스에는 접어 젖히는 식의 칼라가 달려있다. 이 칼라는 공단이나 무늬가 있는 면으로 만들며, 역시 자수로 장식한다. 바시키르 여성들은 평상복이나 결혼식 원피스 위에 캄줄리를 입는데, 캄줄리의 양 가장자리에는 은전 등을 꿰매 붙인다.

여성 장신구 중 흔히 볼 수 있는 것은 산호, 구슬, 조개껍질, 동전이다. 바시키르 여성들은 이런 다양한 장신구를 상의 가슴 부분에 매달거나 어깨에 걸쳐 장식하고, 팔찌, 귀걸이를 착용한다. 가슴부분 장식을 야가(Яга), 하칼(Хакал)이라고 부르며, 어깨에 걸치는 것을 에메이젝

(Эмейзек), 다구아트(Дагуат), 등 뒤에 매는 장식을 인할렉(Инхалек)이라고 한다.

여성 모자는 굉장히 다양한 편이다. 두건 모양의 카시마우(Кашмау), 미혼 여성들이 쓰는 타키야(Такыя), 모피 모자인 카마 부렉(Кама бурек), 긴 수건 형태의 타스타르(Тастар) 등이 있다. 이러한 모자 역시 다양한 자수로 장식되는데, 가장 화려하게 장식된 것은 쿠시야울릭(Кушьяулык)이다. 모자의 모양에 따라 그 여성의 결혼 여부를 알 수 있다.

전통 신발로는 카타(Ката), 사리키(Сарыки), 가죽 신발인 골로브키(Головки), 나사천으로 만든 장화, 짚신인 사바타(Сабата) 등이 있다. 카타와 여성 사리키의 뒷부분에는 가죽이나 천을 오려서 만든 무늬가 붙어 있다.

· 전통음식

바시키르인들은 오래 전부터 반(半)유목생활을 하던 민족이었다. 이러한 삶의 방식은 독특한 음식과 생활문화와 전통을 낳았다.

바시키르인의 가장 대표적인 전통음식은 '비시바르막'(Бишбармак)이다. '비시바르막'이라는 명칭은 튀르크어로 '다섯 손가락'이라는 뜻으로, 바시키르인들이 유목생활 도중 식사를 할 때 포크나 칼 같은 식기를 사용하지 않고 손으로 먹었다는 데서 유래했다. 비시바르막은 고기요리로, 고기(양고기, 말고기)를 삶아서 자른 후 면과 함께 내놓는다. 이때 고기에는 반드시 뼈가 붙어 있어야 한다. 그 위에 파, 양파를 많이 뿌리고 유제품의 일종인 쿠루트(Курут)로 조미한다. 쿠루트는 발효시켜 신 맛이 나는 트보록의 일종으로 차와 함께 먹거나 수프에 넣어 먹는다. 바시키르 여성들은 음식에 유제품을 자주 곁들어 내놓는다. 바시키르인들이 쿠루트와 스메타나 없이 식탁을 차리는 것은 상상할 수 없다.

바시키르 음식에는 양념을 많이 쓰지 않는 것이 특징이다. 바시키르 여성들이 음식을 만들 때 쓰는 양념은 검은 후추나 붉은 고추, 마늘 정도이다. 그렇지만 신선하고 다양한 푸성귀가 양념을 대신한다. 바시키르 음식에는 파, 우크롭(회향풀 Укроп), 파슬리가 많이 들어간다.

유목생활을 하는 바시키르인들은 고기 음식을 좋아하며 다양한 형태로 고기를 즐긴다. 고기가 들어가지 않는 바시키르 음식의 수는 다섯 손가락 안에 들 정도로 적다. 다양한 고기를 즐기지만, 무슬림인 이들은 돼지고기를 먹지 않으며, 반대로 말고기를 아주 좋아한다. 특히 말고기로 만든 소시지인 '카지'(Казы)와 말고기의 기름을 굳혀 만든 살로는 별미로 손꼽힌다. 바시키르인들은 살로를 두껍게 썬 조각을 말고기와 함께 먹는 것을 좋아하는데, 이때 쿠르트를 넣은 고기 국물과 같이 먹는다. 쿠르트는 지방을 분해하는 데 도움을 준다.

유목을 하는 생활방식은 간편하게 먹을 수 있고 장기 보관이 가능한 음식을 발전시켰다. 바시키르인들은 고기(말고기, 양고기 등)를 데치고 말려 보관을 용이하게 한다. 또 고기를 소금에 절인 후 말려 육포를 만든다. 앞서 보았던 말고기 소시지인 카지, 육포(카클란간 이트, Какланган ит)가 대표적인 예이다. 유제품, 말린 산열매, 말린 곡물, 꿀 등도 유목생활에 없어서는 안 되는 음식이다. 과즙과 꿀 등을 섞어 만든 과자인 카크(Как), 마유나 양젖을 발효시킨 쿠미스(Кумыс), 끓인 버터와 체리를 섞어 만든 크림, 건조시킨 쿠르트인 코로트(Корот), 그리고 튀르크계 민족들이 신 우유에 찬물을 섞어 즐기는 아이란은 여름철 더위에도 오래 보관할 수 있는 음식이다. 이중 쿠미스는 유목하는 도중에도 만들 수 있다. 마유를 담은 그릇을 안장에 걸어놓고 유목에 나서면 하루 종일 흔들거리며 자동으로 휘저어지기 때문에 편리하게 쿠미스를 만들 수 있다.

바시키르 여성들은 밀가루를 이용하여 여러 종류의 빵과 파이를 굽는다. 이 중 두 가지를 소개하면 다음과 같다. 탈칸(Талкан)은 러시아어로 발아시킨 곡물로 만든 가루를 뜻하는데, 바시키르인이 만드는 빵의 한 종류이기도 하다. 발아시킨 곡물을 볶아서 잘게 빻으면 갈색 빛의 가루가 나온다. 그 가루에 버터, 기름, 설탕을 섞어서 반죽을 만든 후 작은 경단 모양을 만들어 구워낸다. 탈칸은 오랫동안 상하지 않고 허기를 금방 없애주기 때문에 바시키르인들이 먼 길을 떠날 때 자주 챙기는 음식이다. 바크-발리시(Вак-балиш)는 작은 파이이다. 밀가루에 달걀을 넣어 반죽을 만들고, 양고기나 소고기를 갈아서, 파, 감자 등을 섞어 반죽 안에 넣어 구운 것이다.

볼가-우랄 인근에 사는 많은 토착 민족들, 특히 튀르크계 민족들이 즐겨 만드는 음식들도 바시키르 식단에서 찾아볼 수 있다. 앞서 보았듯이, 아이란, 쿠미스, 카지를 비롯하여, 보리나 귀리, 옥수수로 만든 가벼운 도수의 술인 부자(Буза), 소고기 육포라고 할 수 있는 바스투르마(Бастурма), 우리나라 볶음밥과 같은 플로프(Плов), 만두와 같은 만티(Манты) 등은 바시키르인들도 자주 먹는 음식이다.

· 전통 주거양식

유목생활 또는 반(半)유목생활로 인해 바시키르인들은 두 개의 가옥을 꾸려야 했다. 겨울에는 본래 살던 마을에서 지내다가, 유목을 떠나는 여름에는 방목지 근처의 임시 가옥에서 지냈다. 여름철 임시 가옥은 이동천막인 유르타(Юрта)이다. 유르타는 모양과 재질에 따라 여러 종류로 나눌 수 있다. 원추형 모양에 자작나무 등의 껍질을 이용해 만든 천막, 나무로 지은 임시 가옥, 통나무 오두막인 부라마(Бурама), 양이나 낙타털으로 만든 천막인 사티르(Сатыр), 펠트천을 이용한 텐트 등이 있다. 남부 지역에서는 장방형의 지붕이 달린 알라시크(Аласык)도 볼 수 있다.

유르타의 모습은 다음과 같다. 유르타의 아래 부분은 여러 가죽 끈을 격자모양으로 단단하게 매어 놓는다. 유르타의 제일 윗부분에는 장대 등을 이용해 원을 만들어 놓는데, 그 구멍을 통해 빛이 들어오고 유르타 안의 연기가 나간다. 유르타 내부에는 샤르샤우(Шаршау)가 걸려 있다. 샤르샤우는 긴 커튼으로, 튀르크계 민족들이 가옥 내부를 나누는 데 사용한다. 여성의 공간은 오른쪽으로 남성의 공간보다 면적이 조금 작다. 이곳은 침실이면서 살림도구, 옷, 저장품 등을 보관하는 곳이다. 왼쪽은 남성의 공간이자 응접실이다.

상주 가옥은 골조를 갖춘 일반적인 집이다. 바시키르인들은 나무, 흙, 점토, 짚, 토벽돌 등을 이용해 집을 만들었다. 가옥의 토대를 지을 때 통나무를 사용하기도 하고, 돌이나 평평한 돌판을 이용하기도 한다. 바닥에는 널판을 깔거나, 점토에 짚이나 잘은 돌을 섞어 바른다. 아무 것도 없는 흙바닥인 경우도 있다. 지붕은 서까래나 들보 위에 얹는다. 음식을 만들고 식료품을 보관하는 보조공간으로 가옥 옆에 나무껍질이나 가지로 만든 알라시크를 설치한다.

19세기부터 바시키르 가옥 양식이 조금씩 바뀌기 시작했다. 이들의 삶이 농업에 종사하며 정주생활을 하는 방식으로 전환됐기 때문이다. 당시 동부에서만 유목생활이 일부 존재하고 있었다. 19세기 바시키르 가옥은 지역에 따라 다섯 가지 종류로 압축될 수 있다. 첫 번째는 장방형의 석조 가옥으로, 가옥의 벽이 높은 형태이다. 두 번째는 네 개의 면이 있는 통나무집이다. 러시아 이즈바와 같은 양식으로 현관도 붙어 있다. 그 다음은 토벽돌로 만든 가옥으로 지붕이 평평하거나 약간 기울어진 형태이다. 네 번째 형태는 버드나무 가지를 엮어 만든 가옥으로 가옥의 겉과 안에 점토를 바르는 것이 특징이다. 마지막으로 떼(잔디)를 많이 떠낸 지층을 쌓아올린 가옥이다.

바시키르인들은 붉은색을 나쁜 기운으로부터 보호해 주는 신성한 색깔이라고 여겼다. 이러한 믿음은 가옥을 꾸미는 데도 반영됐다. 바시키르인들은 악령이나 질병이 집 안으로 들어오지 못하게 유르타의 골조나 집의 문을 붉은색이나 붉은 빛이 나는 갈색으로 칠했다. 19세기부터 바시키르인들은 집의 창문도 장식하기 시작했다. 창문 주위나 창턱을 마름모 모양이나 원형으로 새겨 화려하게 꾸미기도 했으며, 어두운 색과 밝은 색을 대비하여 칠하기도 했다.

가옥의 상석은 입구의 반대쪽으로 가장과 손님이 앉는다. 가옥의 중심에는 화덕이 있고, 그 위에는 연기가 나가는 구멍이 있다. 만약 화덕이 마당에 마련되어 있으면, 집의 가운데에는 양탄자가 깔려 있고 그 주변에 쿠션이나 깔개 등이 놓여 있다. 화덕은 점차 러시아식 난로로 대체됐다. 돌로 만든 벽난로 수발(Сувал)이 점차 바시키르 가옥에서도 확산됐다. 바시키르인들은 수발에 집의 수호자 도모보이(Домовой)가 살고 있으며, 난로에서 연기가 나가는 관을 통해 악령인 샤이탄(Шайтан)이 나간다고 믿었다. 그렇기 때문에 불을 피우고 나면 다시 샤이탄이 들어오지 못하게 난로의 연기구멍을 닫는다.

가옥 내부는 성별로 나눠지는데, 남성의 공간에는 융단, 염소 털로 만든 펠트천, 요, 베개, 튜퍄크(Тюфак, 부드러운 짚이나 털실 등이 들어있는 자루로 매트리스로 사용)가 들어있는 궤짝이 있다. 바시키르 가옥 내부에서 잘 보이는 곳에는 말안장, 마구, 가죽 케이스에 들어있는 활, 검, 자수가 놓인 양탄자, 수건, 각종 장신구가 일종의 소품처럼 놓여 있다. 여성의 공간에는 각종 세간이 있다.

바시키르 가옥 내에는 벽을 따라 나무널판으로 만든 침상이 놓여 있다. 침상 위에는 펠트천이나 융단, 쿠션, 누빈 이불 등이 놓여 있다. 바시키르인들은 이 침상에서 먹고 잔다. 침상의 끝에는 마름모 모양의 기하학적인 무늬가 새겨져 있다. 바시키르인들이 마름모 모양을 무늬로 자주 사용하는 것은 마름모 형태가 세계의 네 개 면을 상징하기 때문이다.

· 토속신앙

고대 바시키르인들은 자연현상을 숭배했다. 태양의 마법적인 힘은 땅의 중심으로 들어가 바람과 물에 의해 떠오른다. 아이를 원하는 바시키르 여성들은 해가 떠오를 때 태양빛을 받는 의식인 '탄 누린 알리우'(Тан нурын алыу)를 올린다. 떠오르는 태양을 향해 손바닥을 올려 태양을 맞이하고 아이를 요청한다. 그 의식 후에 여성의 배가 태양처럼 둥글게 될 것이라고 믿었다. 출산을 기원하는 또 다른 방법으로는 바위나 동굴에 버터, 고기, 물이나 우유를 가져다 놓고 출산을 기원하는 의식도 있다.

바시키르인들은 태양처럼 달도 역시 마법적인 힘을 가지고 있다고 생각했다. 임신한 여성이 배가 불러오는 것은 달이 차는 속도와 비슷하기 때문에, 불임으로 고생하는 여성은 초승달이 보름달이 될 때까지 이른 아침 동이 틀 무렵 물을 뜨러 가는 의식을 매일 해야 한다. 임신에 성공한 여성은 산모와 아이를 보호하기 위한 많은 규칙과 금기를 지켜야 한다.

바시키르인들은 새로 태어난 아이의 안으로 '이엔'(Йэн)이라고 하는 영혼이 들어온다고 믿었다. 이엔은 인간에게 삶을 선사해주는 영혼이며, 사람이 꿈을 꿀 때 어디든지 돌아다닐 수 있다. 그렇기 때문에 자고 있는 사람을 갑자기 깨워서는 안 된다. 이엔은 사람이 필요한 모든 것, 음식과 편한 잠자리, 위로와 돌봄을 요구한다. 바시키르인들은 이엔이 오리의 모습이나 갈까마귀 또는 다른 새의 모습을 한다고 믿었으며, 파리로도 모습을 바꿀 수 있다고 생각했다.

바시키르인들은 이엔과 더불어 '코트'(Кот)라는 다른 영혼도 믿었다. 코트는 인간에게 힘을 주는 영혼이다. 코트는 그가 머물고 있는 사람과 비슷하게 생겼다. 코트가 그 사람을 떠날 수도 있는데, 그렇게 되면 그 사람은 심각한 병에 걸리게 된다. 이럴 경우 다양한 의식을 올려 코트를 다시 제자리로 돌아오게 한다. 하나 이상의 코트가 사람 안에 들어올 수 있는데, 그것은 질병의 영혼으로 반드시 쫓아내야 하는 대상이다. 사람에게 힘을 주는 코트가 영영 돌아오지 않으면 그 사람은 죽게 된다.

이외에도 바시키르인들은 여러 가지 영혼을 믿었는데, 이 영혼들은 사람의 성격이나 품성을 결정짓는다고 생각했다. '우비르'(Убыр)라는 영혼은 식충이, 대식가라는 뜻인데, 우비르가 몸에 들어온 사람은 공격적이고 탐욕스럽다. 이런 사람이 죽으면, 우비르가 나쁜 기운을 몰아오기 때문에 이를 방지하기 위한 부적 같은 것을 사용하거나 망자의 옷을 찢어서 버린다. 많은 바시키르인들은 문 옆의 벽에 나무 고리를 박아 놓는다. 이는 망자의 영혼을 위한 것이다. 사람이 죽고 나서 40일까지 망자의 영혼은 집안을 날아다니고 이 고리에 앉아 쉴 수 있다.

옛 바시키르인들은 특정 동물도 숭상했다. 큰 재앙이 생길 경우 바시키르인들은 '힘이 센 큰 형'인 말이나 곰에게 도움을 요청한다. 일부 바시키르인들은 어떤 동물을 형제가 아닌 조상으로 보기도 했는데, 자신의 먼 조상이 늑대, 백조, 곰이라고 믿었다.

· 가정의례

바시키르인의 가정은 부계 중심의 수직상하적인 관계가 특징이다. 가장 높은 권위를 가지고 있는 사람은 아버지로, 자식들은 어머니에게 대하듯이 아버지와 가깝게 지내거나, 아버지에게 부담 없이 다가서지 못한다. 옛 바시키르인들은 3-4대가 모여 대가족을 이루었다. 결혼을 하여 가정을 이룬 서 너 부부가 함께 대가족을 이루지만, 각 부부는 자신들의 독립적인 경제영역을 가지고 있다. 그렇지만 이러한 대가족은 시간이 지남에 따라 소가족으로 분리됐다.

바시키르 가정에서 부모의 재산은 장자가 아닌, 막내아들이 갖는다. 부모가 세상을 떠나면 아버지의 집, 가정 내 화덕, 대부분의 가축, 아버지의 다른 재산 등은 막내아들에게 돌아간다. 그렇지만 이러한 연소자의 유산상속권이 다른 형제들의 불만을 크게 사지는 않았다. 왜냐하면 나이가 많은 형제가 결혼을 하면 아버지는 재산을 분리하여 줬으며, 딸들은 결혼할 때 혼수로 자신의 몫을 받아가기 때문이다. 아버지가 세상을 떠날 때까지 자식이 결혼을 하지 못하거나 아버지가 미처 재산 분리를 하지 못했을 경우, 장남은 아버지의 역할을 하며 동생들을 보살펴야 하는 책임을 지니게 된다. 형이 죽으면 동생이나 조카가 형의 부인과 결혼하는 관습이나 죽은 아내의 여동생을 부인으로 받아들이는 관습, 어린 나이의 자식들을 결혼시키는 관습 등 고대 시기부터 존재해 왔던 풍습이 바시키르인 사이에서 오랫동안 남아있었다.

과거 부유한 바시키르 가정에서는 일부다처제를 볼 수 있었다. 이슬람이 동시에 네 명까지의 부인을 허용했지만, 이 권리를 누리는 남성은 많지 않았다. 두 명의 부인을 둔 경우도 있었지만, 대부분 한 명의 부인과 살았다. 가난한 경우 결혼도 힘들어 가정을 꾸리지 못하기도 했다.

바시키르인들의 가정의례는 이웃 민족들, 특히 타타르인과 같은 튀르크계 민족들과 유사하다. 혼례를 소개하자면 다음과 같다. 과거 바시키르인들은 꽤 이른 나이에 결혼을 했다. 남자는 15-16세, 여자는 13-14세에 결혼하는 것이 일반적이었다. 사위나 며느리는 부모가 선택하며, 우선권은 남자 쪽에 있다. 예비 신랑의 아버지가 먼저 며느릿감을 고른 후, 아들의 동의를 받으면 결혼이 진행된다. 즉, 여기서 예비 신부의 의견은 중요하지 않았으며, 형식적인 동의도 필요치 않았다. 남자 측에서 며느릿감을 선택하면 중매쟁이를 앞세워 신부 측의 부모와 결혼에 필요한 이것저것, 예를 들면 칼림과 혼수의 크기, 결혼일, 결혼식의 규모 등을 상의하고 합의한다. 지역마다 칼림의 크기는 차이가 있지만, 일반적으로 알려져 있는 기준에 미치지 못해서는 안 된다. 칼림에는 돈도 포함되지만, 그 외 신랑 측에서 반드시 준비해야 하는 선물, 예를 들면, 장인에게는 말 한 마리, 장모에게는 여우 모피외투, 결혼식 비용, 결혼식 음식에 쓸 말고기, 소고기나 양고기, 신부의 결혼식 옷을 만들 직물 등도 들어간다. 이외 신부에게만 주는 숄, 스카프, 가운, 부츠, 궤 등 '작은 칼림'(Малый калым)도 있다. 칼림은 한 번에 지불되는 것이 아니라, 여유가 되는대로 미리 약정한 액수를 분할하여 전한다. 이 기간은 결혼 후 1-2년까지 이어지기도 한다. 결혼은 기본적으로 중매를 통해서 하지만, 칼림을 내지 않고자 신부를 약탈하는 경우도 많았다.

신랑이 칼림을 준비하는 것처럼 신부 측도 가축과 돈 등 혼수를 준비해야 한다. 만약 신부 가족이 가난하다면, 신랑 측에서 받은 칼림 일부를 되돌려 주는 식으로 상쇄한다. 만약 양가가 다 가난하다면 이러한 과정 없이 결혼한다. 전체적으로 힘든 시기에는 칼림과 혼수의 크기를 조정한다.

19세기 말까지 바시키르인 사이에서는 아주 어린 자식들을 미리 정혼시키는 관습이 존재하고 있었다. 부모끼리 이뤄지는 정혼은 양가 부모가 꿀이나 쿠미스가 들어있는 잔을 나눠 마시는 의식으로 이뤄진다. 결혼 자체는 자식이 일정한 나이가 될 때까지 미루지만, 이미 아이들은 약혼했다고 간주한다. 정혼을 파기하기 위해서는 예비 신부의 아버지가 신랑 측에 일종의 몸값을 지불해야 한다.

과거 축제를 재현하는 모습[10)]

바시키르 전통축제에는 우라자-바이람(Ураза-байрам), 쿠르반-바이람(Курбан-байрам), 마블리드(Мавлид) 등 이슬람적인 요소가 녹아있는 축제가 많다. 경제활동과 관련된 축제도 있는데, 사반투이(Сабантуй), 카르가투이(Каргатуй) 등 '투이'(축제, 결혼을 뜻하는 튀르크어)가 붙은 축제들을 볼 수 있다. 특히 사반투이는 이웃 민족인 타타르인도 즐기는 가장 성대한 민중 축제 중 하나이다. 이러한 민중축제에는 전통 스포츠를 빼놓을 수 없다. 바시키르인들은 우리나라 씨름과 같은 쿠레시(Куреш), 활쏘기, 도끼 던지기, 사냥칼 던지기, 말타기, 달리기, 줄다리기 등을 즐긴다.

정교를 믿는 튀르크 민족, 추바시인

명 칭 추바시(Чуваш(단수형), Чуваши(복수형))
인구수 1,435,000명
민족구분 튀르크계
종 교 러시아 정교
주요 거주지 추바시 공화국(추바시야)

추바시인은 튀르크계 민족으로, 러시아 남서부에 민족공화국(추바시 공화국)을 이루고 있다. 2010년 러시아연방 인구조사에 의하면 약 백오십만명의 추바시인이 러시아에 살고 있다. 이중 1,435,000명이 추바시 공화국에 살고 있으며, 나머지는 러시아의 여러 지역에 거주하고 있다. 추바시인은 러시아에서 여섯 번째로 인구수가 많은 민족이다.

추바시인은 주요 거주지에 따라 크게 북서, 북동, 남부 그룹으로 나눌 수 있다. 북서 그룹을 비리얄(Вирьял) 또는 투리(Тури)라고 부르며, 북동 지역 사람들을 아나트 옌치(Анат енчи), 남부 추바시인들을 아나트리(Анатри)라고 부른다. 세 개의 그룹 외에도 스텝 지역에 사는 추바시(히르티 Хирти)도 있는데, 추바시 공화국의 남동부와 그 인근 지역에 살고 있다. 추바시어는 튀르크어 중의 불가르 그룹에 속하다. 추바시어 역시 지역별로 세 개의 방언으로 나눌 수 있다.

볼가-우랄 지역의 튀르크 민족은 추바시인 외에도 타타르인, 바시키르인이 있다. 그러나 타타르인과 바시키르인이 무슬림인 반면, 추바시인은 정교도이다. 러시아의 튀르크계 민족 중에는 러시아 정교를 믿는 민족이 일부 존재하고 있으며, 추바시인은 이중 가장 큰 민족이라고 할 수 있다. 그렇지만 추바시인의 오래된 관습과 가정의례에서 토속신앙과 이슬람의 잔재를 찾아볼 수 있다.

· 추바시인의 기원

많은 학자들은 추바시인을 타타르인과 함께 볼가 불가르인의 후손이라고 보고 있다. 추바시의 민담이나 신화를 보면 추바시인 스스로도 고대 불가르인과 동일시하는 것을 볼 수 있다. '추바시'라는 이름은 고대 불가르 종족 중 하나인 '수바르'(Суварыı), 이후에는 '수바즈'(Суварыı-сувазы)라는 이름에서 기원하여 변형된 것이다.

러시아 연대기에서 추바시인이 처음 언급된 것은 16세기 초이다. 이후 18세기 초반까지 러시아의 여러 사료에서 등장했는데, 추바시라는 이름이 아니라, '산지 체레미스'(Горные Черемиссы), 또는 '체레미스 타타르'(Черемисские татары)라고 불렸다. 여기서 체레미스(Черемиссы)는 마리예츠인(마리인)을 러시아인이 불렀던 명칭이다. 즉, 추바시인이 마리예츠인이나 타타르인과 혼동됐다는 것을 알 수 있다. 추바시 민족과 추바시어의 기원에 대해 연구했던 예고로프(В.Г. Егоров)는 추바시인이 튀르크어를 구사하지만 볼가 강 연안에 사는 핀-위그르계 토착 종족들(마리예츠인, 모르드바인 등)에게서 기원했으며, 특히 마리예츠인이 추바시 민족의 형성 과정에서 중요한 역할을 했다고 주장한다.

· 역사문화적 특징

추바시의 고대 역사를 이해하려면, 고대 불가르의 역사부터 살펴보아야 한다. 기원은 확실치 않지만 서시베리아에 살던 유목 종족들이 6세기 초 대이동 끝에 캅카스(코카서스)에 등장했다. 이 종족들의 공동체를 '사비르'(Савиры)라고 하는데, 이들은 긴 기간은 아니었지만 사산 이란과 비잔틴 제국과 교류했을 정도로 정치적인 힘을 가진 하나의 연맹이었다. 이란과의 전쟁에서 패한 후 사비르는 뿔뿔이 흩어졌고, 그 중 일부가 8세기 경 불가르인과 함께 볼가 강 연안에 다다른다. 이들이 앞서 언급했던 수바르들이다. 수바르 중 수바즈(Сувазы)라는 공동체는 불가르인과 함께 불가르 왕국을 건설했다.

그러나 1236년 볼가 불가르는 킵차크 한국에 의해 점령당했고, 수바즈인들은 이슬람을 받아들이지 않은 하나의 독립적인 민족처럼 성장하게 된다. 킵차크 한국이 붕괴되면서 카잔 한국, 아스트라한 한국 등 여러 한국(汗國)이 생겼는데, 추바시인은 카잔 한국에 병합된다. 16세기 중반 카잔 한국이 모스크바 공국의 이반 4세에 의해 정복되면서, 추바시인도 러시아의 속민이 된다. 러시아에 편입되면서 추바시 영토에는 체복사리(Чебоксары), 알라티리(Алатырь), 치빌스크(Цивильск), 야드린(Ядрин)과 같은 요새도시들이 건설됐다. 이 도시들은 곧 교역 중심지가 된다.

그러나 추바시인들이 러시아의 지배에 순응했던 것은 아니었다. 16-17세기 러시아 관료들의 억압, 토지 강탈, 강제적인 정교화에 대해 여러 차례 반란과 봉기를 일으켰으며, 1670-1671년 스테판 라진의 난과 1774년 푸가쵸프가 이끌었던 농민전쟁에 참여했다.

제정 러시아 시기를 지나 사회주의 혁명 후 추바시 영토는 추바시 자치공화국(Чувасшакая АССР)이 됐으며, 소련 붕괴 이후에는 추바시 공화국(Чувасшакая Республика)으로 변모했다.

· **전통의복**

추바시인의 전통의상은 볼가 지역의 다른 민족에게서 공통적으로 찾아볼 수 있는 특징을 가지고 있는 동시에 추바시인만의 독특한 요소도 지니고 있다. 옷을 만드는 기본 재료는 여러 직물과 가죽이다. 추바시 여성들은 다양한 색깔의 나사천과 린넨 등 여러 종류의 천을 직접 짜서 옷을 만들었다. 거의 모든 추바시 농가에는 물레와 베틀이 있었다. 그리고 털실을 이용해 다양한 색상의 띠를 만들었다. 18세기 말 남부 추바시인들 사이에서는 여러 가지 색깔로 짠 마직물과 섬유 염색이 확산됐다. 부유한 사람의 경우 축제나 휴가 때 입을 옷을 만들기 위해 나사천이나 실크, 붉은 옥양목, 여러 가지 끈을 다른 곳에서 사오거나, 옷을 장식할 수 있는 구슬과 무늬를 찍어낼 수 있는 일종의 스탬프(압연)를 구비해 두기도 했다.

추바시 전통의상[11)]

추바시 전통의상의 기본은 긴 일자 형태의 케페(Кепе)로, 러시아의 루바하와 같다. 케페는 화려하게 수를 놓아 꾸민다. 지역별 그룹마다 케페를 만드는 직물과 모양이 조금씩 다르다. 북부 추바시 여성들은 얇고 흰색의 아마포로 케페를 만들고 자수를 많이 놓는다. 남성 케페의 옷깃, 소매, 가장자리, 그리고 여성 케페의 옷깃, 가슴 부분, 소매, 가장자리, 옆 이음새 부분에 자수를 놓거나 끈을 달아 장식한다. 반면 남부 여성들은 여러 가지 색상으로 짠 마직을 이용하며, 자수 대신 다른 색의 천으로 두 세 개의 주름을 만든다.

하의는 바지로, 이 역시 아마천이나 나사천으로 만든다. 이웃 민족들, 예를 들면 타타르인이 폭이 넓은 바지를 입는 반면, 추바시 남성들은 몸에 붙는 바지를 입는다. 추바시 여성들은 케페 위에 앞치마와 비슷한 사푼(Саппун)을 입는데, 사푼에도 자수가 놓여 있다. 여기에 헐렁헐렁하고 길며 앞섶이 따로 없는 외투를 겉옷으로 입는다.

가을이 되면 추바시인들은 모직으로 만든 헐렁하고 길고 가벼운 겉옷인 사흐만(Сахман)을 입는다. 사흐만은 허리 쪽에 주름이 잡혀 있는 게 특징이다. 흰색이나 회색 나사천으로 만든 에판치(Епанчи)도 있다. 에판치는 폭이 넓고 긴 망토의 일종이다.

겨울이 되면 중산층 추바시인들은 집에서 짠 직물로 만든 따뜻한 바지를 입으며, 부유한 사람들은 진홍색이나 초록색, 또는 파란색의 모직으로 만든 바지를 입는다. 여기에 모피외투인 케렉(Керек)을 입는다. 케렉은 양의 모피로 만들며 허리에 주름이 잡혀 있다. 먼 길을 나설 때는 외투 위에 아삼(Асам)이나 양모피 코트를 덧입는다. 아삼은 두껍고 거친 나사천으로 만든 누빈 외투로, 단추 없이 허리띠를 매서 입는다.

모자의 경우, 남성들은 여름에 펠트천으로 만든 흰색이나 검은색 모자인 얄카스(Ялкас)를 쓰며, 겨울에는 테가 넓으면서 윗부분이 둥근 종 모양의 셀렉(Селек)을 쓴다.

여성의 모자는 더 화려하고 다양하다. 미혼 여성들은 평상시에 아마천이나 대마천으로 만든 머릿수건을 하고 다닌다. 기혼 여성은 긴 두건인 수르반(Сурбан)을 쓰는데, 수르반에는 자수가 놓여 있으며 그 끝에는 끈으로 장식되어 있다. 축제나 명절 때 쓰는 모자는 또 다르다. 아가씨들은 투이야(Туья)라고 하는 투구처럼 생긴 모자를 쓴다. 구슬알이나 동전으로 투이야 윗부분을 장식한다. 나이가 있는 여성들은 끝이 뾰족한 원추형의 후시푸(Хушпу)를 쓰는데, 이 역시 투이야처럼 구슬이나 동전으로 장식한다. 주석으로 동그란 모양을 만들어 동전을 대신하여 장식하기도 한다. 후시푸의 뒷면에는 긴 꼬리를 매다는데, 여기에도 구슬, 동전, 끈 등으로 장식한다.

추바시 전통여성 모자[12)]

추바시 여성들은 여러 가지 장신구를 좋아한다. 목걸이인 샤르사(Шарса), 동전으로 만들어 목 부분에 거는 장신구인 수하(Суха), 가슴 부분을 장식하는 아마(Ама), 어깨띠인 테베트(Тевет), 등 부분을 장식하는 푸스 히사(Пус хыса), 허리띠에 매다는 사라(Сара), 야르카츠(Яркач) 등 몸 전체를 장식할 수 있는 다양한 장신구가 있다.

평상시에 신는 신발은 목이 긴 가죽신이다. 겨울에는 펠트 장화를 신는다. 그러나 가장 자주 신는 신발은 짚신인 사파타(Сапата)이다. 사파타를 신기 전에 북부 추바시인들은 검은색 나사천으로 만든 각반을 차며, 남부 사람들은 흰색 털실로 짠 긴 양말을 신는다.

19세기 중반부터 러시아 의상이 확산되면서 추바시 남성들도 러시아식의 재킷, 반외투, 옷깃이 비스듬한 루바하, 테가 없는 모자를 사용하기 시작했다. 여성 의상에도 변화가 일어났는데, 마직물이 좀 더 많이 사용됐으며, 공장에서 제조한 직물도 인기를 얻었다.

· 전통음식

추바시 음식은 크게 두 가지 종류로 나눌 수 있다. 첫 번째 그룹은 튀르크계 또는 이란계 유목 민족들의 음식과 비슷하다. 이러한 음식으로는 살마(Салма), 사마흐(Самах), 아시-카카이 수르피(Аш-какай шурпи), 샤르탄(Шарттан), 툴타르마시(Тултармаш) 등이 있다. 두 번째는 러시아인과 인근의 핀-위그르 민족과의 교류를 통해 들어온 죽, 각종 절임음식, 밀가루 등을 사용해 구운 음식, 훈제 음식 등을 들 수 있다.

추바시인 음식에는 호밀, 보리, 귀리, 수수, 메밀 등 다양한 곡물이 사용된다. 이러한 곡물을 빻아서 가루를 내어 다양한 빵과 죽을 만든다. 메밀이나 수수로는 블린과 레표시카를 만든다. 수수로 만든 음식, 예를 들면 수수죽(비르 파티, Вир патти), 이케르체(Икерче, 레표시카) 등은 전통의식을 올릴 때 준비하는 신성한 음식이다. 추바시인은 완두콩, 렌즈콩도 좋아하는데, 콩으로는 수프를 끓이며, 콩가루는 키셀이나 빵을 만드는 데 사용한다.

추바시 전통음식의 기본은 호밀 빵인 '후라 사카르'(Хура сакар)이다. 추바시 여성들은 빵을 만들 때 그들만의 방식을 고수한다. 추바시 여성들은 저녁이 되면 뜨거운 물에 미리 만들어 둔 빵 반죽을 넣어 발효시킨다. 발효시킨 반죽통에 곡물가루를 뿌려 넣는다. 이때 "반죽아, 빨리 부풀어 올라라, 아이들이 빵을 먹고 싶어 한단다"라고 주문을 외우듯 말을 하며 반죽과 가루를 잘 섞어준다. 그 다음에 반죽통을 덮개로 잘 덮고 따뜻한 곳에 둔다. 새벽 3-4시가 되면 여기에 다시 물, 소금, 곡물가루를 더해준다. 그렇게 되면 반죽이 잘 숙성되고, 맛있는 빵을 만들 수 있다.

추바시 여성들은 카라바이와 같은 큰 빵의 반죽을 뜰 때 나무 대접(사카르 티레케 Сакар Тиреке)을 사용한다. 이렇게 만든 카라바이 반죽을 나무 삽(사카르 케레시 Сакар Кереси)에 올려놓고 벽난로(화덕) 안으로 넣는다. 이때 빵이 갈라지지 않게 반죽 위에 물을 조금 뿌리고 반죽 여기저기를 찔러 구멍을 내준다. 잘 구워진 카라바이는 식은 후에 맛을 잃지 않도록 천으로 덮어둔다.

빵은 감자나 다른 곡물 가루를 이용하여 굽는데, 풍년이 아니거나 곡물이 부족할 때는 겨, 왕겨, 명아주 씨앗, 풀, 연한 나무껍질 등을 곡물 대용으로 이용한다. 이런 것들은 잘 말려서 호밀, 귀리, 감자 등과 잘 섞어 찧어 준다. 곡물이 얼마나 부족하냐에 따라서, 곡물의 비용은 달라진다. 예를 들어 보릿고개 같은 시기에는 호밀과 명아주 씨앗의 비율을 1:3으로 했다.

식욕을 돋우는 음식으로는 작은 경단 또는 각종 곡물을 넣은 수프, 순무로 만든 보르시, 시 등이 있다. 이 음식을 먹고 나서는 보리나 귀리로 만든 죽(파타 Пата)을 먹고, 귀리, 콩, 호밀 가루로 우리나라의 묵처럼 만든 니메르(Нимер, 러시아의 키셀)를 먹는다.

추바시 여성들은 잔치가 되면 하파르트투(Хапарту)라고 하는 폭신폭신한 흰 빵, 고기와 감자를 넣고 둥글고 크게 만든 파이인 후풀루(Хуплу), 다양한 속을 얹은 큰 파이인 바트루시카(Ватрушка), 별다른 속없이 밀가루로 동글동글하게 만든 경단인 이아바(Йава), 펠멘과 비슷한 후란 쿠클리(Хуран кукули)를 준비한다. 이때 쿠클리는 솥에서 찐다.

가축을 도살한 후에는 그 고기로 콜바사나 고기 스튜를 만든다. 추바시인들은 고기 스튜인 아시 수르피(Аш шурпи), 우리나라 순대와 같이 창자 안에 고기 속을 넣은 툴타르마시(Тултармаш), 그와 유사한 샤르탄(Шарттан)을 만들어 먹는다.

추바시인들은 유제품도 즐겨 먹는다. 추바시 전통 유제품으로는 유청을 제거한 크림인 우이란(Уйран), 발효시켜 신 맛이 나는 우유인 투라흐(Турах), 트보록으로 만든 치즈의 한 종류인 차카트(Чакат)가 있다. 오렌부르크 주에 사는 추바시인들은 마유를 발효한 쿠미스(Кумыс)도 만들어 먹는다.

모든 축제와 의식에 빼놓은 수 없는 것이 술이다. 추바시인들은 '사라'(Сара)라고 하는 술을 만들어 마셨다. 맥아당과 호프로 만드는 사라는 일상생활에서도 마시는 술이다. 부유한 추바시인들은 꿀로 만들어 오래 묵힌 음료인 심 필(Сим пыл)과 꿀로 만든 가벼운 도수의 카르차마(Карчама)를 마신다.

· 전통 주거양식

추바시 마을은 '얄'(Ял)이라고 하는데, 주로 물가 근처나 골짜기에 형성되어 있다. 추바시 북부와 중부 지역의 마을은 둥지형으로, 비교적 많은 사람들이 사는 곳을 여러 농가들이 둘러싸는 형태이다. 반면 추바시 남부, 스텝 지역과 그 인근에서는 강을 따라 농가들이 열을 맞추어 위치한다. 추바시 마을의 특성도 지역에 따라 조금씩 다르게 나타난다. 추바시 북부에서는 한 동네에 30-70 가구 정도 사는 것이 일반적이라면, 추바시 남부에서는 천 가구 이상이 한 마을을 구성한다.

추바시 농가는 가옥과 헛간, 창고, 말 우리, 짐승우리, 지하실 등으로 구성된다. 사람들이 사는 주거공간은 수르트(Сурт) 또는 푸르트(Пурт)

추바시 가옥의 모습[13)]

추바시 가옥 내부의 화덕[14)]

라고 한다. 주거공간 옆에는 창고가 있다. 목욕탕(문차 Мунча)은 농가에서 좀 더 떨어진 곳, 예를 들면 골짜기 옆이나 강가 근처에 만든다. 경제적으로 윤택한 농부들은 두 개의 수르트, 이층짜리 창고, 수확한 작물을 보관하는 여러 개의 헛간을 두는데, 한 농가 안에 있는 건물이 30개까지 달하는 경우도 있었다. 반대로 가난한 농부의 경우는 수르트와 동물우리가 전부이다.

추바시 농가에서 독특한 것은 여름 부엌인 '라스'(Лас)이다. 거의 모든 추바시 농가가 라스를 지어놓고 생활한다. 라스는 사각형 구조의 통나무집이다. 건축 방식은 러시아의 이즈바를 짓는 것과 같다. 커다란 통나무의 양쪽 홈을 파서 井자 모양으로 쌓아 올리는 방식으로 라스를 짓는다. 그렇지만 이즈바나 수르트와는 달리, 라스의 바닥에는 특별한 것을 깔지 않고, 천장이나 창도 없다. '여름 가옥'이라고 불리는 것은 여름에 수르트가 아닌, 이곳에서 음식을 만들고 식사를 하고 술을 담갔기 때문이다. 이것은 수르트 내부가 그렇게 넓지 않기 때문에, 추운 겨울에는 비좁음을 감수하며 다 모여 살았지만, 더워지는 여름에는 라스에서 일부 생활을 하며 가족 구성원이 조금 더 넓은 공간을 누리기 위함이다.

19세기 후반 부유한 추바시 농민들은 넓고 생활에 편리한 집을 짓기 시작했다. 이들의 집은 원래 굴뚝이 따로 없어 집안에 연기가 퍼져 나가는 불편함이 있었는데, 19세기 후반부터는 굴뚝과 유리창문이 있는 집과 돌로 만든 집이 등장하기 시작했다.

· 토속신앙 & 가정의례

정교를 받아들이기 전 추바시인은 다양한 토속신을 모셨으며, 모든 자연과 사물에는 영혼이 있다고 믿었다. 추바시인의 전통과 관습은 오랜 세월에 걸쳐 조로아스터교 요소와 유목민의 관습, 그리고 이슬람 전통이 혼합되어 형성되었다고 할 수 있다. 조로아스터교의 영향으로 추바시인의 세계관에는 양분법이 깊게 자리 잡고 있다. 예를 들면, 추바시인은 많은 신들을 믿었는데, 이중에서도 선한 신과 악한 신이 있다고 믿었다. 추바시인은 세상을 수직상하적으로 구분했다. 고대 추바시인은 사람들의 세계를 중심으로 위와 아래, 즉 하늘과 땅 아래 각각 다른 세계가 존재한다고 믿었다. 추바시인이 가장 높은 위치에 있다고 믿는 신은 '투라'이다. 남부 추바시인들은 투라(Тура)라고 불렀던 반면, 북부 추바시인들은 토라(Тора)라고 불렀다. 투라가 선한 신이라면, '슈이탄'(Шуйттан)은 악한 신이다. 착한 신들은 하늘에 살며, 나쁜 신들은 지하세계에 산다고 믿었다.

추바시인의 토속신앙에서 볼 수 있는 또 하나의 특징은 위계질서 구조이다. 많은 신들이 있지만, 각각 그들만의 위치가 있다. 앞서 언급한 하늘신인 투라도 점차 분화되어, 아슬라 투라(Асла Тура)가 가장 최고신, 술티 투라(Султи тура)는 상위 계층의 신으로 구분됐다. 추바시인은 상위 그룹의 신이 인간 세계와 관련된 일을 직접 관장하지 않고 그 아래에 있는 신들에게 맡겼다고 믿었다. 케베(Кебе)라는 신은 아이가 태어날 때 아이의 성별을 결정하며, 풀레흐세(Пулехсе)는 제비뽑기를 통해 인간의 운명을 결정한다. 피하미아라(Пихамиара)는 사람들에게 품성이나 성격을 부여한다. 피하미아라는 동물의 수호신이기도 하다. 가정 내 행복이나 경제 상황을 관할하는 신은 헤르트수르트(Хертсурт)로 여성신이다. 농가의 가축우리에는 집안에 사는 모든 생명체를 수호하는 정령들이 한데 모여 산다. 농가의 건축물을 수호하는 정령들도 있다. 창고의 수호자 켈레트리 이라(Келетри ыра), 지하실을 보호하는 누흐레프 후시(Нухреп хуси), 곡물 건조장의 아반 케투세(Аван кетусе), 목욕탕에는 심술궂은 이이예(Ийе) 등이 있다.

추바시인은 조상신도 숭배했다. 추바시인은 이웃 민족에 비해 이미 세상을 떠난 가족과 친인척을 기리는 의식을 자주 갖는다. 개인이 제사를 지낼 뿐만 아니라, 마을 사람들이 모두 모여 조상을 기리는 단체 추도식도 있다. 조상에 대한 예를 갖추지 않으면, 조상을 화나게 하여 불행이나 질병이 찾아온다고 믿었으며, 망자의 평안은 망자의 친인척이 얼마나 성대하고 정성스럽게 그를 기리는가에 달려 있다고 생각했다. 조상에 대한 숭배는 키르메티(Кирмети)라고 하는 상상의 공간에서 이뤄진다. 키르메티는 보통 깨끗한 물 근처나 높은 곳에 있는 성스러운 장소로, 그런 곳에는 참나무나 떡갈나무, 물푸레나무 같은 키가 크고 단단한 나무가 있어야 한다. 즉 조상 숭배는 나무 숭배로 이어지는데, 이런 점에서 볼 때 추바시인의 토속신앙은 이웃 볼가 연안의 민족들, 특히 핀-위그르 민족들의 영향을 받았다고 추측해 볼 수 있다. 추바시인들의 조상숭배는 장례식과 제사에도 반영되어 있다. 망자를 땅에 묻을 때 망자의 머리를 서쪽으로 향하게 하며, 무덤에는 평평한 나무나 돌로 만든 조각상 같은 것을 세워둔다. 나무로 상을 만들 때는 망자의 성별에 따라 나무의 종류가 달라진다. 망자가 남성인 경우는 참나무, 여성인 경우에는 보리수나무로 만든다. 묘지에는 강이나 골짜기를 지나는 다리를 만들어 놓는데, 이는 망자가 이 다리를 건너 조상의 세계로 편히 가라는 의미이다.

토속신앙에 근거한 의식과 의례는 농업주기와 밀접한 관련이 있다. 이러한 의례는 동지에 맞춰 열리는 겨울 축제인 수르후리(Сурхури)부터 시작된다. 수르후리는 '양의 영혼'을 뜻하는 말로, 가축의 번성을 기원하는 의식이다. 수르후리 축제가 오면 아이들과 젊은이들은 동네 집집마다 돌아다니면서 가축의 번성을 기원하는 노래를 부른다. 그러면 그 집의 주인은 이들에게 먹을 것을 준다.

겨울 축제가 끝나면 태양을 숭배하는 축제이자 봄맞이 축제인 사바르니(Саварни)를 즐긴다. 이것은 러시아의 마슬레니차(Масленица)와 유사한 것으로 즐기는 방식이나 축제의 순서 역시 굉장히 비슷하다. 마슬레니차에 러시아인들이 블린을 먹듯이, 추바시인들도 사바르니에 블린을 먹는다. 러시아인들이 썰매타기를 즐기는 반면, 추바시인들은 말을 타고 마을 주변을 돈다. 러시아인들이 마슬레니차의 마지막 날 허수아비를 태우듯이, 추바시인들은 사바르니 노파를 형상화한 짚 인형을 태우며 사바르니를 마친다.

사바르니가 끝나면 본격적인 봄을 즐기는 축제인 만쿤(Манкун)을 경축한다. 만쿤은 태양과 신, 조상에게 제물을 바치는 의식으로 시작되어 며칠씩 이어진다. 만쿤은 남은 겨울과 나쁜 기운, 질병을 쫓아내는 여러 가지 의식(칼람 쿤(Калам кун), 쇼렌(Сёрен), 비렘(Вирем) 등)으로 시작되고 끝난다. 젊은이들은 그룹을 지어 마가목 잔가지를 들고 마을을 돌아다닌다. 이들은 마가목 가지로 사람, 건물, 옷, 가정도구 등을 때리며 "쇼렌!"이라고 외치며 나쁜 기운을 몰아낸다. 만쿤 기간은 부활절 기간과 겹치기 때문에, 정교를 받아들인 이후 만쿤은 부활절로 대체됐다.

봄에 씨뿌리기가 끝나면 아카 파티(Ака патти)라고 하는 가족 의례를 올린다. 사람들은 밭에 씨를 뿌린 다음 마지막에 뿌린 종자를 덮어준다. 가장은 술티 투라에게 풍년을 기원하는 기도를 올린다. 아카 파티는 죽과 관련되어 있다. 이날 추바시인들은 미리 준비해 놓은 죽 몇 숟갈과 삶은 달걀을 밭고랑에 파묻고 땅을 갈아서 덮어준다.

봄철 밭일이 다 끝나면 아카투이(Акатуй)를 즐긴다. 아카투이는 타타르 축제인 사반투이와 같은 축제로, 둘 다 '쟁기(아카) 축제(투이)' 또는 '쟁기의 결혼'이라는 뜻이다. 쟁기는 남성의 시조, 땅은 여성의 시조를 뜻하는 것으로, 쟁기와 땅이 만나 결혼을 한다는 것이다. 아카투이는 추바시인 모두가 나와 즐기는 축제로 말타기 등 다양한 놀이를 즐긴다.

봄 파종이 끝나면, 우야바(Уява) 또는 신세(Синсе)라고 하는 시기가 돌아온다. 우야바는 결혼한 땅이 임신했기 때문에 모든 농사일을 금하는 시기이다. 우야바는 몇 주간 이어지며, 풍년, 마을 사람들의 건강과 평안, 가축의 건강을 기원하며 제물을 바친다. 이를 위해 마을에서는 말, 소, 양, 오리나 거위 등을 잡아 제물로 바치고, 의식이 끝나면 마을 사람들이 모두 먹을 수 있도록 죽을 끓인다. 우야바는 비를 기원하는 수마르 추크(Сумар чук)라는 의식으로 끝난다. 수마르 추크는 사람들이 서로에게 물을 끼얹고 강이나 시냇물에서 멱을 감는 의식이다.

가을걷이를 하고 나면 곡물건조장의 수호신에게 기도하는 아반 파티(Аван патти)를 지낸다. 이는 수확을 감사하는 의식으로, 이 의식에 사용되는 모든 음식은 새로 수확한 곡물로 차리고 아반 사리(양의 맥주)라는 술을 마신다. 이 의식은 아브탄-시리(Автан-Сыры, 수탉 수프)라는 잔치로 끝을 맺는다.

이처럼 추바시 전통축제는 집단주의가 특징인데, 특히 젊은 사람들의 참여가 필수적이다. 날씨가 좋은 봄, 여름 축제에는 모든 마을(이웃 마을까지 포함)의 젊은이들이 모여 우리나라의 강강술래와 같은 우야프

추바시 전통결혼식의 재현[15)16)]

(Уяв, 바이아 Вайа, 또는 타카 Така)라는 춤을 춘다. 겨울에는 집안의 연장자들이 잠시 자리를 비운 집에서 라르니(Ларни, 모임)를 여는데, 이때 아가씨들은 숨어 있다가 청년들이 오면 놀이를 시작한다. 젊은이들은 노래를 부르거나 춤을 추며 즐거운 시간을 보낸다. 한겨울이 되면 헤르 사리(Хер сари, 처녀의 맥주)라는 축제를 즐긴다. 아가씨들은 술을 만들고 파이를 굽는다. 동네의 한 집을 빌려 젊은이들끼리 파티를 열어 즐긴다.

우랄 산맥의 카자크, 나가이바크인

명 칭	나가이바크 (Нагайбак(단수형), Нагайбаки(복수형))
인구수	8,148명
민족구분	튀르크계
종 교	러시아 정교
주요 거주지	첼랴빈스크 주의 중남부

나가이바크인은 타타르인이지만, 무슬림인 타타르인과 달리 정교도이다. 게다가 거주하는 곳도 타타르스탄이 아닌, 그곳에서 남동쪽으로 떨어져 있는 우랄 산맥 인근의 첼랴빈스크 주(Челябинская область)이다. 이들은 현재 첼랴빈스크 주의 중남부에 위치한 나가이박스키 자치군(Нагайбакский муниципальный район)과 체바르쿨스키 자치군(Чебаркульский муниципальный район)에 거주하고 있다. 나가이바크인의 중심지는 나가이박스키 군의 페르샴펜누아스 마을(село Фершампенуаз)이다. 첼랴빈스크 주 외에 튜멘 주, 한티-만시 자치구, 스베들롭스크 주, 바시코르토스탄 공화국에도 일부 나가이바크인이 살고 있다.

2002년 러시아연방 인구조사 결과에 의하면 9,600명, 2010년에는 8,148명의 나가이바크인이 러시아에 거주하는 것으로 나타났다. 이들은 오늘날 러시아 공식 소수민족으로 인정받고 있다.

종교는 다르지만 문화적으로는 타타르인과 유사하다. 나가이바크어는 타타르어의 중부 방언이라고 할 수 있다. 또한 나카이바크인이 제정 러시아 시기 오렌부르크(Оренбург, 첼랴빈스크 주와 카자흐스탄 사이) 카자크

(코사크)의 일원이었던 만큼 이들 문화에서는 카자크 문화의 특징도 찾아볼 수 있다.

· 역사문화적 특징

나가이바크인은 18세기 초부터 러시아인에게 알려지기 시작했다. 그러나 당시 '우파 노보크레셴'(Уфимские новокрещены)이라는 이름으로 불렸다. 우파는 오늘날 바시코르토스탄 공화국의 수도이며, '노보크레셴'은 말 그대로 '새롭게 세례 받은 자'를 뜻한다. 당시 타타르인 중에 정교 세례를 받은 그룹을 크레셴(Крешен), 크랴셴(Кряшен)이라고 불렀고, 이런 이유로 나가이바크인을 크레셴의 일부로 보기도 했다.

그렇지만 나가이바크인이 18세기에 형성된 것은 아니다. 많은 학자들이 나가이바크인의 기원에 대해 여러 가지 주장을 내놓고 있다. 어떤 학자들은 나가이바크인이 세례 받은 노가이인(Ногайцы)의 후손이라고 생각한다. 노가이인은 이름에서 알 수 있듯이 킵차크 한국의 붕괴 후 14세기 말부터 15세기 초 볼가 강과 우랄 산맥 사이에 노가이 한국(Ногайская орда)을 세운 민족이다. 노가이인은 튀르크계 민족(킵차크 그룹)으로 14-15세기 킵차크 한국의 남부에 살던 여러 종족들 간의 혼인과 교류를 통해 생겨났다. 노가이인 일부가 노가이 한국에서 이크 강(р. Ик, 카마 강의 지류)의 중류 지역으로, 즉 오늘날의 바시코르토스탄 북서 지역으로 이주했다. 바로 이들이 오늘날 나가이바크인의 선조라는 것이다. 이 주장에 의하면, '나가이바크'라는 단어가 노가이 한국의 한(Khan)이라는 뜻의 '노가이 벡'(Ногай бэк)에서 유래했다. 이 주장에 동조하는 학자들은 당시 계층을 나타내는 '카자크'라는 단어가 18-19세기에는 '노가이'라는 단어로 대체됐다는 점을 근거로 든다.

다른 학자들은 나가이바크인이 카잔 타타르인의 후손이라고 보고 있다. 이들은 나가이바크인이 카잔의 카잔카 강(р. Казанка) 우현에 위치한 아르스크(Арск)라는 도시에 살던 타타르, 즉 아르스키 타타르(Арские татары)의 후손이라고 생각한다. 이들은 16세기 중반 카잔 한국이 이반 4세에 의해 함락된 후 아르스키 타타르인들이 세례를 받고 바시키리야(오늘날 바시코르트토스탄) 영토로 이주했다고 본다. 즉, 나가이바크인의 기원에 대한 논쟁의 핵심은 이들이 노가이-타타르인의 후손이냐, 카잔-타타르의 후손이냐는 문제에 있다.

17-20세기 사이 나가이바크인은 마리예츠인, 타타르인, 추바시인처럼 바시키르 지주의 땅으로 이주해 정착했는데, 이들을 '프리푸세니키'(Припущенники)라고 한다. 이에 토착 주민들은 봉기를 일으켰고 토지세 지불을 거부했다. 그러나 1736년 나가이바크인들이 바시키르 봉기에 참여하지 않고 그 반란을 진압하는 데 공을 세웠다는 이유로, 안나 여제에 의해 카자크로 공식 등록되어 현물세를 면제받고 바시키르인의 땅을 소유할 수 있게 됐다.

18세기 말 나가이바크인들은 바시키리야의 바칼린스키 자치군(Бакалинский муниципальный район)에 위치한 나가이바코보라는 마을(село Нагайбаково)과 바칼리 마을(село Бакалы)에 주로 거주했다. 이곳에는 나가이바크인 외에도 타타르인의 한 그룹인 테프탸리(Таратры-Тептяри)도 거주하고 있었으며, 두 민족 간의 결혼이 많이 이뤄졌다.

1736년 안나 여제의 명에 의해 우랄 산맥의 남동부 스텝 지역, 즉 카자흐인의 영토(오늘날 카자흐스탄)와의 경계를 확고히 하기 위해 나가이바크 카자크 군대가 만들어졌으며, 이크 강 유역에는 나가이바크 요새(Нагайбакская крепость)가 세워졌다. 나가이바크 카자크 군대에 합류하기 위해 타타르 영토(타타리야 Татария)와 바시키리야에 살던 나카이바크인들이 처자식을 데리고 이주했다.

당시 나가이바크인의 일부는 오렌부르크 현(Оренбургский уезд, 바시키리야 남부)의 여러 카자크 마을들, 예를 들면 포드고르노이(Подгорной), 알라바이탈(Алабайтал), 일린스키(Ильинский), 네진스키(Нежинский) 마을에 살고 있었다. 나가이바크인들이 살고 있는 지역은 중앙아시아와 러시아의 경계 지역으로, 한때 중앙아시아 한의 소유가 된 적도 있었다. 19세기 중순 무렵에는 이 지역에 나가이바크, 칼미크, 러시아 카자크가 배치됐다. 이때 스타니차(Станица, 카자크 마을)가 많이 세워졌는데, 이 중 오렌부르크의 카자크 마을에는 킬레이(Килей), 사라실리(Сараш-лы), 발리클리(Балыклы) 등 나가이바크식 이름을 가진 마을들도 존재했다. 이 마을들은 이후 카셀(Кассель), 오스트로렌카(Остроленка), 파리스(Париж, 프랑스 파리와 동명)로 이름이 바뀌었다.

19세기 후반 나가이바크인은 타타르인이지만 정교도라는 이유로 별개의 민족으로 인정받았고, 혁명 후 이뤄졌던 1920년, 1926년 소연방 인구조사에서도 독립적인 민족으로 간주됐다. 그러나 모든 나가이바크인이 정교도인 것은 아니다. 20세기 초 오렌부르크에 살던 나가이바크인 일부가 토착 타타르인들과 섞이면서 이슬람으로 다시 개종하기도 했다. 1927년 페르샴페누아스 마을을 중점으로 나가이바크 자치군이 조성됐지만, 이후 나가이바크인들은 다시 타타르인의 하부 그룹으로 그 지위가 바뀌었다. 소련 붕괴 후 십 년 정도의 시간이 흐른 2000년에서야 다시 소수민족으로 공식 인정받게 됐다.

· 전통의복

앞서 보았듯이, 제정 러시아 시기 나가이바크인들은 오렌부르크 카자크 군대에 소속되어 있었기 때문에 나가이바크 남성의 전통의상은 오렌부르크 카자크들이 입던 옷과 동일하다. 사실상 남우랄 지역으로 이주하기 전인 1842년 전까지의 의상에 대한 기록은 거의 없다고 할 수 있다. 19세기 후반의 의상을 놓고 보자면, 나가이바크 남성 의상은 사제복처럼 헐렁하고 긴 루바하가 기본이다. 루바하는 보통 집에서 직접 짠 흰색 옷감으로 만든다. 그렇지만 여러 가지 색깔의 직물로 만드는 경우도 있었다. 하의는 폭이 넓은 바지이다.

겉옷은 나사천이나 무두질한 가죽으로 만들어 입었다. 나가이바크인이 입던 겉옷으로는 '차불리 키엠'(Чабулы кием), '툴파 치페이'(Тулпа чипей), '보르차트카'(Борчатка) 등이 있다. 차불리 키엠은 허리에 주름이 잡혀 있는 외투로 견장이 달려 있으면서 칼라를 단단히 여밀 수 있게 만든 옷이다. 툴파 치페이는 나사천으로 만든 겉옷의 일종으로, 타타르인과 같은 튀르크계 민족들이 자주 입는 치크멘(Чикмень 또는 체크멘 Чекмень)과 같다. 치크멘은 헐렁하고 긴 가운과 외투의 중간 형태로 보통 무릎 아래까지의 길이로, 훅이나 고리 같은 것이 달려 있어 왼쪽을 여며 입도록 되어 있다. 보르차트카는 무두질한 가죽으로 만든 모피외투로, 나가이바크인 사이에서 가장 오랫동안 보전됐다.

나가이바크 남성들은 겉옷을 입을 때 폭이 15-20cm 정도로 넓으면서 여러 색깔이 들어간 허리띠를 했다. 쿠샤(Кушак)이라고 하는 이 허리띠는 크랴셴인에서도 볼 수 있다. 이 허리띠는 다양한 색깔의 털실로 만든다. 허리띠의 길이는 3미터에 달할 정도로 매우 길다. 나가이바크 남성들은 이 띠를 허리에 둘러 감고, 마지막 끝은 옆구리 안쪽으로 숨겨 넣는다.

나가이바크 남성의 결혼의상은 보통 신부의 어머니가 만든다. 흰색 루바하의 깃, 소맷부리, 옷의 끝자락에 붉은색 실이나 검은색 실로 자수를 놓아 장식한다. 이러한 루바하를 기야우 쿨멕(Кияу кулмэк)이라고 한다. 결혼식 바지인 키야우 이시탄(Кияу ыштан)은 검은색-붉은색-흰색 줄무늬가 특징이다. 결혼식 의상에서도 쿠샤을 빼놓을 수 없다. 나가이바크 전통혼례에는 신부가 신랑의 허리띠를 푸는 관습이 있다.

남성 신발은 타타르식의 짚신과 역시 타타르식의 긴 가죽부츠인 이치기가 있다. 나가이바크 남성들은 여름에는 앞에 챙이 달린 모자를 썼으며, 겨울에는 검은색 카라부렉(Карабурек)을 썼다. 카라부렉은 양털로 만들어졌으며, 납작하지 않고 어느 정도 높이가 있는 모자이다.

가장 오래된 여성 의상은 직선으로 떨어지는 헐렁하고 긴 루바하이다. 검은색과 붉은색 옷감으로 루바하를 만든다. 여기에 검은색, 흰색 또는 파란색 천을 이용해 작은 체크무늬를 만들어 넣는다. 루바하의 아랫부분에는 여러 가지 색상의 천으로 주름을 만들어 장식한다. 루바하의 깃은 세워져 있으며, 소매부분 역시 주름 잡힌 천이 붙어있다. 나가이바크 여성들은 주름 외에도 다양한 방식으로 루바하의 이곳저곳을 꾸민다. 특히 북부 나가이바크 여성들의 장식은 타타르인들에게서는 볼 수 없는 독특한 형식이다. 이들은 루바하의 가슴 부분과 허리 아래 부분을 소위 '누더기 무늬'(Лоскутный узор)로 꾸민다. 이것은 천으로 다양한 둥근 모양을 여러 개 잘라 조합해 붙이는 형식이다.

루바하 위에는 앞치마와 유사한 알추프렉(Алчупрэк) 또는 알리얍키츠(Алъяпкыч)를 입는다. 이것 역시 다양한 색깔의 천과 실을 이용하여 만든다. 알추프렉은 루바하의 체크무늬보다 더 큰 체크무늬로 장식된다. 하의는 이시탄(Ыштан)으로 여러 색깔의 줄무늬가 있는 폭이 넓은 바지이다.

바가이바크 여성의 외출용 의상은 질렌(Жилэн)이다. 질렌은 면 빌로도, 벨벳, 색깔 있는 캐시미어로 만들어지며, 깃 부분과 소맷부리, 주머니는 끈으로 장식한다. 나가이바크 여성도 남성처럼 치크멘이나 흰색 또는 검은색 나사천으로 만든 치페이(Чипей)를 입는다. 겨울에는 무두질한 가죽으로 만든 모피외투인 툰(Тун)을 입는다. 툰은 여러 가지 종류가 있다. 좀 더 화려한 모피외투는 푸스타우 툰(Пустау тун)이다. 결혼식 때 입는 푸스타우 툰은 부드러운 새끼 양가죽으로 만드는데, 이를 베레엔 카비 툰(Бэреэн кабы тун)이라 한다. 잔치나 축제가 열리면 남성들처럼 여성들도 빌바우(Билбау)라고 하는 허리띠를 한다. 빌바우는 화려한 여러 색상의 털실로 만든 것으로 그 너비가 5-7cm 정도 된다.

여성의 모자로는 미혼 여성이 쓰는 아크 칼팍(Ак калфак)이 있는데, 이것은 면이나 모직으로 만든 흰색의 원추형 모자이다. 아크 칼팍은 동전 등으로 장식된 끈과 같이 착용한다. 아가씨들은 머리를 하나로 땋으며, 나이가 있는 여성들은 머리를 두 개로 땋아 머리에 쓴 화관 안으로 넣는다. 아가씨들은 결혼하면서 기혼 여성의 모자인 수레케(Сурэкэ)로 바꿔 쓴다. 수레케는 여러 가지 종류가 있는데, 머리카락을 완전히 가리는 긴 두건인 멜렌첵(Мэленчек), 수레케 위에 쓰는 질켈렉(Жилкэлек)이 있다. 질켈렉의 관자놀이 부근에는 동전으로, 이마 부분에는 금색 자수와 끈으로 장식하는 것이 특징이다.

신발은 보통 보리수 내피와 외피로 만든 짚신이다. 이 짚신에 나무굽을 덧대거나, 속에 펠트천을 대는 경우도 있다. 얇은 긴 털양말을 신고 짚신을 신는다. 날씨가 추워지면 나사천으로 만든 긴 양말인 툴라 오에크(Тула оек)를 덧신기도 한다. 아주 추운 날에는 털양말 위에 얇은 개 가죽으로 만든 주머니 모양의 바이팍(Байпак)을 신고, 다시 툴라 오에크를 신고 나서 짚신을 신는다. 가죽신인 카우시(Кауш)나 겨울용 펠트장화 피마(Пима)는 사치품으로 여겨 부유한 사람들만 사용했다.

· 전통음식

나가이바크인의 전통음식 중 가장 대표적인 것은 면 수프이다. 이 수프는 고기 국물을 육수로 하여 카틱(Катык, 튀르크계 민족들이 양젖으로 만드는 산유)으로 조미한 음식이다. 이것은 손님을 대접할 때 빼놓을 수 없는 음식이기도 하다. 면이 들어간 수프나 곡물로 만든 죽은 빈부에 상관없이 나가이바크인의 식탁에 항상 오르는 음식이다. 또한 나가이바크인은 고기 국물에 우리나라의 만두와 비슷한 펠멘을 넣어 자주 먹으며 손님상에도 올린다.

나가이바크 음식[17)]

나가이바크 여성들은 집에서 발효시킨 반죽으로 빵을 구웠다. 그러나 지금은 우유, 버터, 달걀 등을 일반 반죽에 섞어 타르트와 비슷한 샤가, 크렌델리(Крендели 8자 모양의 빵) 등을 만든다. 나가이바크 파이는 속에 들어가는 재료에 따라 매우 다양하다. 키스티비(Кыстыбый)는 간을 하지 않은 반죽 안에 감자를 곱게 갈은 것을 넣은 파이이다. 발효하지 않은 일반 반죽으로는 레표시카, 꽈배기, 올랴디, 블린 등을 만들어 먹는다.

잔치나 축제가 되면 나가이바크 여성들은 산열매, 체리, 당근, 붉은 무를 넣은 파이와 닭고기 파이를 준비한다. 독특한 나가이바크 음식으로는 체리 버터(체얄레 마이 Чеяле май)를 들 수 있다. 만드는 방법은 다음과 같다. 말린 체리를 뜨거운 물에 몇 시간 담가 놓는다. 그 후 고기를 가는 기계에 넣고 으깬다. 으깨진 체리에 버터와 설탕을 넣어 잘 섞는다. 완성된 덩어리를 알맞게 떼서 동그랗게 빚은 후 얼린다. 이러면 향긋하고 달콤한 체리 버터가 완성된다. 나가이바크인들은 체얄레 마이를 차와 함께 마시거나, 빵에 발라 먹기도 하며, 파이의 속으로 사용하기도 한다.

나가이바크인이 좋아하는 육류는 양고기이다. 소고기도 자주 먹지만 양고기를 더 자주 먹는다. 이외 닭, 거위, 오리, 돼지고기, 말고기 등도 먹는다.

우유는 신선한 우유 자체보다는 우유 가공품을 즐겨 먹는다. 나가이바크인은 우유 앙금으로 크림을 만들어 먹는데, 특히 오래 끓인 크림인 카이막(Каймак)을 좋아한다. 또한 끓인 우유를 발효하여 카틱을 만들며, 카틱에 차가운 물을 타서 아이란을 만들어 먹는다. 아이란은 갈증을 해소하는 데 아주 좋은 음식이라고 알려져 있다. 카틱과 아이란은 타타르 전통음식 중 하나이기도 하다. 유청이 잘 흘러나오도록 카틱을 주머니에 놓고 걸어두면 트보록과 같은 슈즈메(Сюзмэ)를 얻을 수 있다. 끓는 우유에 효소를 넣어, 굳은 트보록 형태가 나올 때까지 다시 끓이면 또 다른 유제품인 에렘첵(Эремчек)이 나온다. 유청이 완전히 증발할 때까지 끓이면 불그스름하면서도 갈색 빛이 돌면서 잔구멍이 많은 덩어리를 얻을 수 있는데, 이렇게 만든 에렘첵은 달콤하면서 새콤한 맛을 낸다. 나가이바크인들은 에렘첵을 버터로 쓰기도 하고 차와 같이 내놓기도 한다.

· 전통 주거양식

나가이바크인의 마을은 '아울'(Аул)이라고 한다. 아울은 보통 강이나 냇가 근처에 형성된다. 대부분의 농가는 크게 주거공간과 살림살이를 하는 공간으로 나눌 수 있다. 주거공간은 보통 두 개의 방으로 나뉘며, 겨울용과 여름용으로 나눌 수 있다. 겨울용 주거공간은 러시아의 이즈바와 같이 통나무 양 끝에 홈을 파서 쌓아올린 형태이며, 여름용 가옥은 토벽돌로 만든다. 나가이바크 가옥은 벽에 점토를 발라 흰색을 띤다.

가옥의 내부 인테리어에서는 러시아적인 요소와 타타르 전통 요소 모두 찾아볼 수 있다. 러시아 이즈바에서 볼 수 있는 벽난로, 벽난로 안에 고정시켜 놓은 큰 솥, 이콘, 성소 등은 러시아의 영향을 받은 것이다. 나가이바크 가옥의 벽난로는 보통 남쪽으로 난 창의 반대편에 위치한다.

타타르적인 요소는 남녀의 공간을 실질적으로 구분하는 커튼에서 찾을 수 있다. 긴 커튼이나 장막을 사용하여 여성의 공간(보통 부엌)과 나머지 공간을 구분한다. 이러한 장막은 단순히 공간의 경계를 나타내는 것뿐만 아니라, 이슬람 사회에서 여성을 숨기는 관습과도 관련이 있다. 남성의 공간은 손님을 맞이하는 응접실이자, 휴식을 취하고 식사를 하는 공간이다. 동시에 다양한 가사활동이 이뤄지는 곳이기도 하다. 가족들이 사용하는 식탁에서 여성들은 실을 잣거나 옷감을 만들기도 하고 옷의 주름을 펴기도 한다. 남성들은 짚신을 만들거나 마구를 제작한다. 벽면에 기대 만든 널판 침상과 긴 의자는 러시아와 타타르 가옥, 양쪽 모두에서 볼 수 있는 특징이다.

집안의 벽에는 각종 살림도구를 놓을 수 있는 선반이 걸려 있으며 식기를 넣을 수 있는 찬장도 있다. 집 내부에서 중요한 의미를 갖는 것은 '우샤'(Уша)이다. 우샤는 두꺼운 긴 의자이다. 길이는 한 벽면 정도 되거나, 그보다 짧다. 우샤와 관련된 미신들이 많은데, 나가이바크인과 크랴셴인은 집에서 제사를 지낼 때 조상의 영혼이 나비의 모양을 하고 우샤 위에 앉아 있다고 믿었다.

· 가정의례

나가이바크인의 가정의례는 주변 민족들과 비슷하다. 먼저 결혼식을 살펴보자면, 칼림과 혼수가 중요하다. 예비 신랑의 가족은 신부 가족에 칼림을 지불한다. 예비 신부는 혼수를 준비해야 하는데, 혼수품으로는 궤, 침상, 깃털이불, 베개, 수건, 직물 등이 있다. 이때 옷감에는 무늬를 날염하거나 박아 넣어야 하는데, 무늬가 없는 밋밋한 직물을 혼수로 넣어서는 안 된다. 혼수를 준비하기 위해서는 꽤 오랜 시간이 걸린다. 신부는 바느질을 하고, 천에 각종 무늬를 넣어야 한다. 혼수는 나가이바크 여성들이 다섯 살 때부터 준비하기 시작한다. 결혼식 당일이 되면 신부 측이 보낸 풍성한 혼수가 신랑의 집으로 도착한다.

친인척과 손님들은 가장 좋은 이동수단을 타고 결혼식장으로 온다. 결혼식이 열리는 곳으로 가는 순서는 따로 정해져 있다. 길 안내자 역할을 하는 사람이 먼저 길을 나서고 신혼부부의 침상과 모든 혼수품을 담은 수레나 마차가 그 뒤를 따른다. 이 뒤를 남편의 형이 따른다. 중매쟁이는 환영과 축복을 의미하는 빵과 소금, 그리고 술을 준비하여 이 행렬을 맞이한다. 혼수품이 도착하면, 이웃들이 모여 무엇을 얼마나 가져왔는지 구경한다. 이웃들은 혼수품의 양과 질을 평가하며, 신부가 좋은 며느릿감인지, 아닌지를 판단한다.

나가이바크인은 아이의 출생을 축하하는 의식을 비롯하여 아이의 세례식(발라 추킨디루 Бала чукындыру) 등 아이의 출산과 성장에 대한 의례를 오랫동안 지켜왔다. 아이가 출산할 때도 여러 가지 복잡한 의식이 동반된다. 아이의 출산에서 중요한 역할을 하는 사람은 산파이다.

산파는 나쁜 기운과 질병으로부터 아이를 보호해 주는 각종 주술과 주문을 외우며 갓난아이를 깨끗이 씻기며 마사지를 해 준다. 대부와 대모는 아이의 평생 동안 존경을 받으며, 아이 가족의 경조사에 항상 같이 해야 한다.

· 토속신앙

나가이바크인 사회에서는 자연현상과 관련된 제례와 경제활동과 관련된 의식이 많이 존재했다. 예를 들면 봄맞이 축제가 있는데, 나가이바크인들은 아직 녹지 않은 눈 위에 모닥불을 피우며 눈과 얼음을 떠나보낸다.

자연현상, 특히 날씨와 관련된 의식 중 오늘까지 잘 보전되고 있는 의식은 비와 관련 있다. 일종의 '기우제'로 가뭄이 계속 되는 기간에 비를 기원하는 의식이다. 기우제는 그 동네에서 나이가 많은 사람들이 지낸다. 닭을 제물로 바치고, 아이들은 집집마다 돌아다니며 곡물, 버터, 달걀 등을 모은다. 이 음식은 강가나 샘 근처의 풀밭에 놓고 제를 지낸다. 제가 끝나면 바쳤던 음식 중 일부를 큰 솥에 넣고 죽을 끓인다. 이 음식을 '잔기르 보트코시'(Жангыр боткосы)라고 하는데, '비의 죽'(Доджевая каша)이라는 뜻이다. 죽을 다 나눠먹고 나면, 제에 참석한 사람들은 서로에게 물을 뿌리고, 물에 뛰어들기 시작한다. 이러한 공동 제례가 끝나면 각자 집으로 돌아가는데, 집에서도 다시 물을 자기의 몸에 끼얹는다.

사반투이를 즐기는 모습[18)]

노동과 관련된 의식으로는 추수와 관련된 '우락 에메세'(Урак эмесе), 거둔 삼을 빻는 의식인 '수스 에메세'(Сус эмесе), 가옥 건축과 관련된 '에이 쿠테루 에메세'(Эй кутэру эмесе), 나사천을 함께 만드는 의식인 '툴락 바수'(Тулак басу) 등이 있다.

나가이바크인들에게 가장 중요한 축제는 '아시 비루'(Аш биру)이다. 아시 비루는 '먹을 것을 드리다'(Есть даю)라는 뜻으로, 조상을 기리는 축제이다. 아시 비루에는 세상을 떠난 가족의 제사를 올리는데, 세상을 떠난 지 3년 이상이 되어야 하며, 그 해가 홀수여야 한다. 아시 비루에는 동물을 제물로 바치는데, 암소나 젖소를 구입하거나, 이 축제를 위해 일찍부터 정성을 들여 소를 길러야 한다. 이때 하얀 소를 선호하는데, 나가이바크인들은 흰색이 순결하고 깨끗한 마음을 상징한다고 믿기 때문이다.

7장

맺는 말

이 책에서는 러시아의 150여개 민족 중 불과 18개 민족을 다루고 있지만, 러시아를 구성하는 각기 다른 민족들이 비슷한 역사적 행로를 지나왔다는 것을 알 수 있다. 이들은 인종, 언어, 종교 등이 다르지만 오랜 시간 러시아라는 국가의 구성원으로 존재해 왔다. 각각의 민족들이 러시아로 편입된 것은 시기별로 차이가 있으나, 러시아 북서부와 볼가-우랄 지역의 민족들은 비교적 빠른 시기에 러시아의 일원이 됐다. 북서부 민족들은 고대 러시아의 중심지 중 한 곳이었던 노브고로드와 지리적으로 가까웠기 때문에 러시아의 비슬라브계 민족 중 가장 이른 시기에 러시아에 복속됐으며, 스웨덴, 리투아니아 등 인근 유럽 국가들의 잦은 침입에 시달려야 했다. 볼가-우랄 지역 민족들은 몽골-타타르가 슬라브 땅을 정복하면서 킵차크 한국의 속민이 되어야 했고, 킵차크 한국과 이후 세워진 카잔 한국이 붕괴되고 모스크바 공국의 세력이 강해지면서 다시 러시아에 편입되어야 했다. 이렇듯 러시아 북서부와 볼가-우랄 지역 민족들은 외세의 침입에 크고 작은 저항을 했지만, 여러 차례 타민족의 지배를 받아야 하는 역사적 운명을 같이 했다.

러시아에 복속된 이들은 러시아 언어와 문화, 종교를 강제적으로, 혹은 자발적으로 받아 들였다. 이와 동시에 여러 이웃 민족들과의 교류 과정에서 문화 변용과 접변이 일어났다. 러시아의 통나무집인 이즈바, 긴 셔츠인 루바하, 얇은 팬케이크인 블린, 이콘을 모셔 두는 성소 등 러시아의 많은 문화 요소가 다양한 민족에게 확산됐다. 반대로 토착 민족들의 문화가 러시아 사회에 깊숙이 자리 잡기도 했다. 예를 들면 우드무르트인의 펠멘은 러시아 음식이 되었고, 타타르인과 같은 튀르크계 민족들이 즐겨 먹던 착착이나 바우르삭은 러시아인들도 즐기게 됐다. 더불어 이웃 민족들과의 오랜 교류는 유사한 문화요소의 공유로 이어졌다. 발효해서 신 맛이 나는 우유에 찬물을 섞어 만든 아이란, 결혼을 위해 신랑이 신부 측에 보내는 돈을 뜻하는 칼림은 민족마다 명칭의 차이가 약간 있지만 볼가-우랄 지역의 모든 튀르크계 민족들에게서 찾아볼 수 있다. 은전, 구슬, 조개껍질 등으로 의상을 장식하는 것은 핀-위그르계 민족들의 공통점이다. 핀-위그르계 민족이지만 튀르크 문화에 가까운 베세르먀닌인, 튀르크 민족이지만 정교도인 추바시인과 나가이바크인에게서는 양쪽의 문화가 공존하는 것을 볼 수 있다. 이처럼 이들은 러시아 문화로의 동화 과정을 겪는 동시에, 이웃 민족들과의 교류를 통해 서로의 문화 요소를 차용하고 변형시켰다. 이러한 과정 속에서도 이들은 각자의 고유함과 독창성을 보존하고 있다.

이제 이들 민족은 새로운 과제를 안고 있다. 1980년대부터 소연방의 민족들은 민족정체성과 민족문화, 전통에 대한 관심을 보이기 시작했고, 이는 모국어 교육, 수많은 민족문화센터의 설립과 문화축제의 개최 등으로 이어졌다. 그렇지만 이들 앞에는 여러 장애물이 놓여 있다. 소비에트 시기 강압적인 방법으로 진행됐던 러시아어 교육으로 모국어 구사인구는 점점 줄어들고 있는 상황이다. 민족영토에 살면서도 전체 인구 중 자민족이 차지하는 비율은 점점 낮아지고 러시아인이 우세한 상황은 더 이상 새로운 일이 아니다. 또한 전통적인 생활 방식에 최적화된 의식주 문화는 생활 방식의 변화-예를 들면 유목생활에서 정주생활로의 전환 등-로 인해 그 실용성을 점점 상실하며 박물관에서만 볼 수 있는 상황에 처해 있다. 오늘날에도 툰드라에서 순록사육을 하는 사미인, 네네츠인, 북부 코미인은 이 지역에서의 석유·가스 개발과 그에 따른 환경오염, 온난화 등으로 전통 생활방식을 영유하는 데 어려움을 겪고 있다. 게다가 러시아 지역 간 사회경제적 불균형으로 발생하는 많은 문제들, 예를 들면 실업, 자살, 이주 등은 이들 민족들도 피해 갈 수 없다.

이와 같은 많은 문제와 위기에도 불구하고, 소수민족의 소멸이나 전통문화의 완전한 상실을 말하기는 아직 이르다. 러시아의 핀-위그르 민족들은 개별 민족을 넘어서 거대한 민족공동체인 '핀-위그르 세계'를 구축하는 데 성공했고, 러시아의 민족들뿐만 아니라, 세계의 핀-위그르 민족들과 활발하게 교류하며 전통문화와 정체성을 보전하는 데 힘을 얻고 있다. 러시아의 튀르크 민족들 역시 범세계적인 수준은 아니지만 이웃한 튀르크계 민족들과 꾸준히 교류하며 돈독한 관계를 맺고 있다. 또한 오늘날 이들의 전통문화와 토속신앙에 기반을 둔 축제와 의식은 여러 방식으로 재현되고 있다. 민족 축제와 의식은 그 민족에 속해 있는 사람들을 단합시키고 공동체 의식, 더 나아가 정체성을 고양시킨다. 우리가 이 책을 통해 만나보았던 러시아의 북서부와 볼가-우랄 지역의 민족 사회에서는 에릭 홉스봄이 일찍이 이야기했던 '전통의 창조'가 일어나고 있다. 축제 문화는 복원되고, 존재하지 않았던 축제가 새로 창조되거나 국가적인 행사로 확대되면서 민족 정체성을 고취시키고 민족의 단합을 격려한다. 또한 이는 하나의 관광산업으로 발전되며 지역 경제를 활성화하는 데도 큰 역할을 한다.

이처럼 한 편에서는 전통문화뿐만 아니라 민족의 존재 자체를 위협하는 문제들이 명백히 존재하고 있지만, 다른 한 편에서는 그것을 복원하고 재현하려는 노력이 활발히 일어나고 있다. 러시아 문화로의 동화를 겪은 러시아의 다양한 민족들은 이제 글로벌 시대에 세계 문화로의 보편화를 앞두고 있다. 이미 그 조류에 편승했다고 이야기하는 것이 더 정확할 지도 모르겠다. 이러한 시점에서 앞으로 러시아의 민족들이 어떠한 행보를 보일지, 또 어떠한 미래를 설계하고 있는지 지켜봐야 할 것이다.

참고문헌

김혜진. "광활한 산림 속 순록과 수달의 땅, 코미."『Russia & Russian Federation』. Vol. 1, No. 4. 서울: 한국외국어대학교 러시아연구소, 2010.

_____ "핀-우그르 민족, 또 다른 민족공동체의 형성."『Russia & Russian Federation』. Vol. 3, No. 3. 서울: 한국외국어대학교 러시아연구소, 2011.

_____ "탈소비에트 20년: 민족정체성의 발현, 그리고 통합과 분리."『Russia & Russian Federation』. Vol. 3, No. 2. 서울: 한국외국어대학교 러시아연구소, 2011.

_____ "러시아의 소수민족 정책과 한계."『국제지역연구. 』. 제16권. 서울: 한국외국어대학교 국제지역연구센터, 2012.

_____ "코미-이제메츠 문화적 독자성의 기반: 순록사육업을 중심으로."『러시아연구』. 제22권, 1호. 서울: 서울대학교 러시아연구소, 2012.

_____『원시림 속 부상하는 산업기지, 코미 공화국』. 서울: 한국외국어대학교 출판부, 2013.

최우익.『북극의 별 네네츠: 툰드라와 순록, 그리고 석유의 땅』. 서울: 한국외국어대학교 출판부, 2012.

V. Ju. 미할첸코, G. D. 매코넬 편. *Языки Российской Федерации*. 최문정 편역.『러시아 연방의 절명 위기 알타이 언어』. 파주: 태학사, 2013.

Агеева, Р.А. *Какого мы роду-племени?: народы России - имена и судьбы*. М., 2000.

Буыкин, А.А. "Некоторые проблемы социокультурного развития малочисленных народов Севера РФ в свете гендерного подхода." Расы и Народы, No. 28(2002).

Беляева, Н.Ф. “Народные традиции мордвы в общественном и семейном быту.” Расы и Народы, No. 29(2003).

Загребин, А.Е. “Модернизация в удмуртской деревне: этнокультурный аспект(1880-1920-е годы).” Расы и Народы, No. 29(2003).

Егоров, В.Г. “К вопросу о происхождении чуваш и их языка.” Записки Чувашкого НИИЯЛИ при СМ ЧувАССР, Вып. 7(1953).

Закиев, М.З. *История татарского народа. Этнические корни, формирование и развитие*. М.: Инсан, 2008.

Иванов, В.П. *Этническая география чувашского народа: Историческая динамика численности и региональные особенности расселения*. Чебоксары, 2005.

Иванов, В.П., В.В. Николаев, В.Д. Димитриев. *Чуваши: этническая история и традиционная культура*. М.: ДИК, 2000.

Карлов, В.В. *Народы северо-восточной Евразии в XIX и XX вв*. М., 2010.

Козьмин, В.А. *Оленеводческая культура народов Западной Сибири*. СПб: Издательство С-Петербургского университета, 2003.

Конаков, Н.Д., О.В. Котов. *Этноареальные группы коми. Формирование и современное этнокультурное состояние*. М., 1991.

Кондравтьев, М.Г., Г.Б. Матвеев. “Чуваши Симбирско-Саратовского Предволжья.” Расы и Народы, No. 29(2003).

Конькова, О.И. Водь. *Очерки истории и культуры*. СПб., 2009.

Лукьянченко, Т.В. “Государственная политика и традиционная культура саамов. Проблемы возрождения.” Расы и Народы, No. 28(2002).

Молотов, Т.Л. “Концепция "картины мира" у марийцев.” Расы и Народы, No. 29(2003).

Никольский, Н.В. *Черемисы-Марийцы*. Собр. соч. Т. 4. Чебоксары: Чуваш. кн. изд-во, 2009.

Руденко, С. И. *Башкиры: Историко-этнографические очерки*. М.-Л., 1955.

Силантьев, А. “Оленеводство. Значение его. Распространение оленей.

Самоедское оленеводство. Остяцкое оленеводство. Оленеводство ижемских зырян." Ежегодник Тобольского губернского музея, Вып. 8(1897).

Силланпяя, Л. "Возрождение саамского народа: реакция правительства на самоопределение саамов." Расы и Народы, No. 28(2002).

Соколова, З.П. "Народы Севера СССР: прошлое, настоящее и будущее." Советская этнография, No. 6(1990).

Сподина, В.И. "Хантыйско-ненецкие культурные характеристики и взаимоотношения в условиях пограничья." Известия РГПУ им. А.М. Герцена, No. 118(2009).

Суслова, С.В. "Этнокультурное районирование татар Поволжья и Урала по данным народного костюма." Расы и Народы, No. 29(2003).

Уразманова, Р.К. "Обряд сорэн у народов Среднего Поволжья и Приуралья(конец XIX - начало XX века." Расы и Народы, No. 29(2003).

Федянович, Т.П. *Морода. Этнографический альбом.* М.: Наука, 2011.

___________ "Обычаи и обряды: их место и роль в жизни этноса(по материалам народов Урало-Поволжья." Расы и Народы, No. 29(2003).

Чемышев, Э.В. "Языческие религиозные движения и организации марийцев в 1990-е годы." Расы и Народы, No. 29(2003).

Хомич, Л. В. *Ненцы. Очерки традиционной культуры.* С.-Петербург: Русский двор, 1995.

Шабаев, Ю.П., И.Л. Жеребцов, Дж. Александер. "Национальное развитие и этнополитика в восточнофинских республиках России." Мир России, No. 4(1997).

Ягафова, Е.А. "Формирование этнотерриториальных групп чувашей в XVII-XIX веках(историко-культурный аспект)." Расы и Народы, No. 29(2003).

Народы Поволжья и Приуралья. Народы и культуры. Гл. ред. Н. Мошкин, Т. Федянович, Л. Христолюбова. М.: Наука, 2000.

Народы Поволжья и Приуралья. Историко-этнографические очерки. Отв. ред. Р.Г. Кузеев. М., 1985.

Народы России. Атлас культур и религий. Отв. ред. А.В. журавский, О.Е. Казьмина. М., 2008.

Удмуртская Республика: историко-этнографические очерки. Отв. ред. А.Е. Загребин. Ижевск: УИИЯЛ УрО РАН, 2012.

Прибальтийско-финские народы России. Отв. ред. Е.И. Клементев, Н.В. Шылгина. М.: Наука, 2003.

Финно-угорские народы России. Проблемы и культуры. Нестор. No. 10(2007).

Этнология. под. ред. Е.В. Миськовой, Н.Л. Мехедова, В.В. Пименова. М., 2006.

Этническая история народов Севера. Отв. ред. И.С. Гуревич. М., 1982.

Энциклопедия “Народы России”. Гл. ред. В.А. Тишков. М.: большая Российская энциклопедия, 1994.

Энциклопедический словарь Ф.А. Брокгауза и И.А. Ефрона. СПб., 1890-1907.

Habeck, Joachim Otto. *What it Means to be a Herdsman: the Practice and Image of Reindeer Husbandry among the Komi of Northern Russia.* London: Transaction Publishers, 2005.

Konakov, N.D. *Komi Mythology.* Budapest: Akademiai Kiado, 2003.

Lallukka, Seppo. “Finno-Ugrians of Russia: Vanishing Cultural Communities?.” Nationalities Papers, Vol. 29, N. 1(2001).

통계자료

Итоги населения переписи СССР 2002 г.
Итоги населения переписи РФ 2010 г.

인터넷 자료

· 러시아과학아카데미 인류학-민속학 박물관 쿤스트카메라(Кунсткамера. Музей антропологии и этнографии им. Великого Петра РАН)

http//www.kunstkamera.ru (검색일: 2014.06.20.)

· 러시아 사미인(Российские Саами)
http://www.saami.su/medias/foto/category/12-zhile-i-khozyajstvennye-stroeniya.html (검색일: 2015.01.21.)

· 러시아연방 핀-위그르 문화센터 공식 사이트

http://www.finnougoria.ru/community/folk/6/detail.php?IBLOCK_ID=46&SECTION_ID=344&ELEMENT_ID=2213 (검색일: 2014.05.04.)

http://www.finnougoria.ru/community/folk/6/detail.php?IBLOCK_ID=46&SECTION_ID=344&ELEMENT_ID=2214 (검색일: 2014.05.04.)

http://www.finnougoria.ru/community/folk/6/detail.php?IBLOCK_ID=46&SECTION_ID=344&ELEMENT_ID=2215 (검색일: 2014.05.04.)

http://www.finnougoria.ru/community/folk/8/detail.php?IBLOCK_ID=46&SECTION_ID=346&ELEMENT_ID=2254 (검색일: 2014.03.10.)

http://www.finnougoria.ru/community/folk/15/detail.php?IBLOCK_ID=46&SECTION_ID=353&ELEMENT_ID=2391 (검색일: 2014.12.20.)

http://www.finnougoria.ru/community/folk/15/detail.php?IBLOCK_ID=46&SECTION_ID=353&ELEMENT_ID=2387 (검색일: 2014.11.28.)

http://www.finnougoria.ru/community/folk/18/detail.php?IBLOCK_ID=46&SECTION_ID=356&ELEMENT_ID=2447 (검색일: 2014.04.28.)

http://www.finnougoria.ru/community/folk/18/detail.php?IBLOCK_ID=46&SECTION_ID=356&ELEMENT_ID=2448 (검색일: 2014.04.20.)

http://www.finnougoria.ru/community/folk/18/detail.php?IBLOCK_

ID=46&SECTION_ID=356&ELEMENT_ID=2722 (검색일: 2014.04.20.)

http://www.finnougoria.ru/community/folk/18/detail.php?IBLOCK_ID=46&SECTION_ID=356&ELEMENT_ID=2453 (검색일: 2014.04.28.)

http://www.finnougoria.ru/community/folk/18/detail.php?IBLOCK_ID=46&SECTION_ID=356&ELEMENT_ID=2454 (검색일: 2014.04.28)

http://www.finnougoria.ru/community/folk/3/detail.php?IBLOCK_ID=46&SECTION_ID=341&ELEMENT_ID=2139 (검색일: 2014.04.29.)

http://www.finnougoria.ru/community/folk/5/detail.php?IBLOCK_ID=46&SECTION_ID=343&ELEMENT_ID=2192 (검색일: 2014.04.21.)

http://www.finnougoria.ru/community/folk/12/detail.php?IBLOCK_ID=46&SECTION_ID=350&ELEMENT_ID=2332 (검색일: 2012.07.17.)

http://www.finnougoria.ru/community/folk/12/detail.php?IBLOCK_ID=46&SECTION_ID=350&ELEMENT_ID=2333 (검색일: 2012.07.17.)

http://www.finnougoria.ru/community/folk/12/detail.php?IBLOCK_ID=46&SECTION_ID=350&ELEMENT_ID=2334 (검색일: 2012.07.17.)

http://www.finnougoria.ru/community/folk/13/detail.php?IBLOCK_ID=46&SECTION_ID=351&ELEMENT_ID=2352 (검색일: 2014.11.15.)

http://www.finnougoria.ru/community/folk/13/detail.php?IBLOCK_ID=46&SECTION_ID=351&ELEMENT_ID=2353 (검색일: 2014.11.15.)

http://www.finnougoria.ru/photo/index.php?PAGE_NAME=detail&SECTION_ID=2259&ELEMENT_ID=23820&PAGEN_1=7 (검색일: 2014.11.20.)

http://www.finnougoria.ru/community/folk/19/detail.php?IBLOCK_ID=46&SECTION_ID=357&ELEMENT_ID=2467 (검색일: 2014.09.10.)

http://www.finnougoria.ru/community/folk/19/detail.php?IBLOCK_ID=46&SECTION_ID=357&ELEMENT_ID=2725 (검색일: 2015.01.17.)

http://www.finnougoria.ru/community/folk/1/detail.php?IBLOCK_ID=46&SECTION_ID=339&ELEMENT_ID=2083 (검색일: 2015.01.17.)

http://www.finnougoria.ru/community/folk/1/detail.php?IBLOCK_

ID=46&SECTION_ID=339&ELEMENT_ID=2085 (검색일: 2015.01.17.)

http://www.finnougoria.ru/photo/index.php?PAGE_NAME=detail&SECTION_ID=2100&ELEMENT_ID=20720&PAGEN_1=9 (검색일: 2014.12.03.)

· 코미 공화국 공식 사이트
http://rkomi.ru/services/albom/21/ (검색일: 2011.03.20.)

· 우드무르트 공화국 공식 사이트
http://www.udmurt.ru/region/gerb/ (검색일: 2013.08.10.)

· 우드무르트 공화국 수도 이젭스크 시(г. Ижевск) 공식 사이트
http://www.izh.ru/i/info/16502.html (검색일: 2015.04.20.)

· 추바시 공화국 공식 사이트
http://www.cap.ru/cap/foto/OTRASLI/KULTUR/Data/page.htm?50,0 (검색일: 2015.01.26.)

http://www.cap.ru/cap/foto/OTRASLI/KULTUR/Data/page.htm?127,0 (검색일: 2015.01.26.)

http://www.cap.ru/cap/foto/old_chuvashia/1_6.JPG (검색일: 2015.01.26.)

http://www.cap.ru/cap/foto/old_chuvashia/1_1.JPG (검색일: 2015.01.26.)

http://gov.cap.ru//home/12/FOTO/chuv/b/21.jpg (검색일: 2015.01.26.)

http://gov.cap.ru//home/12/FOTO/chuv/b/20.jpg (검색일: 2015.01.26.)

· 첼랴빈스크 주 나가이박스키 군 공식 사이트
http://www.nagaybak.ru/region/fotoalbom/0001.jpg/view (검색일: 2015.04.22.)

http://www.nagaybak.ru/region/fotoalbom/00005.jpg/view (검색일: 2015.01.22.)

· 카렐리야 국립박물관 http://kgkm.karelia.ru/site/section/502 (검색일: 2014.07.03.)

· 한티-만시 자치구-유그라 공식 사이트
http://www.admhmao.ru/wps/portal/hmao/ob_okruge/foto_video/photos (검색일: 2014.05.20.)

· Finugor
http://finugor.ru/node/875 (검색일: 2014.11.18.)

http://finugor.ru/blyuda-mariyskoy-kuhni (검색일: 2014.10.21.)

http://finugor.ru/news/poslednie-yazychniki-rossii (검색일: 2014.10.12.)

http://finugor.ru/udmurty-na-prazdnike-gerber-vstupyat-v-brak-i-pomolyatsya-inmaru (검색일: 2015.01.29.)

http://finugor.ru/news/dni-besermyanskoy-kultury-proydut-v-udmurtii (검색일: 2015.01.13.)

http://finugor.ru/konskaya-kolbasa-kurloy (검색일: 2015.01.18.)

· 레닌그라드주 소수민족 사이트
(Коренные малочисленные народы Ленинградской области)

http://kmn-lo.ru/narodnyekostymy/izorakostum (검색일: 2015.01.17.)

http://kmn-lo.ru/tradickuhnja/vepsy (검색일: 2014.04.29.)

http://kmn-lo.ru/tradickuhnja/izora (검색일: 2015.01.22.)

http://kmn-lo.ru/photos/izora (검색일: 2015.01.22)

http://kmn-lo.ru/vod (검색일: 2015.01.13.)

http://kmn-lo.ru/narodnyekostymy (검색일: 2015.01.13.)

http://kmn-lo.ru/photos/vod (검색일: 2015.01.13.)

· 키지 박물관
(Муей-заповедник "Кижи") http://kizhi.karelia.ru/collection/pryazha-traditional-art/2737 (검색일: 2014.05.04.)

· Тюркист
http://www.turkist.org/2011/04/nikolai-huseinov-bashqurd.html (검색일: 2015.01.12.)

http://www.turkist.org/2012/06/blog-post_613.html (검색일: 2015.01.12.)

· Karelian

http://karelian.ru/customs/247-tradicionnye-hozyaystvennye-zanyatiya-saamov.html (검색일: 2015.02.10.)

http://karelian.ru/customs/156-odezhda-saamov.html (검색일: 2015.01.12.)

http://karelian.ru/customs/600-tradicionnye-prazdniki-karel-zimnie-i-letnie-prodolzhenie.html (검색일: 2014.05.04.)

http://karelian.ru/customs/452-tradicii-vyshivki-zolotom-i-zhemchugom.html (검색일: 2014.05.04.)

http://karelian.ru/stati/837-tradicionnaya-karelskaya-svadba.html (검색일: 2014.05.04.)

http://karelian.ru/stati/171-vepsy.html (검색일: 2014.2.10.)

http://karelian.ru/customs/247-tradicionnye-hozyaystvennye-zanyatiya-saamov.html (검색일: 2015.02.10.)

http://karelian.ru/customs/156-odezhda-saamov.html (검색일: 2015.01.12.)

미주

2장

1) 이 글은 『Russia & Russian Federation』에 실렸던 필자의 원고를 수정, 보완한 것이다. 김혜진, "핀-우그르 민족, 또 다른 민족공동체의 형성," 『Russia & Russian Federation』, Vol. 3, No. 3(서울: 한국외국어대학교 러시아연구소, 2011), pp. 46-50.
2) 필자 촬영
3) 필자 촬영
4) 필자 촬영
5) 필자 촬영

3장

1) 러시아연방 핀-위그르 문화센터 공식 사이트
http://www.finnougoria.ru/community/folk/6/detail.php?IBLOCK_ID=46&SECTION_ID=344&ELEMENT_ID=2213(검색일: 2014.05.04.)
2) Karelian http://karelian.ru/customs/452-tradicii-vyshivki-zolotom-i-zhemchugom.html(검색일: 2014.05.04.)
3) 러시아연방 핀-위그르 문화센터 공식 사이트
http://www.finnougoria.ru/community/folk/6/detail.php?IBLOCK_ID=46&SECTION_ID=344&ELEMENT_ID=2214(검색일: 2014.05.04.)
4) 위와 같음.
5) 러시아연방 핀-위그르 문화센터 공식 사이트
http://www.finnougoria.ru/community/folk/6/detail.php?IBLOCK_ID=46&SECTION_ID=344&ELEMENT_ID=2215(검색일: 2014.05.04.)
6) Муей-заповедник "Кижи"

http://kizhi.karelia.ru/collection/pryazha-traditional-art/2737(검색일: 2014.05.04.)

7) Karelian
http://karelian.ru/customs/600-tradicionnye-prazdniki-karel-zimnie-i-letnie-prodolzhenie.html(검색일: 2014.05.04.)

8) Karelian
http://karelian.ru/stati/837-tradicionnaya-karelskaya-svadba.html(검색일: 2014.05.04.)

9) 코미 공화국 정부 사이트
http://rkomi.ru/services/albom/21/(검색일: 2011.03.20)

10) 필자 촬영

11) 키릴 이스토민(К.В. Истомин) 촬영

12) 러시아연방 핀-위그르 문화센터 공식 사이트
http://www.finnougoria.ru/community/folk/8/detail.php?IBLOCK_ID=46&SECTION_ID=346&ELEMENT_ID=2254(검색일: 2014.03.10.)

13) 필자 촬영

14) 필자 촬영

15) 필자 촬영

16) 필자 촬영

17) 코미 인민화가인 바실리 이그나토프(В.Г. Игнатов)의 코미 민담 삽화. 필자 촬영.

18) 필자 촬영.

19) 필자 촬영

20) 러시아연방 핀-위그르 문화센터 공식 사이트
http://www.finnougoria.ru/community/folk/15/detail.php?IBLOCK_ID=46&SECTION_ID=353&ELEMENT_ID=2391(검색일: 2014.12.20.)

21) 위와 같음.

22) 러시아연방 핀-위그르 문화센터 공식 사이트

http://www.finnougoria.ru/community/folk/15/detail.php?IBLOCK_ID=46&SECTION_ID=353&ELEMENT_ID=2391(검색일: 2014.12.28.)

23) 러시아연방 핀-위그르 문화센터 공식 사이트
http://www.finnougoria.ru/community/folk/15/detail.php?IBLOCK_ID=46&SECTION_ID=353&ELEMENT_ID=2387(검색일: 2014.11.28.)

24) 한티-만시 자치구-유그라 공식 사이트
http://www.admhmao.ru/wps/portal/hmao/ob_okruge/foto_video/photos(검색일: 2014.05.20.)

25) 위와 같음.

26) 러시아연방 핀-위그르 문화센터 공식 사이트
http://www.finnougoria.ru/(검색일: 2014.06.01)

27) 한티-만시 자치구-유그라 공식 사이트
http://www.admhmao.ru/wps/portal/hmao/ob_okruge/foto_video/photos(검색일: 2014.05.20)

28) 러시아과학아카데미 인류학-민속학 박물관 쿤스트카메라(Кунсткамера. Музей антропологии и этнографии им. Великого Петра РАН)
http//www.kunstkamera.ru(검색일: 2014.06.20)

29) 한티-만시 자치구-유그라 공식 사이트
http://www.admhmao.ru/wps/portal/hmao/ob_okruge/foto_video/photos(검색일: 2014.05.20)

30) 러시아연방 핀-위그르 문화센터 공식 사이트
http://www.finnougoria.ru/(검색일: 2014.07.01)

31) 위와 같음.

4장

1) 러시아연방 핀-위그르 문화센터 공식 사이트
http://www.finnougoria.ru/community/folk/18/detail.php?IBLOCK_ID=46&SECTION_ID=356&ELEMENT_ID=2447 (검색일: 2014.4.28.)

2) 러시아연방 핀-위그르 문화센터 공식 사이트
http://www.finnougoria.ru/community/folk/18/detail.php?IBLOCK_ID=46&SECTION_ID=356&ELEMENT_ID=2448 (검색일: 2014.04.20.)

3) 러시아연방 핀-위그르 문화센터 공식 사이트
http://www.finnougoria.ru/community/folk/18/detail.php?IBLOCK_ID=46&SECTION_ID=356&ELEMENT_ID=2722 (검색일: 2014.04.20.)

4) 러시아연방 핀-위그르 문화센터 공식 사이트
http://www.finnougoria.ru/community/folk/18/detail.php?IBLOCK_ID=46&SECTION_ID=356&ELEMENT_ID=2453 (검색일: 2014.04.28.)

5) 러시아연방 핀-위그르 문화센터 공식 사이트
http://www.finnougoria.ru/community/folk/18/detail.php?IBLOCK_ID=46&SECTION_ID=356&ELEMENT_ID=2454 (검색일: 2014.04.28.)

6) Karelian http://karelian.ru/stati/171-vepsy.html (검색일: 2014.2.10.)

7) 위와 같음.

8) 러시아연방 핀-위그르 문화센터 공식 사이트
http://www.finnougoria.ru/community/folk/3/detail.php?IBLOCK_ID=46&SECTION_ID=341&ELEMENT_ID=2139 (검색일: 2014.04.29.)

9) Коренные малочисленные народы Ленинградской области
http://kmn-lo.ru/tradickuhnja/vepsy (검색일: 2014.04.29.)

10) 위와 같음.

11) 카렐리야 국립박물관 http://kgkm.karelia.ru/site/section/502(검색일: 2014.07.03)

12) 위와 같음.

13) Коренные малочисленные народы Ленинградской области
http://kmn-lo.ru/narodnyekostymy/izorakostum (검색일: 2015.01.17.)

14) 러시아연방 핀-위그르 문화센터 공식 사이트
http://www.finnougoria.ru/community/folk/5/detail.php?IBLOCK_ID=46&SECTION_ID=343&ELEMENT_ID=2192(검색일: 2014.04.21.)

15) Коренные малочисленные народы Ленинградской области
http://kmn-lo.ru/tradickuhnja/izora (검색일: 2015.01.22.)

16) Коренные малочисленные народы Ленинградской области
http://kmn-lo.ru/photos/izora (검색일: 2015.01.22.)

17) 위와 같음.

18) Коренные малочисленные народы Ленинградской области
http://kmn-lo.ru/vod (검색일: 2015.01.13.)

19) Коренные малочисленные народы Ленинградской области
http://kmn-lo.ru/narodnyekostymy (검색일: 2015.01.13.)

20) Karelian
http://karelian.ru/customs/247-tradicionnye-hozyaystvennye-zanyatiya-saamov.html (검색일: 2015.02.10.)

21) 상트페테르부르크 러시아국립민속박물관에서 필자 촬영

22) Karelian
http://karelian.ru/customs/156-odezhda-saamov.html (검색일: 2015.01.12.)

23) 상트페테르부르크 러시아국립민속박물관에서 필자 촬영

24) 러시아 사미인(Российские Саами) 사이트
http://www.saami.su/medias/foto/category/12-zhile-i-khozyajstvennye-stroeniya.html (검색일: 2015.01.21.)

25) Karelian
http://karelian.ru/customs/149-svyatilischa-drevnih-saamov.html (검색일: 2014.03.12.)

5장

1) 러시아연방 핀-위그르 문화센터 공식 사이트
http://www.finnougoria.ru/community/folk/12/detail.php?IBLOCK_ID=46&SECTION_ID=350&ELEMENT_ID=2332 (검색일: 2012.07.17.)

2) Finugor
http://finugor.ru/node/875 (검색일: 2014.11.18.)

3) 러시아연방 핀-위그르 문화센터 공식 사이트
http://www.finnougoria.ru/community/folk/12/detail.php?IBLOCK_ID=46&SECTION_ID=350&ELEMENT_ID=2333(검색일: 2012.07.17)

4) Finugor
http://finugor.ru/blyuda-mariyskoy-kuhni (검색일: 2014.10.21)

5) 러시아연방 핀-위그르 문화센터 공식 사이트
http://www.finnougoria.ru/community/folk/12/detail.php?IBLOCK_ID=46&SECTION_ID=350&ELEMENT_ID=2334 (검색일: 2012.07.17.)

6) Finugor
http://finugor.ru/news/poslednie-yazychniki-rossii (검색일: 2014.10.12.)

7) 위와 같음.

8) 러시아연방 핀-위그르 문화센터 공식 사이트
http://www.finnougoria.ru/community/folk/13/detail.php?IBLOCK_ID=46&SECTION_ID=351&ELEMENT_ID=2352 (검색일: 2014.11.15.)

9) 상트페테르부르크 러시아국립민속박물관에서 필자 촬영

10) 러시아연방 핀-위그르 문화센터 공식 사이트
http://www.finnougoria.ru/community/folk/13/detail.php?IBLOCK_ID=46&SECTION_ID=351&ELEMENT_ID=2352 (검색일: 2014.11.15.)

11) 러시아연방 핀-위그르 문화센터 공식 사이트
http://www.finnougoria.ru/community/folk/13/detail.php?IBLOCK_ID=46&SECTION_ID=351&ELEMENT_ID=2353 (검색일: 2014.11.15.)

12) 러시아연방 핀-위그르 문화센터 공식 사이트
http://www.finnougoria.ru/photo/index.php?PAGE_NAME=detail&SECTION_ID=2259&ELEMENT_ID=23820&PAGEN_1=7 (검색일: 2014.11.20.)

13) 우드무르트 공화국 공식 사이트
http://www.udmurt.ru/region/gerb/ (검색일: 2013.08.10.)

14) 러시아연방 핀-위그르 문화센터 공식 사이트
http://www.finnougoria.ru/community/folk/19/detail.php?IBLOCK_ID=46&SECTION_ID=357&ELEMENT_ID=2467 (검색일: 2014.09.10.)

15) 우드무르트 공화국 수도 이젭스크 시(г. Ижевск) 공식 사이트
http://www.izh.ru/i/info/16502.html (검색일: 2015.04.20.)

16) Finogur
http://www.finugor.ru/ (검색일: 2015.04.30.)

17) 러시아연방 핀-위그르 문화센터 공식 사이트
http://www.finnougoria.ru/community/folk/19/detail.php?IBLOCK_ID=46&SECTION_ID=357&ELEMENT_ID=2725 (검색일: 2015.01.17.)

18) Finugor
http://finugor.ru/udmurty-na-prazdnike-gerber-vstupyat-v-brak-i-pomolyatsya-inmaru (검색일: 2015.01.29.)

19) Finugor
http://finugor.ru/news/dni-besermyanskoy-kultury-proydut-v-udmurtii (검색일: 2015.01.13.)

20) 러시아연방 핀-위그르 문화센터 공식 사이트
http://www.finnougoria.ru/community/folk/1/detail.php?IBLOCK_ID=46&SECTION_ID=339&ELEMENT_ID=2083 (검색일: 2015.01.17)

21) Finugor
http://finugor.ru/konskaya-kolbasa-kurloy (검색일: 2015.01.18.)

22) 러시아연방 핀-위그르 문화센터 공식 사이트
http://www.finnougoria.ru/community/folk/1/detail.php?IBLOCK_ID=46&SECTION_ID=339&ELEMENT_ID=2085 (검색일: 2015.01.17.)

6장

1) 필자 촬영

2) 타타르스탄 카잔국립문화센터에서 필자 촬영

3) 필자 촬영

4) 타타르스탄 카잔국립문화센터에서 필자 촬영

5) 필자 촬영

6) 러시아연방 핀-위그르 문화센터 공식 사이트
http://www//www.finnougoria.ru/photo/index.php?PAGE_NAME=detail&SECTION_ID=2100&ELEMENT_ID=20720&PAGEN_1=9 (검색일: 2014.12.03.)

7) 권영아 촬영

8) Тюркист
http://www.turkist.org/2011/04/nikolai-huseinov-bashqurd.html (검색일: 2015.01.12.)

9) Тюркист
http://www.turkist.org/2012/06/blog-post_613.html (검색일: 2015.01.12.)

10) 추바시 공화국 공식 사이트
http://www//www.cap.ru/cap/foto/OTRASLI/KULTUR/Data/page.htm?50,0 (검색일: 2015.01.26.)

11) 추바시 공화국 공식 사이트
http://www//www.cap.ru/cap/foto/OTRASLI/KULTUR/Data/page.htm?127,0 (검색일: 2015.01.26.)

12) 추바시 공화국 공식 사이트
http://www//www.cap.ru/cap/foto/old_chuvashia/1_1.JPG (검색일: 2015.01.26.)

13) 추바시 공화국 공식 사이트
http://www//www.cap.ru/cap/foto/old_chuvashia/1_6.JPG (검색일: 2015.01.26.)

14) 추바시 공화국 공식 사이트
http://www//gov.cap.ru//home/12/FOTO/chuv/b/21.jpg (검색일:

2015.01.26.)

15) 추바시 공화국 공식 사이트
http://www//gov.cap.ru//home/12/FOTO/chuv/b/20.jpg (검색일: 2015.01.26.)

16) 첼랴빈스크 주 나가이박스키 군 공식 사이트
http://www//www.nagaybak.ru/region/fotoalbom/0001.jpg/view (검색일: 2015.01.22.)

17) 첼랴빈스크 주 나가이박스키 군 공식 사이트
http://www//www.nagaybak.ru/region/fotoalbom/00005.jpg/view (검색일: 2015.01.22)

찾아보기

ㄱ

ㄴ

ㄹ

ㅁ

ㅂ

ㅅ

ㅇ

ㅈ

ㅊ

ㅋ

ㅌ

ㅍ

ㅎ

한국외국어대학교 러시아연구소
HK 연구사업단 학술연구총서 13

러시아의 민족 I

북서부 & 볼가-우랄 편

초판 인쇄 2015년 3월 18일
초판 발행 2015년 3월 25일

지은이 김혜진
발행인 김인철
발행처 한국외국어대학교 지식출판원
130-791 서울특별시 동대문구 이문로 107
전화 02)2173-2495~7
팩스 02)2173-3363
홈페이지 http://press.hufs.ac.kr
전자우편 press@hufs.ac.kr
출판등록 제6-6호(1969. 4. 30)
디자인 · 편집 디자인퍼브 02)2254-4308
인쇄 · 제본 상지사피앤비 031)955-3636

ISBN 978-89-7464-492-5 94920 정가 17,000원
ISBN 978-89-7464-650-9 (세트)

*잘못된 책은 교환하여 드립니다.

HUINE은 한국외국어대학교 지식출판원의 어학도서, 사회과학도서, 지역학 도서 Sub Brand이다. 한국외대의 영문명인 HUFS, 현명한 국제전문가 양성(International +Intelligent)의 의미를 담고 있으며, 휴인(携引)의 뜻인 '이끌다, 끌고 나가다'라는 의미처럼 출판계를 이끄는 리더로서, 혁신의 이미지를 담고 있다.